大相撲行司の軍配房と土俵

根間弘海 著

専修大学出版局

本書を妻の尚子に捧げる

専門外の行司の研究を不思議そうに見て
いながらも、何ら口出すことなく、
温かく見守ってくれた

扉画:

一恵斎芳幾筆

文久元年（1861）春場所の絵番付

境川横綱土俵入(10頁)

勧進大相撲の取組(11頁)

境川横綱土俵入(13頁)

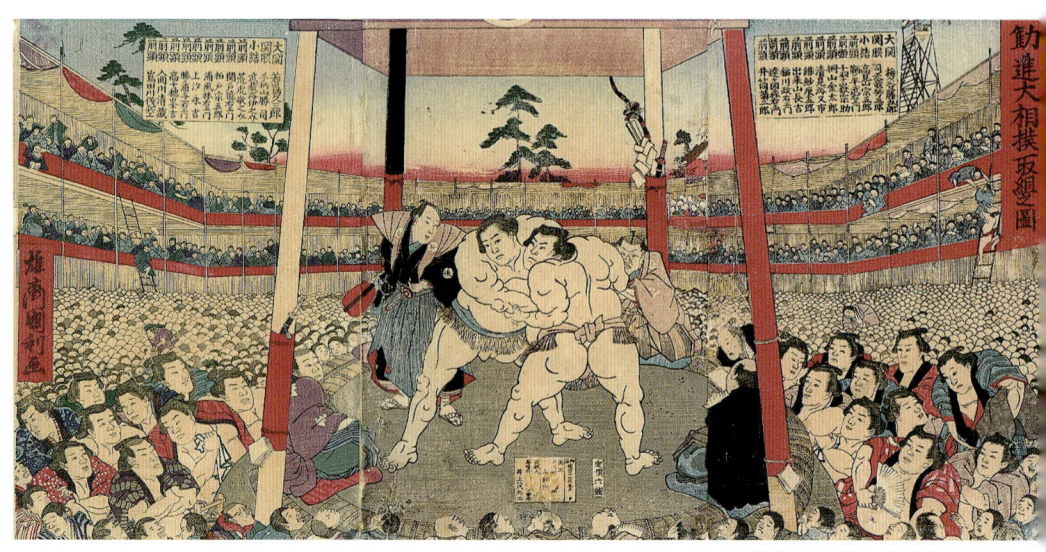

勧進大相撲の取組(15頁)

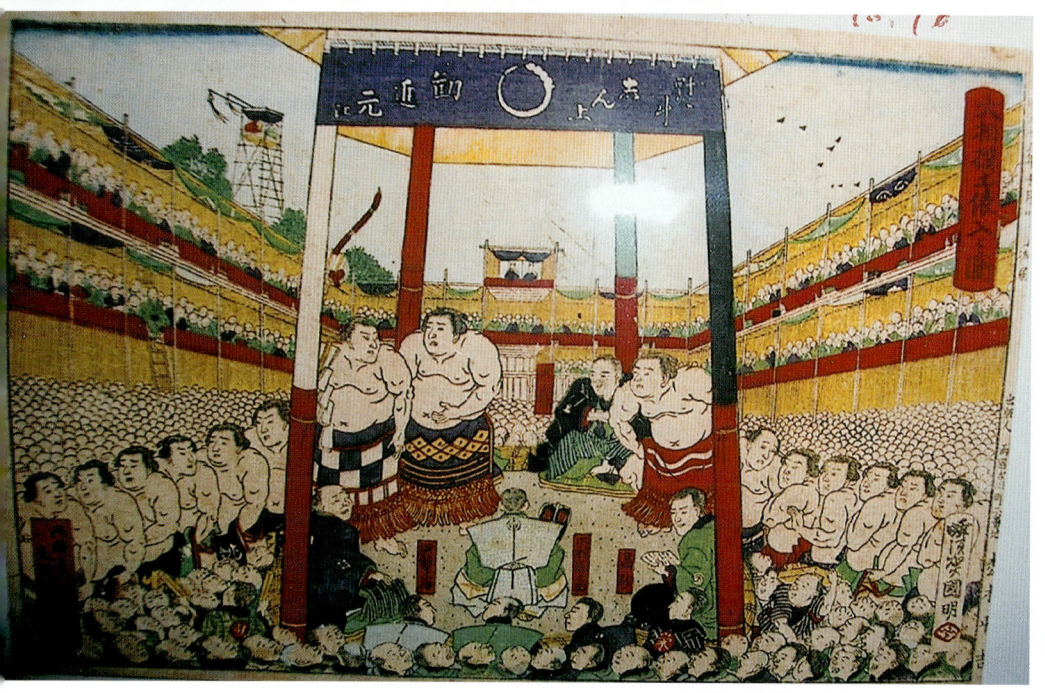

勧進大相撲の土俵入り（19頁）

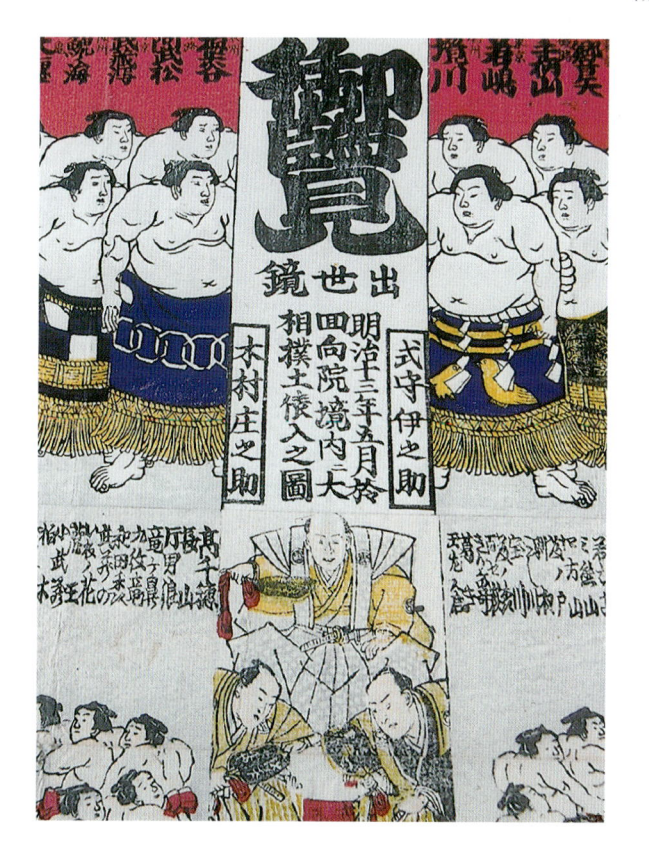

出世鏡（絵番付）（20頁）

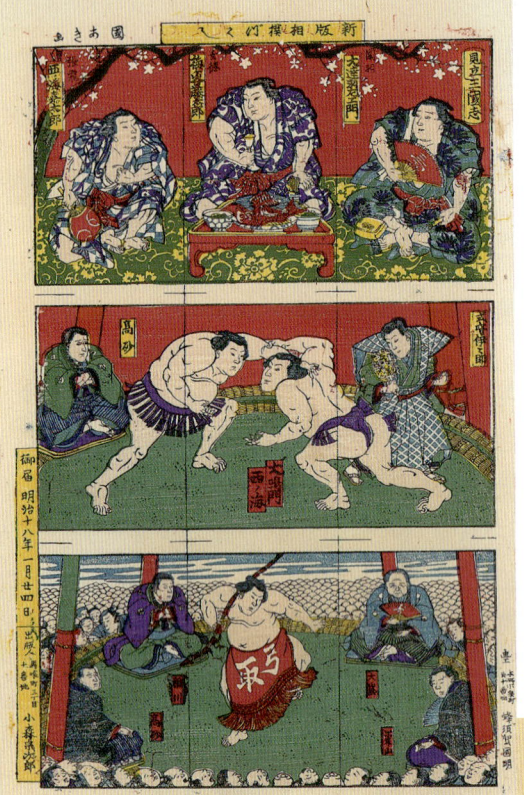

新版相撲づくし(21頁)

新版相撲づくし(東の方)(21頁)

与太夫の装束替え(32頁)

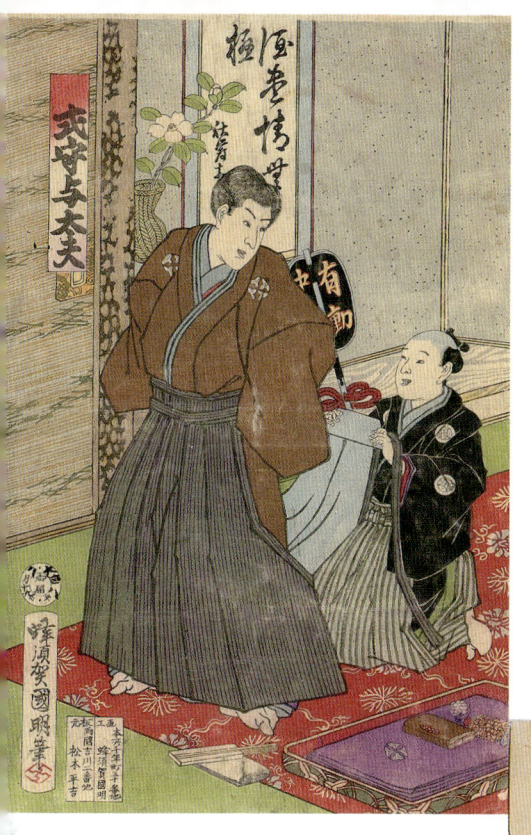

大相撲一覧(33頁)

木村誠道改め式守鬼一郎（34頁）

大鳴門と西ノ海の取組（72頁）

まえがき

　私は平成22年に『大相撲行司の伝統と変化』(専修大学出版局)を出版したが、それはもっぱら行司に関する話題ばかりだった。また、平成23年に出版した『大相撲行司の世界』(吉川弘文館)も行司に関する話題が中心だった。本書で扱う話題もすべて行司に関するものである。

　本書は8章で構成されているが、それぞれの章は内容的に独立している。話題が行司に関連していることは確かだが、内容はそれぞれ異なる。従って、本書は第1章から順序よく読む必要はない。どの章をどの順序で読んでもかまわないのである。自分の関心をひく話題を見つけ、それを先に読み始めてもよい。

　それでは、それぞれの章でどのようなことが扱われているかを次に簡単に示しておこう。これを読めば、どのようなことが扱われているか、ある程度そのイメージが浮かぶはずだ。

第1章　立行司も明治11年には帯刀しなかった

　明治9年3月に廃刀令が発布されたとき、行司は対象から除外されていただろうか。一時の混乱はあったかもしれないが、行司も帯刀できなくなったようだ。それを検証するのが、本章の目的である。現在、立行司だけが帯刀している。廃刀令後、立行司はいつ頃帯刀を許されたのだろうか。その疑問を解明するため、明治9年3月以降の資料を調べてみることにした。そして、立行司は明治11年には帯刀しなかったと結論づけることができた。立行司が再び帯刀するようになったのは、明治12年から明治13年春場所の間である。その間に描かれた錦絵をまだ見ていないので、帯刀携帯の有無がまったく分からない。明治13年夏場所を描いた錦絵では立行司は帯刀している。それ以降今日まで、

立行司は途切れることなく帯刀している。

第2章　上覧相撲の横綱土俵入りと行司の着用具

　寛政3年6月の上覧相撲を描写した写本はいくつかあるが、横綱土俵入りを行司が先導したかどうかは必ずしもはっきりしない。本書では「南撰要類集」を参考にし、行司は横綱土俵入りを先導していたと結論づけている。他の写本では小野川に続いて谷風が横綱土俵入りをしたと述べてあるだけで、行司がどんな役割を果たしていたかは分からない。横綱の前後には力士が一人ずついたことも確認できるが、後ろの力士が太刀を持っていたかどうかは必ずしも定かでない。本章では、太刀を持っていなかったと解釈している。二人の力士は横綱土俵入りの間、土俵下の手摺で待機していた。その二人の力士は土俵上で蹲踞していなかった。

第3章　明治17年の天覧相撲と現在の土俵入り

　明治17年3月の天覧相撲では、幕内土俵入りと横綱土俵入りでは共に行司が先導していただろうか。本章では、横綱土俵入りでは先導したが、幕内土俵入りでは先導しなかったと結論づけている。錦絵を見る限り、多くの場合、立行司は帯刀していない。その代わり、扇子を差している。これを根拠にして、立行司はこの天覧相撲では帯刀していなかったとしている。それから、現在の幕内土俵入りでは力士が観客に向かって立っているが、それがいつから始まったかについても調べている。観客に向かって立ったのは昭和27年だが、その当時、土俵からの退却は整然としていなかった。先頭から順序良く退却したのは、おそらく昭和40年である。もっと早い時期に先頭から順序良く退却したかもしれないが、それを裏付ける資料がまだ見つからない。

第4章　行司の黒星と相撲の規定

　行司の差し違えを「行司の黒星」と呼ぶが、本章ではその黒星に焦点を当て

ている。たとえば、行司は取組を裁く以外にも多くの仕事を行っているが、黒星数だけで地位を降格させられるのか、どの地位まで降格させられるのか、何場所の黒星数が降格の対象となるかなどである。黒星数が地位の降下と関係があるのであれば、その黒星数は地位によって異なっていないのか。異なっているとすれば、その対応関係はどうなっていたのか。以前は本場所が一年に二場所の場合もあったが、黒星数はどうなっていたか。黒星数は現在と同様に、以前も相撲規定で明記されていたか。実は、明記するようになったのは、最近のことだと言ってもよい。それでは、いつ明文化されたのか。このように、黒星に関しては興味ある疑問がいくつか湧いてくる。調査は一応、昭和以降に限定してある。

第5章　草履の朱房行司と無草履の朱房行司

　現在、三役格は朱房で、草履を履くことができる。そのように決まったのは、昭和34年からである。それ以前の朱房は、三役格だっただろうか、実は、必ずしもそうではない。朱房には草履を履ける行司と、そうでない行司がいた。草履を履ける朱房の行司は三役格だが、草履を履けない朱房の行司は必ずしも三役格ではなかった。朱房で草履を履けない行司は、名目上は、「幕内格」だったはずだ。それでは、その「幕内格」はいつまで続いただろうか。実は、それはどうやら大正15年まで続いていたようだ。規定上は、昭和14年になって初めて、朱房は「三役格」となっている。従って、朱房の場合、草履を履いていたかどうかによって「三役格」か「幕内格」かの違いがある。

第6章　行司の木村姓と式守姓の名乗り

　行司には現在、木村姓と式守姓がある。行司は入門するとき、どの姓にするかを決めなければならない。何を基準に行司姓を選択するだろうか。その選択は誰が決めるだろうか。行司の中には入門後にも式守姓から木村姓に変えたり、木村姓から式守姓に変えたりする者がいる。行司は自由に行司姓を変えることができるだろうか。行司姓を変えるには何か一定の規則みたいなものがあ

るだろうか。行司姓は部屋によって決まっているだろうか。つまり、特定の部屋にはどちらかの行司姓が決まっているのだろうか。結論を言えば、行司姓は基本的に兄弟子の行司姓と同じである。部屋によって行司姓が決まっているわけではない。平成24年春場所現在、同じ部屋に異なる行司姓を名乗る行司はいない。なぜ現在のようになったのだろうか。これからもそうなるだろうか。答えは「いいえ」である。部屋によって行司姓が決まっていないことから、同じ部屋に異なる行司姓がいないとは限らない。また、現在「木村姓」や「式守姓」を名乗っている部屋でも、将来、異なる行司姓を名乗る行司が出ないとは限らない。

第7章　行司の改名に関する研究

行司には改名は付きものである。改姓はあまりないが、改名なら普通である。由緒ある行司名に変えるには、明文化されていない一定のルールらしきものがある。行司名には順序がある場合もあるし、所属部屋によって襲名される場合もある。しかし、改名するかどうかは本人の意思であり、強制されるものではない。本章では、主として、最近改名したばかりの行司を対象にし、その改名した理由や経緯を調査している。調査の手順としては、まず、各行司にアンケート用紙を配布し、後で、各行司に直接インタビューした。本書では調査結果をまとめ、それぞれの改名についてコメントを付け加えてある。この調査は現役行司を対象者としてあるが、内容的には拙稿「行司の改姓」、「行司の改名」、「由緒ある行司名」などと関連している。

第8章　大正時代の番付と房の色

大正時代までの番付では行司の地位は分かっても、行司の房色は分からない。同じ段に地位が異なる行司が記載されていたり、同じ房色の行司が異なる段にまたがって記載されたりしているからである。行司の房色を知ろうと思えば、番付ではなく、他の資料を調べなければならない。資料を調べるのは苦労を伴うし、資料不足で十分な調査ができないこともある。実際、調査をしても

まったく手がかりを得られない場合もある。本章の調査は一種のたたき台として理解してほしい。本章では、場所ごとに各行司の房色を記してあるので、それを見ればどの行司がどの色だったかが分かる。しかし、行司によっては裏付けとなる資料が不足しているため、結果として不備な点がいくらか残っている。いずれにしても、行司の房色は番付だけでは分からない。

　本書で取り上げた話題はすべて、専修大学の紀要ですでに公表したものである。それぞれの章は公表した論考と内容的に同じだが、詳細においては必ずしも同じではない。公表した後で、新しい事実が分かることもあった。そういう場合は、論考で述べたことを修正してある。本書を刊行した後でもそのような修正は出てくるに違いない。なぜならある一定の結論を導き出すために活用した資料を誤解している場合もあるし、未解決のままであったものが、ある資料の発見でいとも簡単に解決する場合もあるからである。

　行司に関する研究は私にとって楽しいものだが、行司を体系的に深く研究した論考は非常に少ない。行司に関しては研究する余地があるのかとさえ疑問に思っている人もある。そのような声を私も実際に何度か聞いたことがある。しかし、脇役である行司にも長い歴史があり、不透明な部分がたくさんある。実際、私自身研究しながら、解明できない点が多いことを実感している。本書巻末の「あとがき」にはこれまで発表した拙稿や拙著をリストアップしてあるが、その中には解明を試みながらまったく解明できず、結果的に問題提起だけになってしまったものがたくさんある。本書を読めばすぐ分かることだが、ときどき「分からない」という表現を目にするはずだ。疑問に思いながら、力不足で「分からない」ことがある。

　行司に関しては視点の置き方によって研究する余地はいくらでもある。たとえば、軍配の房の色そのものの変遷もはっきりしないし、それが地位といつどのように関連してきたのかさえまだ解明されていない。足袋だけの行司が現れるのも文政末期か天保初期だが、どの地位からどのような基準で履けるようになったのか、必ずしも分かっていない。十両以上の行司がいつから足袋を許されたのかも定かでない。木村庄之助が草履を履くようになったのは天明8年以降だが、木村庄之助を襲名すれば同時に履けたわけではない。このように、現

在当たり前になっていることでも、現在までの道のりを調べて行くと、必ずしも明快ではないことがある。

本書では文献から引用するとき、読みやすさを考慮し、原著の文字、語句、表現等をしばしば書き換えてある。正確な引用が必要であれば、オリジナルの文献に当たることを勧める。

本書をまとめる段階では、多くの人にお世話になった。その中でも特に立行司の木村庄之助（28代、29代、33代、35代、36代）、現役の式守伊之助（39代）、現役の木村正直（三役格）、式守錦太夫（三役格）にもお世話になった。錦絵では山室猪佐三氏と香山磐根氏にお世話になった。出版には原稿提出後にもこまごまとした仕事があるが、それに関しては出版局の海老原実氏に随分お世話になった。お世話になった方々に改めて、感謝の意を表しておきたい。

なお、本書の出版に際しては、幸いにも平成24年度専修大学刊行助成の援助を受けることができた。このことを記し、専修大学にも感謝の意を表しておきたい。

目　次

まえがき……………………………………………………………………… *iii*

第1章　立行司も明治11年には帯刀しなかった……………………… *1*
　1.　本章の目的　*1*
　2.　廃刀令　*4*
　3.　廃刀令以前の錦絵　*6*
　4.　明治9年の錦絵　*7*
　5.　明治10年以降の錦絵　*9*
　6.　行司の扇子　*22*
　7.　勧進相撲の文字資料　*25*
　8.　立行司以外の行司と帯刀　*31*
　9.　結び　*35*

第2章　上覧相撲の横綱土俵入りと行司の着用具………………… *39*
　1.　本章の目的　*39*
　2.　行司の服装と帯剣　*41*
　3.　絵図資料と帯剣の有無　*45*
　4.　行司の足元　*47*
　5.　絵図資料と行司の足元　*49*
　6.　横綱土俵入り　*51*
　7.　横綱土俵入りと絵図　*55*
　8.　太刀持ちの太刀　*57*
　9.　勧進相撲の土俵入り　*58*

ix

10. 勧進相撲の草履　*61*
   11. 結び　*63*

第3章　明治17年の天覧相撲と現在の土俵入り……………………………**65**
   1. 本章の目的　*65*
   2. 行司の帯刀の有無　*67*
   3. 帯刀を描いていない錦絵　*70*
   4. 帯刀を描いてある錦絵　*74*
   5. 天覧相撲の扇子　*77*
   6. 行司の装束　*80*
   7. 素袍烏帽子　*82*
   8. 土俵入り　*85*
   9. 現在の土俵入り　*91*
   10. 結び　*96*

第4章　行司の黒星と相撲の規定……………………………**99**
   1. 本章の目的　*99*
   2. 昭和30年以前の規定　*101*
   3. 昭和30年代の規定　*106*
   4. 昭和35年1月の規定　*108*
   5. 昭和38年1月の規定　*110*
   6. 昭和46年12月の規定　*112*
   7. 文字資料に見る黒星数　*114*
   8. 結び　*124*

第5章　草履の朱房行司と無草履の朱房行司……………………………**127**
   1. 本章の目的　*127*

2. 朱房行司と対応する力士　*129*
 3. 朱房行司と三役力士　*137*
 4. 短刀を差せる行司　*139*
 5. 熨斗目麻裃と短刀　*142*
 6. 三役格の短刀　*148*
 7. 木村瀬平の帯刀　*151*
 8. 三役格と相撲規定　*161*
 9. 結び　*167*
 資料（1）：用語の説明　*170*
 資料（2）：大正末期までに朱房と草履が許された年月　*172*
 資料（3）：昭和2年春場所から昭和34年秋場所までの三役格行司　*175*

第6章　行司の木村姓と式守姓の名乗り　……………………………… **181**

1. 本章の目的　*181*
 2. 木村姓と式守姓の選択　*183*
 3. 文献で見る行司姓　*185*
 4. 過去の事例　*189*
 5. 現在の行司の初土俵と入門時の付人　*193*
 6. 同じ部屋で姓が変わっている例　*196*
 7. 異なる行司姓が現れていない部屋　*198*
 8. 昭和61年7月以降　*199*
 9. 入門順の行司姓　*199*
 10. 平成23年1月場所の兄弟子・付人　*202*
 11. 結び　*205*
 12. 追記：式守勘太夫（11代）の名乗り　*206*

第7章　行司の改名に関する研究　……………………………………… **209**

1. 本章の目的　*209*

2. 各行司の改名経緯　210
　　3. 改名の要因　222
　　4. 結び　227
　　資料：お願いと質問事項　229

第8章　大正時代の番付と房の色 …………………………………… 231
　　1. 本章の目的　231
　　2. 明治45年夏場所　232
　　3. 大正期の本場所　233
　　4. 結び　264

あとがき ……………………………………………………………………… 267

参考文献 ……………………………………………………………………… 271

索引 …………………………………………………………………………… 277

第1章　立行司も明治11年には帯刀しなかった

1. 本章の目的

　本章では[1]、主として、明治9年3月の廃刀令から明治15年頃の短い期間に限定し、その間、勧進相撲で行司の帯刀がどうなっていたかを調べる[2]。廃刀令によって行司でも帯刀できなくなったはずだが、現在でも立行司は帯刀している[3]。廃刀令後でも立行司の帯刀は例外的に許されていただろうか。それとも、一時的には帯刀できなかったが、例外的に復活したのだろうか。もしそうであるなら、いつ復活しただろうか[4]。

---

1) 本章をまとめるに際しては3名の木村庄之助（29代、33代、35代）と幕内格筆頭の式守錦太夫にお世話になった。また、錦絵に関しては山室猪佐三氏と香山磐根氏にお世話になった。ここに改めて、感謝の意を表したい。なお、式守錦太夫は平成23年11月、三役格に昇格した。
2) 明治3年11月に庶民の帯刀を禁止し（『太政官日誌』(M3.11.14)）、明治4年8月に散髪脱刀令が出されているが、行司は依然として帯刀していた（『読売』(M30.2.15)）。明治9年3月の廃刀令が行司の帯刀に大きな影響を与えた。
3) 本章では「立行司」と「准立行司」を厳密に区別していない。「准立行司」が帯刀や装束に関し、「立行司」とどのように違っていたかは必ずしも定かでない。廃刀令後には帯刀を許された行司がいたし、そうでない行司もいた。本章の「立行司」は帯刀を許された行司の象徴であり、それに続く地位の行司に帯刀が許されなかったというわけではない。
4) 本章では、なぜ立行司だけに帯刀が許されたのかに関してはほとんど言及しない。立行司だけに帯刀を許した理由も調べてみたが、当時の文献には何も見出せなかった。もしかすると、横綱土俵入りと関係があったかもしれない。つまり、土俵入りで太刀持ちが太刀をもつことから、同様に立行司にも威厳をもたせたかったのかもしれない。間違った裁きをしたら、切腹をする覚悟のためだという説明もありそうだが、もともと帯刀に

1

本章で調べるのは、主として、次の四点である[5]。

(a) 廃刀令後に行司は帯刀しなくなったか。
(b) 立行司以外の行司はいつから帯刀しなくなったか。
(c) 立行司だけに帯刀が許されたのはいつか。
(d) 立行司は帯刀しなかった場合、他に何か差したか。

　廃刀令が出てから明治15年頃まで、勧進相撲で行司の帯刀がどうなっていたかを知りたくても、それについて述べてある「文字資料」は非常に少ない[6]。実際、明治17年あたりから相撲に関する書籍が何冊か出版されているが、廃刀令後の帯刀についてはまったく触れていない[7]。他方、文字資料に比べ、「絵図資料」には参考になるものがいくらかある。当時は、相撲を描いた錦絵があるからである。その中にときどき行司も描かれていて、帯刀の有無を確認できることがある[8]。さらに、横綱土俵入りで行司が写った写真も2,3葉

はそのような考えはない。当時の相撲協会も帯刀は「遊芸の一部」としか考えていなかったはずだ。

5) これ加えて、扇子がいつ頃から使用されてきたかについても少し触れる。現在、立行司は土俵上で取組みを裁くとき、扇子を差さない。もちろん、他の行司も差さない。立行司が「顔触れ言上」の披露をするときだけ、土俵上では扇子を携帯する。以前は、地方巡業の「雑踏触れ」を言上する際、扇子を携帯していた。ところで、立行司がいつから扇子を差さなくなったかは、分からない。33代木村庄之助によると、少なくとも昭和30年代以降、立行司は扇子を差していない。それ以前のことは分からないという。なお、「新序出世披露」では、序二段以下の行司が言上を呼びあげるとき、扇子を使用する。式守錦太夫によると、「顔触れ言上」の場合は絵柄のある舞扇を、「雑踏触れ」と「新序出世披露」の場合は「白扇」を、それぞれ、用いるのが普通である。この二種類の扇子は規定にあるわけではなく、慣習として使い分けているとのことである。

6) ここでいう「文字資料」とは文字で表してある資料のことである。要するに、錦絵、写真、デッサンなどは「文字資料」に含めない。これらの資料は便宜的に「絵図資料」と呼ぶことにする。

7) 明治9年から16年までにも出版された相撲の書籍はあるかもしれないが、私はそれを見たことがない。明治17年あたりからは相撲の書籍もいくらか出版されている。たとえば、松木平吉編『角觝秘事解』（M17年）、岡敬孝編『古今相撲大要』（M18年）、塩入大輔著『相撲秘鑑』（M19年）、半渓散史著『相撲宝鑑』（M27）、大西秀胤編『相撲沿

2

第1章　立行司も明治11年には帯刀しなかった

(枚) ほどあり、その中には行司の帯刀を確認できるものもある。

　錦絵はよく描かれている年とそうでない年がある。錦絵はあっても、帯刀の有無が確認できなければ、その錦絵は参考にならない。本章で参照した錦絵の数を、参考までに、記しておく。これらの錦絵は、描かれた年月をある程度明確に確認できるものである[9]。

- (a) 明治9年：3枚
- (b) 明治10年：1枚
- (c) 明治11年：8枚
- (d) 明治12年：ゼロ[10]
- (e) 明治13年：2枚[11]
- (f) 明治14年：1枚[12]
- (g) 明治15年：5枚[13]

　本章では、帯刀が許された時期をあまりにも少ない数の錦絵を参照して判断している。これは無謀だと言われても仕方ないかもしれない。しかも、残念なことに、帯刀の時期を判断するための文字資料が非常に乏しい[14]。このよう

革史』(M28年) などである。しかし、これらの書籍では明治9年3月の廃刀令後、行司の帯刀に関しどのような経過をたどったのかに関し、まったく触れられていない。そもそも、帯刀に関する記述がないので、帯刀のことを調べるにはまったく参考にならない。

8) 錦絵はすべて事実を正しく描いているとは限らないが、貴重な資料であることは確かだ。たとえば、同じ天覧相撲を描いている錦絵があるが、帯刀について同じように描いているわけではない。帯刀しているものもあるし、そうでないものもある。どれが真実を描いているかは、総合的に判断するしかない。

9) 明治15年以降の錦絵は参考程度のものである。というのは、明治15年ごろに文字資料で立行司の帯刀は確認できるからである。しかし、明治10年から明治14年までの間では立行司の帯刀を確認できる文字資料は非常に少ない。したがって、錦絵とか絵番付のような「絵図資料」が貴重な資料となる。

10) 明治12年届け日の錦絵や絵番付がまだ1枚も見つかっていないが、まったく描かれていないはずはない。明治11年や13年の届け日がある錦絵や絵番付は描かれているからである。帯刀の廃止は行司にとって重大事だったはずだから、それに関して述べてある資料がどこかに埋もれている可能性がある。しかし、本章をまとめている段階では、残念ながら、そのような資料を見ることができなかった。

11) 明治13年5月付の絵番付もあるので、それを加えると3枚になる。この絵番付では行司の帯刀を認めることができる。しかし、絵番付は信頼性に疑問があるので、参考程度の

3

に、断片的な資料に基づいた研究なので、本章の結論は事実を正しく反映していない恐れもある。明治12年中に描かれた錦絵が2,3枚あれば、もっと確実な判断ができるかもしれない。

　立行司の帯刀に関しては、江戸時代から途切れることなく続いてきたと考えられている。それは本当だろうか。廃刀令の後、しばらく帯刀できなかった時期があるのではないだろうか。本章では、主として数少ない錦絵を基にし、少なくとも明治11年には帯刀が途切れたはずだと判断している。明治12年春場所から明治13年春場所までも帯刀しなかったはずだが、それを裏付ける決定的な資料はまだ見ていない。本章の判断が正しいか否かに関しては、今後の研究に俟ちたい。

2. 廃刀令

明治9年3月には、次のような「廃刀令」が出されている[15]。

　「官令第38号　自今大礼服着用並びに軍人および警察官吏等制規ある服着

　　資料として扱ってある。
12) 東京相撲と大阪相撲が合同で行なった相撲で、その取組を描いた錦絵「東京／大阪大相撲取組之図」である。
13) すべてが東京相撲を描いたものではなく、5枚のうち1枚は東京相撲と大阪相撲の合同相撲を描いたものである。この錦絵は明治14年5月の合同相撲を描いたものに似ているが、力士の番付が異なっている。
14) 資料は視点の違いや解釈の問題もあるので、実際は重要な手掛かりがあるにもかかわらず、私がそれを見落としているという可能性もある。
15) 明治3年に庶民の帯刀を禁止し、明治4年8月に士族の帯刀を禁止している。行司の帯刀がこの条例から免れている。政府高官の特別の計らいがあったかもしれない。力士が髷を切らずに済んだのは、政府高官の特別の計らいがあったからである（池田雅雄著『相撲の歴史』(p.126)）。錦絵を見る限り、行司は明治9年3月の廃刀令まで脇差を差している。行司の廃刀が実施されたのは、明治9年3月の廃刀令というより明治9年12月の「廃刀返書」後であると言ってよい。しかし、明治10年春場所からすぐに廃刀が実施されたのではなく、夏場所までは混乱があったかもしれない。

4

第1章　立行司も明治11年には帯刀しなかった

用の節を除くの外、帯刀禁じられ候条、この旨布告候事。ただし違反の者はその刀取上ぐべき事。

　　明治9年3月28日

　　太政大臣　三条実美」

　　　　（『朝野』（M9.3.29）の「帯刀禁止令、違反者は取上げ」の項）[16]

さらに、次のような記事もある。これを本章では「廃刀返書」と呼ぶことにする。

「大阪府より内務省へ伺い　相撲興行の節、行司と唱うるもの従来脇差帯用候処、帯刀禁止の御規則に付き、登場の節のみ木刀相用いたき旨申し出候。右は畢竟遊芸の一部分にして、劇場に帯刀致し候とも格別異ならざる儀に付き、聞き届けしかるべきや相伺い候也。

　指令（明治9年12月19日）。書面、木刀といえども佩刀の儀は相成らず候事。」

　　　　（『東京曙』（M10.3.6）の「相撲の行司木刀も佩用できず」の項）

当時の大阪相撲協会が大阪府に行司の帯刀に関し、帯刀を許してほしいというお伺いを申し出たようだ。大阪府はその申し出の処理に関し、内務省に問い合わせたに違いない。そして、「木刀といえども佩刀の儀は相成らず候事」という「廃刀返書」が明治9年12月付で出されている[17]。これに従えば、行司は帯刀を許されないことになっている。それでは、その「廃刀返書」にあるように、その後、行司は全員、帯刀しなくなったのだろうか。その辺がどうなっていたかを次に検討してみたい。

---

16) 同じ文面は『読売』（M9.3.29）でも官令第38号として掲載されている。
17) 本章では、この指令を廃刀令と区別して、便宜上、「廃刀返書」と呼んでいる。この「廃刀返書」は明治10年3月付の新聞で公表されているが、9年12月にはすでに通知されていたはずだ。

3. 廃刀令以前の錦絵

　明治時代に入り、廃刀令が出るまで行司は江戸時代と同様に帯刀していた[18]。明治9年までの相撲の模様を描いた錦絵を見ても、そのことは間違いない。

(a) 明治元年〜3年、「鬼面山横綱土俵入之図」、国輝画、『江戸相撲錦絵』(p.65)
　　露払い・五月山、太刀持ち・小柳、行司は木村庄之助で、脇差を差している。

(b) 明治2年、不知火（光）と鬼面山の二人横綱の記念写真、酒井忠正著『日本相撲史（中）』(p.6)[19]
　　行司は式守伊之助で、帯剣している。

(c) 明治4年、境川と象ヶ鼻の取組、国輝画、田原町博物館編『相撲錦絵展』(p.8)
　　行司は式守伊之助で、脇差を差している。

(d) 明治6年の錦絵、境川・小柳の取組、国輝筆、田原町博物館編『相撲錦

---

18) これは拙稿「行司の帯刀は切腹覚悟のシンボルではない」(2009)にも掲載されている。廃刀令から明治17年ごろまでの間、立行司または准立行司以外の行司が帯刀している錦絵はあまり見たことがない。もし立行司以外の行司が帯刀していれば、何か特別の理由がある場合であろう。木村瀬平によると（『読売』(M30.2.15)）、草履を許された行司は同時に帯刀も許される「しきたり」だと語っているが、それが真実かどうかは定かでない。いずれにしても、帯刀はすべての行司に許されていたわけではない。

19) この写真の年月は、『写真怪力・強豪力士伝』(『相撲』増刊号（S31.12, p.75））によると、明治4、5年である。いずれが正しいかは吟味していないが、明治9年以前のものであることは間違いない。

6

絵展』(pp. 22-3)
　行司は式守伊之助で、脇差を差している。

（e）明治9年4月17日御届、「大相撲引分之図」、国明筆、戸谷太一編『大相撲』(p.142)
　梅ヶ谷と玉垣の取組。行司は式守鬼一郎で、草履を履かず、足袋だけ。脇差を差している。紅白房。木刀でも差してはならないという通達があったのは、明治9年12月19日である（『東京曙』(M10.3.6)）。それまでは、行司の帯刀は厳しい規制をされていなかったようだ。

　これらの錦絵から分かるように、江戸時代から明治時代の廃刀令まで上位行司はすべて帯刀するのが普通だった[20]。明治9年12月の「廃刀返書」後、行司は全員、帯刀できなかったはずだ。しかし、その2,3年後、帯刀は立行司だけに許され、それ以外の行司には許されなかった。廃刀返書後、三役格以下の行司が帯刀している姿を描いた錦絵は見たことがない。

4. 明治9年の錦絵

　明治9年3月に廃刀令が発令されたとき、協会はそれを遵守する意思はなかったようだ。というのは、帯刀は「遊芸の一部」として捉えていたからである（『東京曙』(M10.3.6)）。したがって、土俵上で帯刀することに問題は何もないと思っていたに違いない。実際、明治9年3月から明治9年12月までの錦絵や写真ではほとんどすべて、行司は帯刀している。そのような例をいくつか、次に示す。

---

[20] 廃刀令以前は、基本的に、上位行司は「一本差し」である。力士の場合、江戸時代は扶持米をもらうようになれば、両刀を許されたらしい（『時事』(M44.5.21)）。力士は明治初期にすでに大名の抱えを解かれているので、たとえ帯刀していたとしても、明治9年当時は「一本差し」が普通だったはずだ。

(a) 境川と綾瀬川の取組、明治9年4月以前（推定）、国明画、和歌森太郎著『相撲今むかし』(p. 67)[21]

　伊之助は帯剣している。境川と綾瀬川の取組は明治9年4月までしかなかった。廃刀令以前であれば、伊之助の帯刀は当然である。廃刀令以前、足袋格以上の行司は帯刀していた[22]。

(b)「大相撲引分之図」、御届明治9年4月17日、戸谷編『大相撲』(p. 142)[23]

　梅ヶ谷と境川の取組。式守鬼一郎は長い脇差に、紅白房である。足袋だけで、草履は履いていない。すなわち、明治9年3月に廃刀令が出ているが、鬼一郎は帯刀している。錦絵の届け日は廃刀令の直後だが、廃刀令が出る前に描いていたかもしれない。それが正しければ、行司の帯刀は当然である。廃刀令まで行司は帯剣していたからである。素足のように見えるが、実際は「足袋」を履いていたはずだ[24]。鬼一郎は第三席だからである。なお、この錦絵の鬼一郎は3代目である（文久3年7月～明治15年6月）。その後、7代目伊之助を襲名したが、2場所だけ勤めた（明治16年1月～16年5月）。明治16年8月15日に死去している。

---

21) この錦絵には日付が記されていない。錦絵に届け日が記されていれば、それを手がかりに描かれた年月をある程度確認できる。しかし、届け日をいつから記すようになったかについては、私は分からない。明治11年以降であっても、届け日が記されていない錦絵もある。それに特別な理由があるのかどうかも分からない。
22) 明治9年3月の廃刀令の発令以前、行司はどの位階から帯刀が許されていたかは必ずしも定かでないが、本書では、一応、足袋行司以上としておく。正確な位階は今後見直さなくてはならないかもしれない。
23) ジョージ石黒著『相撲錦絵蒐集譚』(pp. 131–3) では、明治11年6月場所を描いたものであると推測しているが、それは間違っている。というのは、図の中で届け日を明治9年4月17日と記してあるからである。石黒氏はどういうわけか、絵の中の「御届日」を見落としている。絵の中の力士や中改めを吟味しなくても、届け日の日付から明治11年6月ということはないはずだ。
24) 足袋を履いている場合、足の小指がそれぞれ識別できない。つまり、小指が一つのまとまりとして描かれている。素足の場合は、小指がそれぞれ識別できるような描き方になっている。

(c)「勧進大相撲土俵入図」、明治9年夏場所、国明筆、『図録「日本相撲史」総覧』(pp.38-9)[25]

　東方に境川と雷電、西方に綾瀬川と朝日嶽等が見える。行司は後ろ姿になっているが、左腰から帯剣の一部が突き出ている。長い脇差を差していたはずだ。後ほど触れるように、同じ図柄の錦絵で明治15年2月付のものがある。その錦絵では、帯剣していない。

5. 明治10年以降の錦絵

　錦絵には帯刀している姿もあれば、そうでないものもある。いずれかが真実に違いない。両方とも真実であるはずがないからである。たとえば、横綱境川の土俵入りが描かれているにもかかわらず、同じ行司が帯刀したりそうでなかったりする。これは不自然である。

(1) 短刀を差していない絵図資料

　明治9年12月の「廃刀返書」後、短刀を差していない錦絵がある[26]。行司が帯刀することは江戸時代から続いてきた伝統であるのに、それを描いていないということは、意識的に描いていないことになる。行司は「廃刀返書」に従い、帯刀しなかったのである。帯刀していない錦絵をいくつか、次に示す。

---

25) この錦絵と構図がよく似ているが、東西の力士だけが異なる錦絵が和歌森太郎著『相撲今むかし』(pp.62-3) にある。明治5年3月場所の土俵入りを描いたものとなっている。『相撲今むかし』の錦絵では、行司の脇差を確認できないが、実際は差していたに違いない。明治5年3月当時、行司は脇差を差していたからである。同じ絵師（国輝）が描いている。脇差が一つには描かれ、もう一つには描かれていないが、その理由は分からない。
26) 明治10年、12年、14年の日付で、行司の帯刀が確認できる錦絵はまだ見ていない。明治12年は横綱境川がまだ現役なので、その横綱土俵入りを描いた錦絵がどこかにありそうである。境川は明治9年12月から明治14年1月まで横綱だった。

(a) 明治11年1月の日付がある錦絵、国明筆、戸谷編『大相撲』(pp. 142-3) ／酒井著『日本相撲史（中）』(pp. 38-9)

　境川浪右エ門の土俵入り。露払い・四海波、太刀持ち・勝浦。式守伊之助（6代）は扇子だけを差している[27]。帯刀していない。軍配房は朱色である。明治11年、行司は帯刀していないことを示している。

　拙稿「行司の帯刀」(2009) の中で、この境川横綱土俵入りの錦絵に言及しながら、「行司の差しているものは扇子のように見えるが短刀かもしれない」と記しているが、これは事実誤認である。すなわち、間違いである。

(b)「境川横綱土俵入」、御届明治11年4月9日、国明筆、池田雅雄編『相撲百年の歴史』(p. 96)

　露払い・勢、太刀持ち・勝浦。木村庄之助は扇子である。短刀は差していない。左手を短刀の鞘に置いているようにも見えるが、腿の上にその手は置いてあるはずだ。他の錦絵でも、年寄が左手を同じように描いてあるが、この年寄は短刀を差しているわけではない。軍配房は朱色である[28]。

(c)「境川横綱土俵入」、御届明治11年4月9日、国明画、私蔵

　この錦絵には画題がないが、境川横綱土俵入りを描いた錦絵である。絵の構図は上記(b)と全く同じだが、露払い・勢、太刀持ち・手柄山となっている[29]。木村庄之助は扇子を差しているが、短刀は差していない。軍配房は朱色である。

境川横綱土俵入

---

27) 6代式守伊之助は明治13年9月に亡くなっている。

(d)「朝日嶽鶴之助横綱土俵入之図」(デッサン)、明治11年頃(推定)、戸谷編『大相撲』(p. 154)

　これは錦絵でも写真でもない。挿絵風のデッサンである。露払いと太刀持ちの力士名は書いてない。行司は式守伊之助である。帯刀する左脇腹の部分が不鮮明なので断定できないが、帯刀していないようだ。記念写真では帯刀していたが、このデッサンでは帯刀していない。描かれた年月も不明だが、おそらく明治11年頃である。朝日嶽が五条家から横綱免許を授与されたのは、明治11年だからである(『相撲百年の歴史』(p. 104))[30]。

(e) 錦絵「勧進大相撲取組之図」、明治11年夏場所(6月)[31]、国明筆、私蔵

　梅ヶ谷と境川の取組を描いた錦絵である。錦絵に記されている力士の番付から

勧進大相撲の取組

判断すると、明治11年6月場所を描いたものである。特に東方の力士は番付と一致する。西方の筆頭の朝日嶽は明治10年12月に大関になったが、明治11年6月場所を最後に辞めている。木村庄之助は烏帽子を被っていな

---

28) 明治11年当時、木村庄之助(14代)の軍配房は朱色だった。この14代庄之助が紫白房を使用したかどうかは定かでない。明治15年7月に出された「御請書」によると(荒木精之著『相撲道と吉田司家』(pp. 126-8))、明治15年頃にはその使用が許されていたことになっている。しかし、御請書で述べてあるように、14代庄之助が紫白房を使用していたかどうかはまだ分からない。それを裏付ける資料が他に見られないのである。
29) 届け日が明治11年4月9日付になっている錦絵は他にもいくつかある。絵の構図はほとんど同じだが、露払いや太刀持ちの力士が異なる。
30) 朝日嶽は明治10年12月に大関となり、明治11年5月場所を最後に引退している。
31) 番付では5月上旬興行となっているが、実際には6月場所である。明治11年6月場所の錦絵にしては日付がないのが不思議である。明治11年ごろは日付を記すのが普通だったからである。なぜそれが記されていないかは分からない。

い[32]。左脇腹に帯刀を差していない。扇子を差しているようにも見えない。すなわち、明治11年6月場所、木村庄之助は帯刀していなかったことになる。

(f)「三都大相撲取組之図」、御届明治11年9月8日、戸谷編『大相撲』(p. 148)
　　響矢と梅ヶ谷の取組。明治11年9月、大阪相撲と東京相撲の合併相撲が行われたが、この取組はその一コマである。行司は木村槌之助で、草履を履いている。帯刀の有無は確認できないが、手の位置から推測すると帯刀していないようだ。短刀を差しているなら、その先端部分が描かれているはずだ。軍配房の色は朱である。木村槌之助は大阪相撲の行司で、上位には玉之助と吉岡がいた。この槌之助も後に玉之助を襲名している。

明治11年の日付がある錦絵では、立行司といえども帯刀していないものがあることから、行司は全員帯刀していないと判断してよい。それでは、明治12年はどうだっただろうか。残念ながら、明治12年の帯刀に関しては、何も確認できない。明治12年の日付がある錦絵ならどこかにありそうだが、まだ見ていないのである[33]。いずれにしても、立行司が帯刀を差すようになったのは、明治12年1月場所から13年夏場所の間である[34]。というのは、後で触れ

---

32) 短刀と扇子の両方を差さずに取組を裁いているが、これが事実を描いているのかどうかは定かでない。明治11年6月という年月を考慮すれば、短刀は差さなくても、扇子は差していてもよさそうである。扇子を腹帯に差す「しきたり」ではなかったので、扇子も差さなかったかもしれない。絵師の蜂須賀（国明）は行司について詳しい絵師なので、短刀を描いていないのは意図的であるに違いない。
33) 三役格以下の行司が取組を裁いている錦絵は皆無に近い。帯刀に関する限り、独り立ちの錦絵は参考にならない。土俵上では帯刀していなくても、独り立ち姿になると、帯刀する場合があるからである。
34) 和歌森著『相撲今むかし』に「今日では立行司が脇差を差して登場するが、そのようになるのは、明治の末に国技館が建設されて以後のことである」(p.67)とあるが、これは明らかに間違いである。木刀も帯刀の一種だとすれば、立行司は明治12年か13年に帯刀するようになっている。国技館開館は明治42年6月だが、帯刀はそれ以前から許されていたのである。明治43年5月に行司装束の改正があり、それまで立行司だけに許さ

第1章　立行司も明治11年には帯刀しなかった

るように、明治13年夏場所、立行司は帯刀しているからである。

(2) 帯刀を差している絵図資料

　明治11年の日付がある錦絵では、多くの場合、行司は帯刀していないが、中には帯刀しているものもある。そのような錦絵をいくつか、次に示す。

　(a)「境川横綱土俵入」の錦絵、御届明治11年4月9日、国明画、私蔵

　露払い・龍門、太刀持ち・勢、行司は木村庄五郎で、烏帽子を被り、帯刀している[35]。草履を履いていない。軍配房は紫色である[36]。届け日が明治11年4月9日になっているが、描かれたのは10年頃かもしれない。境川は9年12月に

境川横綱土俵入

横綱に昇進しているからである。奇妙なことに、横綱の土俵入りを引いている庄五郎は草履を履いていない。さらに、立行司でもない庄五郎が帯剣している。三役格であれば、立行司の代理として草履を履いているはずだ。この絵は不自然な点があり、真実を描いていない可能性がある[37]。

れていた帯刀が十両格以上の行司にも許されるようになった。しかし、その後、年月は分からないが、また立行司だけに許されるようになった。
35) 立行司が烏帽子をかぶっているが、それが「しきたり」だったかどうかははっきりしない。というのは、被っていない場合もあるからである。烏帽子を被ったり被らなかったりするには、何か理由があるかもしれない。これはいずれ解明できると思うが、現段階では、不明としておく。
36) この庄五郎が後の瀬平（6代）であれば、明治11年当時は紅白だった。朱房になったのは明治15年7月である。横綱境川の土俵入りにもかかわらず、庄五郎は草履を履いていない。横綱土俵入りを足袋行司が引くのは見たことがない。
37) 横綱土俵入りを引く行司が草履を履かない姿を見たのは、この錦絵が初めてである。し

13

(b) 山形県での朝日嶽横綱土俵入りの写真、明治11年、酒井著『日本相撲史（中）』（p.48）／『大相撲昔話』（p.61）

これは地方巡業中の一コマだが、式守伊之助（6代）は小刀を差している。『日本相撲史（中）』（p.48）によると、朝日嶽は明治10年12月に大関になり、その翌年に東北地方を巡業し、山形に錦を飾っている[38]。この写真では、小刀を実際に差していることが分かる。地方ではまだ帯刀が厳しくなかったかもしれない[39]。

(c) 錦絵「勧進大相撲取組之図」、明治13年5月、国利画、山室氏所蔵[40]

四本柱は四色。水引幕は紫で、揚巻はない。行司は帯刀している。
　　　西：梅ヶ谷、武蔵潟、司天竜、鞆ノ平、清見潟
　　　東：若島、手柄山、若虎、響矢、関ノ戸

この錦絵は届け日が明治13年5月となっているが、番付は明治14年5月である。この番付は明治15年1月のものとよく似ているが、注意して見る

かも、房の色も「紫」になっている。明治10年頃、立行司でもない庄五郎が紫房を授与されたはずがない。どう見ても、おかしな錦絵である。しかし、相撲に詳しい国明が描いた錦絵である。国明が実際に描いた錦絵ではないかもしれない。ちなみに、木村庄五郎（後の木村瀬平）が紫白房を許されたのは明治32年4月である。第1回目の草履を許されたのは明治18年7月である（小池（89）、p.159）。

38) 加藤隆世著『明治時代の大相撲』（p.436）によると、明治11年に山形県のみの横綱を五条家から許され、さらに東北地方の横綱免許をやはり五条家から授与されている。吉田司家にも横綱免許の請願をしたらしいが、その免許は受けていない。つまり、五条家だけの免許である。同様の記述は、酒井著『日本相撲史（中）』（p.48）にも見られる。

39) これは記念写真である。蹲踞している場所は本物の土俵上ではない。背景が絵柄の布地のように見える。横綱土俵入りの記念写真では、普通、行司は帯刀している。したがって、この写真だけを見る限り、行司が土俵上でも帯刀していたかどうかを判断することは難しい。しかし、朝日嶽が横綱を締め、地方（山形県）巡業中だったことを考慮し、行司は帯刀姿で土俵に上っていたと判断した。

40) この錦絵「勧進大相撲取組之図」の届け日は明治13年5月だが、番付は明治14年5月である。なぜ届け日と番付が異なっているかは分からない。届け日より番付が先か、同時であるのが普通である。この錦絵は、届け日が明治15年1月の錦絵「勧進大相撲繁盛之図」（『昭和大相撲史』の口絵）とは別物である。上部に記載されている力士の番付が少し異なる。取組んでいる力士のポーズ、櫓の位置、行司の位置などが異なる。届け日が

第1章　立行司も明治11年には帯刀しなかった

と、力士の地位が少し異なるし、東西の入れ替えもある。

(d)「勧進大相撲取組之図」、御届明治13年5月、国利画、私蔵
　　東方：若島、手柄山、武蔵潟、荒虎、関ノ戸、柏戸
　　西方：梅ヶ谷、司天竜、高見山、鞆ノ平、千羽ヶ嶽

　この錦絵の届け日は明治13年5月だが、番付は明治15年1月場所である。行司は草履を履き、帯刀している。鍔(つば)がはっきり描かれているが、そのように描

勧進大相撲の取組

いた錦絵は他にもある。帯刀の有無という観点では、この錦絵は非常に重要である。帯刀した姿が描かれているからである。この錦絵が正しければ、勧進大相撲では少なくとも明治13年5月以降は帯刀していることになる。そうなると、立行司に帯刀が許されたのは明治12年1月場所から明治13年5月場所の間ということになる。つまり、明治12年春場所から明治13年春場所の3場所のうちのいずれかである。立行司以外の行司が帯刀できなくなったのは、明治9年3月の廃刀令後か明治9年12月の廃刀返書後であろう。3月から9月の間は少し混乱があったかもしれないが、12月の廃刀返書後には帯刀しなくなったはずだ。いずれにしても、立行司以外の行司は廃刀返書後、帯刀しなくなったはずだ。

(e) 錦絵「東京／大阪大相撲取組之図」、明治14年5月[41]、国明筆、香山氏

明治13年5月で、番付が明治14年5月であることから、この錦絵は明治14年5月以降に描かれているはずだ。届け日の明治13年5月に見合う別の錦絵が見つかる可能性がある。残念ながら、そのような錦絵を見つけることができなかった。このような問題点があることを認識しながら、届け日の明治13年5月を重視し、行司の帯剣を確認できる錦絵として扱うことにした。

所蔵

梅ヶ谷と響矢の取組。東京相撲と大阪相撲の合同相撲で、木村庄三郎は帯刀している。庄三郎は第三席だが、「准立行司」として処遇されていたに違いない。当時、第三席の「准立行司」が帯刀を常に許されていたかどうかは定かでないが、立行司に支障がある場合や「花相撲」では許されていたはずだ。実際、この合同相撲には全力士が出場しているわけではない。それは錦絵に記載されている力士名で分かる。

　　　西：響矢、松の音、不知火、八陣、君ヶ嶽、猫又、直鶴
　　　東：梅ヶ谷、司天竜、響矢、鞆ノ平、千羽ヶ嶽、大纏

東方と西方に両方とも「響矢」が記載されているが、それがどういう理由でそうなっているかは分からない。

(f)　錦絵「勧進大相撲繁盛之図」、明治15年1月13日御届、出版人：長谷川、『昭和大相撲史』(1979.10) の口絵

大関・若島と大関・梅ヶ谷の取組。行司名は定かでないが、大関同士の取組を裁いているので、おそらく木村庄之助である。行司は朱房で、帯剣し、草履を履いている。

　　　東之方：若島、手柄山、武蔵潟、荒虎、関ノ戸、柏戸、浦風
　　　西之方：梅ヶ谷、司天龍、高見山、鞆ノ平、千羽ヶ嶽、桐山

この力士番付は昭和15年1月場所と一致する。

(g)　梅ヶ谷の土俵入りの記念写真、明治17年3月、『大相撲昔話』(p.62) ／池田編『相撲百年の歴史』(p.102)

露払い・鞆ノ平、太刀持ち・大鳴門。天覧相撲が終了した後で撮影した記念写真というキャプションがついている（『相撲百年の歴史』(p.102)）。この写真では、行司は間違いなく短刀を差している。扇子は差していない。天覧相撲では帯刀しなかったはずだが、記念写真では携帯している[42]。実際の取組と記念用の錦絵や写真では装束に違いがある。たとえ

---

41) 東京相撲の力士名から明治14年5月場所に準じているものと判断した。

第1章　立行司も明治11年には帯刀しなかった

ば、草履格でない行司も「独り立ち」の錦絵では、普通、草履を履いて描かれている。

(h) 梅ヶ谷の横綱土俵入り、明治17年5月11日御届、国明画、大谷孝吉・三浦照子編『相撲浮世絵』(p.65)[43]

　　露払い・剣山、太刀持ち・大鳴門。行司の木村庄三郎（のちの15代木村庄之助）は帯刀している。烏帽子でないことから、天覧相撲ではない。

(i) 大達と梅ヶ谷の取組、明治17年5月（推定）、戸谷編『大相撲』(p.150)

　　これは銅版画のようだ[44]。少なくとも錦絵ではない。取組の年月は不明である。行司が烏帽子を着用していないことから、これは天覧相撲ではない。行司は帯刀している。どの場所の取組を描いてあるかは分からないが、勧進相撲であることから、行司が帯刀していても何も不思議ではない。

このように見てくると、次のようなことが言える。

(a) 明治11年には、行司は帯刀する場合もあるし、そうでない場合もある。廃刀令の直後なので、少し混乱があった可能性がある。横綱土俵入りは立行司が引くので、帯刀をどうするかに関して、まだ考えが統一されていなかったかもしれない。立行司の帯刀に関しては混乱があったようだが、立行司以外の行司の帯刀は問題なく廃止されたようだ。つまり、「廃刀返書」

---

42) 明治17年3月の天覧相撲では、行司は扇子だけを差して土俵に上っている。庄三郎にしても庄之助にしても、帯刀していなかったはずだ。当時は、伊之助は不在である。天覧相撲を描いた錦絵の中には行司が帯刀しているものもあるが、これは事実を正しく反映していない。つまり、当時、勧進相撲では帯刀していたので、それをそのまま天覧相撲でも適用したに違いない。

43) 資料では日付が不鮮明である。元の錦絵を見れば、明確になるはずだ。二次的な活字資料ではときどき日付が不鮮明なことがある。

44) 誰がいつ描いたのかは分からない。オリジナルを見れば、少なくとも誰の作品かは分かるかもしれない。署名が記されているはずだからである。

後は、立行司以外の行司は帯刀しなくなった。

　明治12年は、今のところ、行司の帯刀がどうだったかに関し、明確なことは分からない。明治12年の日付がある錦絵を1枚も見ていないからである。先にも触れたように、帯刀するようになったのは明治12年1月場所から明治13年5月場所の間である。明治13年5月場所には行司が帯刀している錦絵があるので、実際は、明治12年1月場所から明治13年1月場所の間で帯刀が許されていたことになる。明治13年5月付の絵番付でも帯刀している。

(b) 明治13年は3月付の錦絵が2枚あり、それらには帯刀姿が描かれている。この2枚の錦絵だけで判断するのは早計であるが、明治13年初場所には行司の短刀はすでに許されていたかもしれない。これは推定にすぎず、裏付けの資料が必要だ。従って、それ以前の帯刀については確かなことが何も言えない。明治13年夏場所以前の帯刀に関しては証拠となる確かな資料が、残念なことにまだ何も見つかっていない。

　東京相撲の錦絵で明治14年のものは1枚も見ていないが、東京相撲と大阪相撲が合併して行なった相撲の錦絵がある。行司は帯刀している。合併相撲で帯刀していれば、東京相撲でも帯刀していたと判断してよい。このように、明治13年夏場所の錦絵や明治14年の錦絵で帯刀が確認できるし、明治15年以降になれば文字資料でも帯刀を確認できることから、行司の帯刀は遅くとも明治13年夏場所以前となる。

(3) 明治15年の錦絵二枚

　行司が描かれているが、帯刀の有無が明確に判断できないものがある。残念ながら、画像が不鮮明である。そのような例を明治15年の錦絵の中から二つ、次に示す。

(a) 錦絵「勧進大相撲土俵入之図」、明治15年2月御届、国明画、出版人：

松木平吉[45]

　この錦絵は、明治9年夏場所を描いた「勧進大相撲土俵入図」(『図録「日本相撲史」総覧』(pp.38-9))とポーズがほとんど同じである。違っているのは、土俵入りする力士や柱を背にして座っている四本柱(取締役)などである。上部に記載されている力士を見ると、東方の筆頭力士は梅ヶ谷、西方のそれは楯山である[46]。木村庄之助は後ろ向き姿で、短刀を差していない。明治15年の日付は確認できるので、長い木刀を差していたならば、その一部が後ろへ突き出ているはずだ。実際、構成の仕方がほとんど同じ錦絵では、木刀がはっきり描かれている[47]。明治15年の錦絵で木刀の部分を明確に削除してあることから、二つのことが考えられる。一つは、明治15年当時、まだ短刀を差していなかったことである。もう一つは、短刀を差していたが、後ろから確認できるほどの長さではなかったことである。どちらが正しいだろうか。他の資料などを考慮すれば、後者が正しいに違いない。

(b) 錦絵「大相撲土俵入之図」、明治15年10月御届、国明画、私蔵

　この錦絵は上記(a)「勧進大相撲土俵入図」(M15.12)とよく似ているが、上部に東西の力士名が記載されていない。水引幕の文字も少し異なっている。二つ

勧進大相撲の土俵入り

---

45) この錦絵は私自身が所有していたが、現在、その所在が不明で、ここにそれを提示できない。届け日や東西の大関名などから明治15年に描かれていることは間違いない。
46) 番付によると、明治16年1月以降、梅ヶ谷が東の大関、楯山が西方の大関となる。従って、錦絵の届け日は明治15年2月なので、その前年に描かれたことになる。番付と届け日が合致しないが、錦絵が明治15年ないし16年以降に描かれていることは確かだ。
47) 同じポーズの錦絵は幕末にも明治初期(5年)にも描かれている。

の錦絵とも同じ絵師が同じ年に描いている。行司の帯刀は確認できない。長い木刀を差していないことは確かだ。短い短刀なので、外から見えるように描かれていないはずだ。

(4) 絵番付

絵番付にも中央に行司が描かれている。帯刀を描くのがしきたりだったのか、そうでなかったのかがはっきりしない。いずれにしても、描かれている場合もあれば、そうでない場合もある。

(a) 明治11年6月場所の絵番付、国明画、『相撲なるほど歴史学』(p.45)
　左腹の部分が鮮明でないので、短刀の有無が確認できない。短刀は差しているようでもあるし、そうでないようである。オリジナル版では、短刀の有無が確認できるかもしれない。明治11年6月の日付であれば、帯刀していないはずだ。しかし、もし帯刀しているのであれば、どういう状況でそうなったかを吟味する必要がある[48]。

(b) 明治13年5月場所の絵番付、出世鏡（いわゆる絵番付）、国明画
　行司は帯刀している。明治13年5月頃になると、立行司の帯刀は認められていたかもしれない。もしこれが帯刀を正しく描いているならば、少なくとも明治13年5月以降、立行司は帯刀していたことになる[49]。この絵番付では庄之助と伊

出世鏡（絵番付）

---

48) 短刀は土俵上の取組みでは差さなくても、それ以外の状況では許されていたかもしれない。本章で調べているのは、土俵上の取組みで差していたかどうかである。
49) 明治12年の絵番付はまだ見ていない。絵番付は見つかる可能性が高い。断言はできな

第1章　立行司も明治11年には帯刀しなかった

之助だけでなく、鬼一郎と庄三郎も帯刀している[50]。

(c) 明治15年5月場所の絵番付、国明画、戸谷編『大相撲』(p.132)
　　行司は帯刀している。二人の行司は、おそらく木村庄之助と式守鬼一郎（3代）である[51]。

　絵番付以外の資料としては、たとえば「つくし絵」や「おもちゃ絵」などがある。これらの資料はたくさんあるが、残念ながら、必ずしも真実を描いているとは限らない。見本としてそのいくつかを次に示す。

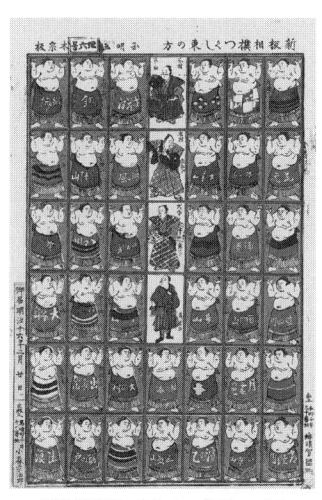

新版相撲づくし（東の方）　　　　　新版相撲づくし

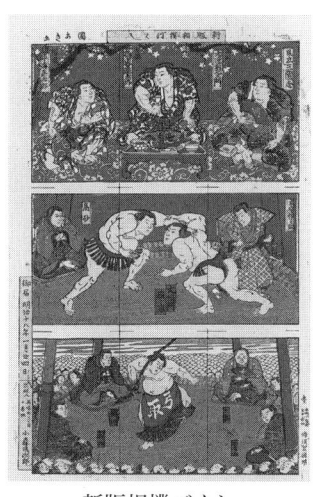

いが、絵番付は毎年、発行されていたようだ。
50) 明治13年5月場所当時、鬼一郎と庄三郎が「准立行司」だったのか、草履を許された「三役格行司」だったのかがはっきりしない。いずれにしても、立行司に次ぐ行司であったことは確かだ。
51) この絵番付には式守伊之助がいない。6代伊之助は明治14年1月番付には記載されているが、死跡である。明治13年9月にはなくなっていたからである。3代鬼一郎が7代伊之助を襲名したのは明治16年1月である。つまり、明治15年5月番付の第二席は3代鬼一郎である。

21

6. 行司の扇子

扇子をいつ頃から差したかははっきりしない。天明から寛政までの錦絵を見る限り、扇子は差していない。たとえば、次の錦絵では、腹帯がはっきり描かれているが、扇子はやはり確認できない。

(a) 天明3年3月、春章画、酒井著『日本相撲史（上）』(p.160)
  宮城野と筆ノ海の取組。木村庄之助の扇子は確認できない。庄之助は草履を履いていない[52]。

(b) 天明の頃、春好画、酒井著『日本相撲史（上）』(p.160)
  沖津風と筆ノ海の取組、庄之助の扇子は確認できない。

(c) 天明の頃、春好画、酒井著『日本相撲史（上）』(p.149)
  小野川と谷風の取組。木村庄之助の扇子は確認できない。

(d) 天明の頃、春章画、池田雅雄著『相撲の歴史』(p.160)
  小野川と谷風の取組。木村庄之助の扇子は確認できない。

(e) 寛政の頃、春英画、L. Bickford 著 Sumo and the Woodblock Print Masters 〈SWPM〉(p.147)
  小野川と谷風の引分け図、木村庄之助の扇子は確認できない。庄之助は

---

52) 天明初期には、庄之助は草履を履いていない。庄之助が草履を許されたのは、天明8年頃である。「相撲行司家伝」（文政10年11月）によると、5代目木村庄之助の免許状に「草履」を許すとあるが、これは事実と相いれないものである。寛延2年8月当時、行司は草履を履いていなかったからである。つまり、寛延2年8月付の免許状の文言は、後に授与された免許状の文言をそのまま使用したものである。これに関しては、拙稿「行司と草履」(2007) でも指摘した。

22

草履を履いている[53]。

　錦絵では扇子が描かれていないが、携帯していた可能性を否定することはできない。というのは、年寄、行司、呼出し等が扇子を携帯していたからである。たとえば、寛政元年の錦絵には、行司が土俵上で手に扇子を広げて持っている[54]。

・「谷風・小野川横綱伝授披露の図」（寛政元年）、春英画、酒井著『日本相撲史（上）』（p. 167）

　木村庄之助は帯刀し、扇子を広げて立っている。寛政の頃、木村庄之助は土俵上ですでに扇子を差していたかもしれない。いずれにしても、扇子は刀の代用品ではない。

　上位行司は遅くとも寛政の頃には扇子を差していたかもしれない[55]。幕末になると、扇子を差している錦絵はたくさんある。そのような錦絵をいくつか、

---

53) 庄之助は寛政時代の勧進相撲では草履を履き、帯剣している。しかし、寛政3年の上覧相撲では庄之助だけでなく、他の行司も素足である。足袋を地位として履くようになったのは、文政末期か天保初期である。すなわち、それ以前は草履を履いた行司だけが、同時に足袋も履いていた。草履を履かない行司は素足だったことになる。

54) 江戸浅草寺境内で行われた辻相撲を描いた絵図が池田雅雄編『相撲百年の歴史』（p. 44）／酒井著『日本相撲史（上）』（p. 134）に掲載されている。『相撲百年の歴史』（p. 44）によれば、この絵図はどうやら享保初期の頃のものらしい。裁いている行司は、脇差に加えて、体の前方の位置で開いた扇子を右手に持っている。何のためにそれを持っていたかは分からないが、行司は当時、扇子を使用していたことが分かる。その当時、扇子は年寄や呼出し等も携帯していたので、行司は取組の際もそれを差していたかもしれない。呼出しが扇子を持っている寛政年間の絵図は、『日本相撲史（上）』（p. 99）で確認できる。また、世話役雷権太夫が扇子を持っている明和年間の絵図も『日本相撲史（上）』（p. 98）でも確認できる。「徳川家定公上覧相撲」（天保14年）を描いた錦絵では四本柱（年寄）が土俵上で扇子を持ち座っている（堺市博物館編『相撲の歴史』（p. 40））。特に寛政以降、年寄や力士が扇子を持った姿は多くの錦絵で描かれている。当時、行司だけが特別に扇子が携帯していたというわけではない。扇子は身だしなみの一つだったようだが、その携帯には一定の条件らしきものがあったかもしれない。

55) 幕末になると、行司が扇子を差している錦絵がたくさんあるが、寛政の頃の錦絵では見かけない。しかし、寛政の頃であっても、力士や年寄（親方）は扇子を携帯していたは

次に示す[56]。

(a)「常山と御用木の取組」、嘉永年間、国貞改め豊国画、大谷・三浦編『相撲浮世絵』(pp.52-3)
　行司の木村庄九郎は脇差に加えて、扇子も差している。帯の一部のようにも見えるが、帯なら右腹から横に出ることはないはずだ。

(b) 横綱雲龍久吉の土俵入（文久元年横綱免許）、国貞画、酒井著『日本相撲史（上）』(p.378)
　露払い・田子ノ浦、太刀持ち・足代山、行司・木村庄之助。

(c) 横綱不知火光右衛門の土俵入（文久3年横綱免許）、国貞画、酒井著『日本相撲史（上）』(p.378)
　露払い・桑ノ弓、太刀持ち・君ヶ嶽、行司・式守伊之助。

(d)「不知火と大鳴門の取組」、豊国画、安政年間、戸谷編『大相撲』(pp.124-5)[57]
　式守伊之助は刀と扇子を差している。

(e)「陣幕と不知火の取組」、国綱画、慶応年間（推定）、大谷・三浦編『相撲浮世絵』(p.49)。
　木村庄之助は扇子と刀を差している

(f)「陣幕横綱土俵入之図」、国輝画、慶応3年、戸谷編『大相撲』(pp.

ずだ。最初は、扇子は単なる携帯品であったが、それがいつの間にか、行司の中では特別な意味を持つ携帯用具の一つになったかもしれない。
56) 扇子の確認ができない錦絵も多い。懐深く差しているかもしれないし、実際に差していないかもしれない。オプションだった可能性もある。
57) この錦絵によく似た取組が酒井著『日本相撲史（上）』(p.362)にもあり、安政7年春場所となっている。行司は木村喜代治である。

第1章　立行司も明治11年には帯刀しなかった

116-7）

　陣幕は慶応3年1月から慶応3年11月まで横綱を締めていた。露払い・鯱ノ海、太刀持ち・相生、行司・式守伊之助。行司は刀と扇子を差している。

（g）「慶応元年正月大相撲」、『陣幕久五郎通高事跡』（M28）の口絵
　この絵図は錦絵「陣幕横綱土俵入」（国輝画、慶応3年）を挿絵風に簡略化して描いたものである[58]。式守伊之助は刀と共に扇子を差している。錦絵では、扇子は横帯のようにも見えるが、口絵では明確に扇子である。錦絵によると、軍配房は朱色だが、白黒の口絵では、もちろん、分からない。陣幕は慶応元年、まだ横綱になっていないので、この絵図は慶応3年よりも後に描かれたものである。

　行司の扇子がいつ、特定の地位だけに許されたのかは分からない[59]。扇子は腹帯に差すものなので、錦絵でも描かれていないことが多い。それが単に省略したものなのか、元々差していなかったのかは分からない。いずれにしても、行司は遅くとも寛政の頃から扇子を差していた可能性がある。

7. 勧進相撲の文字資料

　廃刀令後、行司の帯刀に関し記述した文字資料がないかを探したが、荒木精

---

[58] この錦絵は、たとえば田原町博物館編『相撲錦絵展』（H8.10、p.19）にも掲載されている。
[59] 先にも述べたように、現在、立行司を含め、どの行司でも腹帯に扇子を差すことはない。行司がいつ頃から扇子を差さなくなったかは分からない。勧進相撲では、明治11年の日付がある錦絵「境川横綱土俵入」（『相撲百年の歴史』（p.96））では差していたし、明治17年の天覧相撲を描いた錦絵でも差していた。少なくとも明治17年までは行司が扇子を差していたことが確認できる。明治17年以降、扇子を腹帯に差している錦絵や写真は見たことがない。たまたま見ていないだけかもしれない。差さなくなった時期は今後、調べる必要がある。

之著『相撲道と吉田司家』(S34) の中で明治15年7月の「御請書」(pp. 126-8) を見つけることができた[60]。それ以外には、今のところ、見つかっていない。帯刀を廃止する、廃止しないということは従来の伝統を変えるか、変えないかの重大な問題なので、当時の相撲界にとって大きな出来事だったはずだが、それを記述した文献が見つからない。当時、相撲の評判は確かにどん底にあったが、相撲は依然として続いていたのである。相撲に関心のある物好きが行司の帯刀に関しても何か述べたものがあるはずだと思いながら、当時の新聞や書籍類も調べてみたが、まったく見つからなかった[61]。「御請書」(明治15年7月4日) にある概要は、次のとおりである[62]。

- 木村庄之助：紫白打交紐、熨斗目麻上下、方屋上草履
- 式守伊之助：紅紐、熨斗目麻上下、方屋上草履
- 木村庄三郎：式守伊之助に同じ
- 式守与太夫：紅紐
- 木村庄五郎：方屋上草履
- 木村誠道：方屋上草履
- 木村庄次郎：方屋上草履
- 木村多司馬：紅白打交紐
- 木村喜代治、式守錦太夫、木村嘉太郎：方屋上草履

末尾は、次のような表現になっている。

---

60) この「御請書」は吉田長孝著『原点に還れ』(pp. 34-6) にも見られる。
61) 私が資料を見ていないと書いても、それに関する資料がないというわけではない。調べた範囲で資料が見つからなかっただけかもしれない。実際、原稿を発表した後で、肝心な資料が見つかることがこれまでにも時々あった。
62) この「御請書」は内容的に必ずしも信頼できるものではないが、吉田追風と相撲協会との間に当時 (明治15年)「契約」を交わしていたことは確かである。これは、たとえば『本朝相撲之司吉田家』(pp. 21-2) でも確認できる。契約書を交わしたことは確認できるが、御請書で示されている内容の中にはその真偽がまだ確認できないものもある。契約を交わしたのが事実なら、行司はその内容に従うはずだが、事実は契約通りでないこともある。これをどう解釈すればよいのか、今のところ、分からない。

第1章　立行司も明治11年には帯刀しなかった

「右11名の者どもへ前書の通り、御免許奉願候処、願の通り
御附与被成下難有奉頂戴候、依て御請書差上候　以上
　明治15年第7月3日
　　　　　　　　　　　　年寄　伊勢ノ海五太夫　㊞
　　　　　　　　　　　　取締　大嶽　門左衛門　㊞
　　　　　　　　　　　　同　　中立　庄太郎　　㊞
　　　　　　　　　　　　年寄　根岸　治三郎　　㊞
吉　田　善　門　殿　　　　　　　　　　」(pp. 126-8)

　この文書が真実を述べているかどうかは、定かでない。たとえば、木村誠道は上草履を許されたことになっているが、他の資料から誠道が草履を許されたのは明治28年5月となっている。それぞれの行司に関しては事実に反するものもあるが、この文書で重要なのは当時、房の色や草履などが免許されていたことである。さらに、文書の日付が明治15年7月になっていることである。というのは、明治15年7月には、立行司は「熨斗目麻上下、紫白房」を許されているからである[63]。この文書には、行司の帯刀に関しては何も言及されていないが、明治15年当時、「熨斗目麻上下」を授与されれば、同時に帯刀も許されていたはずだ。つまり、勧進相撲では、当時、立行司は帯刀して土俵に上がっていた。

　興味深いことに、吉田司家は立行司の免許を授与するとき、いつでも免許状には「帯刀」について触れていない。熨斗目麻上下と房の色と草履について述べているだけである。立行司にだけ熨斗目麻上下は許されるので、それを許さ

---

63) 熨斗目麻上下がいつから立行司だけに許された装束になったかは定かでない。江戸時代まで遡ることは確かなようだ。式守伊之助の場合は、6代目からこの装束と草履が許されるようになったという（『角力画報』(T2.5) の「行司の階級」(p.8)）。木村庄之助はそれより以前に遡ることになる。式守家にしても、文化6年9月に式守鬼一郎が草履を許されていることから（『ちから草』(p.26)）、草履を最初に許された式守家の行司が6代式守伊之助ということはない。いずれにしても、明治15年ごろには立行司は「熨斗目麻上下」を許されている。

27

れれば、同時に帯刀も許されていたはずだ。これに関連して、一つの疑問が出てくる。なぜ免許状に帯刀について記さなかったか、ということである。それについて何か述べたものがないかを調べてみたが、残念ながら、見つからなかった。もしかすると、江戸時代でも帯刀を許すか許さないかは、吉田司家の権限外だったかもしれない。その「しきたり」が明治時代になっても続き、免許状に記さないようになったのかもしれない。現在の「相撲規則」でも、行司の帯刀に関しては何も規定されていない。内規としてはあるかもしれないが、公的になっている寄附行為にはない[64]。

　吉田司家と相撲協会との間には、免許すべきものに関しても、次のような明治15年6月に交わした契約がある。

　　　「　　　　　　　免許スヘキモノ、左ノ如シ
　　　　第一　黒無地団扇紐紅緒熨斗目麻上下
　　　　第二　団扇紐紫白色打交
　　　　第三　上草履
　　　　第四　団扇紐紅白打交
　　　　第五　土足袋
　　　　第六　横綱
　　　　第七　持太刀
　　　右之通リニ候也　　　　　　　　　　　　　　」（pp. 124-5）

　横綱の太刀は土俵入りの必需品であるため、これに関しては契約に明確に記されている。本章との関連では、熨斗目麻上下、紅白以上の房色、上草履、足袋が免許を受けねばならないモノである。この契約でも、やはり「帯刀」に関しては言及されていない。言及されていないが、帯刀は吉田司家の許可が必要

64）草履に関しては、吉田司家の免許状に記されていたが、現在の「相撲規則」には記されていない。たとえば、立行司木村庄之助や式守伊之助の場合、房の色について述べてあるだけである。しかし、内規としては、三役格以上は「草履」を履くことが決まっている。

第1章　立行司も明治11年には帯刀しなかった

だった。これは明治30年ごろの新聞記事でたくさん確認できる。

　この「免許すべき条目」は明治15年6月に交わされているが、吉田追風は明治14年7月に熊本から上京し、東京相撲を視察している[65]。それを踏まえ、明治15年6月に「免許すべき条目」の契約を交わし、明治15年7月には相撲協会から「御請書」が出されている。推測になるが、明治14年にはすでに立行司の帯刀は決まっていたに違いない[66]。しかし、帯刀は江戸時代から吉田司家の権限外だったので、それを「免許すべき条目」に加えなかったかもしれない。ただ奇妙なのは、太刀持ちの「太刀」を許可することが記載されていることである。太刀は江戸時代から特別で、吉田司家の権限内だったため、やはり許可を受けるべきモノだったようだ[67]。

　御請書には帯刀については明確に述べていないが、吉田追風の東京相撲の視察、免許すべき条目、御請書の内容などから明治14年には既に立行司は帯刀を許されていたと判断してよい。明治13年の錦絵にも帯刀しているものがあり、明治14年には間違いなく帯刀していたはずだ。明治15年の「免許すべき

---

65) 吉田追風は明治10年初期から14年中ごろまで西南の役に参加していたため、相撲には直接かかわっていない。したがって、その間、吉田司家から行司の免許も出ていない。もし行司の免許が出ていたとすれば、それは東京相撲の協会が独自の判断で出したものである。吉田追風が東京相撲と直接かかわりをもったのは、明治14年6月である。そういう事情から協会は明治15年に行司の免許を吉田司家に申請し、吉田司家からその返礼があり、相撲協会が「御請書」を吉田司家に出したはずだ。しかし、御請書に記載されている免許の内容は、実際に許された免許の年月とは異なっている。なぜそのような相違が生じているのかは分からない。なお、吉田追風が明治14年7月の東京相撲を視察し、明治15年7月に熊本へ帰るまでの動きについては『本朝相撲之司吉田家』（大正2年、pp. 21-2）にも述べられている。この『本朝相撲之司吉田家』には、廃刀令後の帯刀に関する言及はまったくない。
66) 吉田司家が廃刀令後、立行司の帯刀に関し、どのように関わっていたのかは不明である。廃刀令は明治9年3月に出ているので、明治9年12月の「廃刀返書」までは何らかのかかわりがあった可能性もある。しかし、吉田追風は明治10年から明治14年まで相撲に関し、身動きできなかったはずだ。その間、西南の役に参加していたからである。立行司が帯刀を許されたのは、明治12か13年である。このような状況を考慮すれば、立行司の帯刀に関し、直接動いたのは相撲協会だったと言ってよい。これは、相撲協会の大きな功績である。
67) 廃刀令後、太刀の中身はおそらく「竹光」になっていたはずだ。中身が真剣となれば、

条目」や「御請書」はそれを間接的に裏付けるものである。明治16年には、立行司は帯刀していたことを示す新聞資料がある。

「(庄三郎は：NH) 明治16年中、15代目庄之助を継続し、纖熨斗目麻上下着用木刀佩用紫紐携帯を許され」(『読売』(M30.9.24))

　これは明治30年の死亡記事の中で述べてある。過去を振り返って述べたもので、明治16年当時の記事ではない。この記事に従えば、15代木村庄之助は襲名した明治16年に、帯刀をすでに許されていたに違いない。「熨斗目麻上下」の装束を許されるのと同時に、木刀も許されたと述べているからである。明治17年3月の天覧相撲にも立行司が帯刀することを示す新聞記事がある。

「当日、梅ヶ谷の土俵入りには剣山露払いをなし、大鳴門太刀持ちの役を勤め、行司は素袍烏帽子にて木太刀を帯するとのこと」(『読売』(M17.3.4))。

　これはもちろん、明治17年当時、勧進相撲では立行司が帯刀していたので、天覧相撲でもそれをそのまま適用しようとしたものである。横綱土俵入りを引く行司は立行司であり、「木太刀」を帯することになっている。この「木太刀」は、もちろん、木刀のことである。この新聞記事は「予想記事」で、実際の天覧相撲では立行司の庄之助と庄三郎は帯刀しなかった[68]。庄三郎が差したの

　　特別の許可が必要になるはずだからである。しかし、廃刀令後、太刀の中身が「竹光」だったことを裏付ける資料はまだ見ていない。『大相撲』(H7.11、p.128)に昭和20年11月、横綱土俵入りの太刀を「竹光」に変えたという記述がある。これから推測すると、明治の廃刀令後、一旦竹光になったのが、ある時点で「真剣」に変わったかもしれない。

68) 明治17年の天覧相撲では立行司は帯刀しなかった。天覧相撲を描いた錦絵を見ても、横綱土俵入りを引いた庄三郎は、間違いなく帯刀していない。扇子だけを差している。立行司の庄之助は病気だったため、「これより三役」の取組は裁いたが、錦絵では扇子だけを差している。横綱土俵入りは庄三郎が引いている。庄三郎は当時、「准立行司」だったに違いない。7代式守伊之助は前年に亡くなっていて、天覧相撲では事実上空位だった。しかし、明治17年春場所番付では掲載されており、いわゆる「死跡」だった。

30

第1章 立行司も明治11年には帯刀しなかった

は、木刀でなく、扇子だった。当時の勧進相撲で立行司が帯刀していたことは、次の記事で分かる。

> 「このたび相撲天覧あらせらるるに付き、その筋にて古式を取調べらるる由なるが、相撲の節会は久しく絶えけるより、旧記等も急に纏まり兼ぬる故、このたびは年寄の願いにより、すべて回向院勧進相撲の式を行う事になりたりとか聞けり。」(『朝野』(M17.2.24))[69]。

この記事には帯刀について何も言及されていないが、天覧相撲も勧進相撲と同じ様式で行いたいと述べている。ということは、立行司は帯刀しているのだから、天覧相撲でも帯刀したいと述べているのと同じである。それが、天覧相撲の土俵入りでも立行司が「素袍烏帽子にて木太刀を帯するとのこと」(『読売』(M17.3.4))に反映していることになる。しかし、先にも触れたように、天覧相撲では立行司は帯刀しなかった。つまり、帯刀に関する限り、天覧相撲ではそれを遠慮したのである。

8. 立行司以外の行司と帯刀

明治10年代の錦絵が非常に少ないので断言できないが、廃刀返書以降、立行司以外は帯刀していないはずだ[70]。草履を履いた三役格は例外的に帯刀を許されていたが、それは立行司に支障がある時に限られている。そうでない場合は、帯刀を遠慮していたに違いない。明治9年3月の廃刀返書から明治17年まで立行司（あるいは准立行司）以外の行司が帯刀している姿を描いた錦絵は見たことがない。したがって、立行司以外の行司がいつ帯刀しなくなったかを正確に指摘することは難しい。廃刀返書後、帯刀が立行司だけに許されたことな

---

69) 同じ趣旨の記事は『読売』(M17.2.23)などでも見られる。
70) もし12月の廃刀返書後に立行司以外の行司が帯刀している錦絵があったなら、それが正しく事実を描いているかどうかを検討しなければならない。

どを考慮し、立行司以外は帯刀できなくなったと判断しているにすぎない。そして、それは事実を正しく把握しているはずだ。

(a) 明治10年代中期（14年から17年の頃）、式守与太夫の装束着用の図、国明筆、版元・松木平吉、私蔵

与太夫が行司部屋でもう一人の行司の助けを借りて着用している様子を描いた錦絵。軍配房は朱色で、軍配には「有動中…」の文字が見える。扇子はあるが、短刀はない。短刀を装束の中に挟んである様子もない。

この錦絵では円形の真ん中に「御届」の印刷された文字があり、その外側の円形に印刷された「明治　年　月　日」があるが、年月は記されていない。「大正八　八十九」と書き込みがあるが、それは錦絵の持ち主が後から記入したものである。つまり、オリジナルにはなかった年月である[71]。この届け日を記入する丸い形状は明治10年代初期によく見られたものだが、大正時代には見られない。

この錦絵の全体図が最近（H24.5）、香山氏のご指摘により、酒井著『日本相撲史（中）』(p. 133) に掲載されていることが分かった。さらに、年代も明治14年から17年にかけて描かれたものであることもある程度推測できた。この与太夫は後の8代式守伊之助である。与太夫が式守伊之助を襲名したのは明治17年5月であり、藤ノ川が柏戸に

与太夫の装束替え

---

71) 錦絵の中には印刷された届け日を書き込むひな型が記されてあるが、具体的な年月を記入していない場合がある。それは後から追加していたからであろう。これもその一つである。もしかすると、具体的な年月が記入された同じ図柄の錦絵が他にあるかもしれない。

32

第1章　立行司も明治11年には帯刀しなかった

改名したのが明治14年1月だからである。7代式守伊之助は明治16年8月に亡くなり、明治17年1月の番付では願人（死跡）になっている。8代式守伊之助を襲名する以前、式守与太夫は「立行司」でなかったので帯刀していなくても不自然ではない。錦絵の中で帯刀が描かれていないにもかかわらず、実際には帯刀していたのであれば、与太夫はその頃すでに「准立行司」として認められていたことになる。帯刀していないことが事実なら、この錦絵は明治16年以前に描かれているはずだ。というのは、与太夫は明治16年に8代式守伊之助を襲名することが決まっていたからである（『大阪朝日』（M30.12.21）。番付上の襲名は明治17年5月場所である。

(b) 大鳴門（関脇）と西ノ海（関脇）の取組、御届明治17年5月19日、国明筆、加藤著『明治時代の大相撲』（p.148)[72]

　行司は式守与太夫である。足袋で帯刀していない。明らかに、草履は履いていない。軍配に「有動中必」とある。烏帽子を被っていないので、勧進相撲の取組である

(c) 錦絵「大相撲一覧」、御届明治18年10月21日、私蔵

　柏戸と上ヶ汐の取組。行司は式守与太夫。足袋で帯刀していない。草履を履いていない[73]。これは明治18年には立行司以外、帯刀していない証拠である。この図の二段目と三段目は明治13年1月場所を描いている（1997年大相撲カード（186））。これ

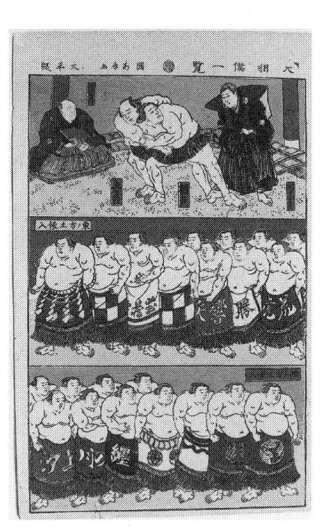

大相撲一覧

---

72) 加藤著『明治時代の大相撲』（p.148）には明治19年5月場所（8日目）として掲載されているが、錦絵の日付は確認できない。錦絵の届け日は明治17年5月19日となっている。同一の錦絵なので、日付だけを変えたものがあるかもしれない。
73) この錦絵は明治17年5月以前に描かれていた可能性が高い。というのは、この3代与太夫は明治17年5月、すでに8代式守伊之助を襲名していたからである。

33

がその年月に描かれているとすれば、上段の取組も明治13年1月か、それ以前に描かれていたことになる。明治18年10月の届け日が記された絵図は既にあったオリジナルの絵図に改めて届け日を記して発行したことになる。どちらの年月が正しいかははっきりしないが、少なくとも明治13年1月以降、立行司以外の行司は帯刀していないことを示している。もし明治10年代以前であれば、第五席の式守与太夫は帯刀していたに違いない。この絵図で見る限り、帯刀は描かれていない。つまり、この「大相撲一覧」の絵図が三段とも同時に描かれているとすれば、明治13年1月場所以降に描かれたものである。立行司が帯刀できなくなったとき、同時にそれ以外の行司も帯刀できなったはずだからである。

(d) 錦絵「西ノ海と一ノ矢の取組」、明治20年5月27日御届、国明筆、松木平吉（出版人）、私蔵

行司は（木村誠道改め）式守鬼一郎。足袋だけ。房の色は朱。高砂が四本柱を背にしている。この錦絵で、木村誠道が明治20年5月、式守鬼一郎に改名したことが確認できる。というのは、画面にそれが明確に記されているからである。この式守鬼一郎（つまり木村誠道）は当時、朱房だったが、草履を許されていなかった。この絵ではそれも確認できる[74]。

木村誠道改め式守鬼一郎

---

74) 酒井著『日本相撲史（中）』(p.171) に錦絵「小錦と朝汐の取組」があり、「明治33年頃」のものとしているが、これは明治29年3月以前のものである。というのは、木村誠道が足袋だけで描かれているからである。誠道は明治29年3月に草履を許されているので、それ以降足袋だけということはない。

9. 結　び

　本章では、明治9年3月の廃刀令後の帯刀について調べ、次のように結論づけている。

(a) 明治9年3月の廃刀令が出てから同年12月の「廃刀返書」までは、行司は帯刀していた。明治9年日付の錦絵では、行司は帯刀姿で描かれている。

(b) 明治9年12月の「廃刀返書」が出た後、1,2年ほどは帯刀しなかった。明治11年日付の錦絵では、扇子だけのものがたくさんある。このことは、その年、行司は帯刀していなかったことを裏付けている。

(c) 明治13年5月には帯刀姿を描いている錦絵があるので、少なくともそれ以降は帯刀が許されていたに違いない。明治12年春場所から13年春場所までの帯刀については、資料不足のため、確実なことが言えない。

(d) 明治14年日付の錦絵はまだ見ていないが、おそらくその年には帯刀が当たり前になっていたはずだ。明治14年7月には、吉田司家が東京相撲を視察し、明治15年中には相撲協会と「免許スベキ条目」を契約しているし、相撲協会も「御請書」を出しているからである。その契約と御請書には短刀について明記されていないが、暗黙の了解事項があったはずだ。つまり、行司の房紐、装束、草履等を授与したとき、熨斗目麻裃を授与された立行司は同時に帯刀も授与されていたはずだ。

(e) 明治16年には、15代木村庄之助に熨斗目麻裃と同時に木刀着用の許可も授与されている（『読売』(M30.9.24)）。明治17年以降であれば、短刀着用を確認できる錦絵や文字資料は比較的豊富である。

(f) 明治12年から13年にかけて、帯刀は熨斗目麻裃を許された立行司だけに許され、それ以外の行司には許されなかった。つまり、立行司だけに帯刀が許されたとき、他の行司は許されないことになった。草履を許された「三役格」は、立行司の代理を務める場合だけ、帯刀を許されたはずである[75]。

 (g) 明治9年12月の「廃刀返書」後、行司は扇子だけを差すことがあった。明治11年日付の錦絵では、扇子だけを差しているものがある。扇子をいつ頃から差すようになったかは必ずしも定かでない。土俵上で扇子を差している錦絵は幕末にはたくさんあるが、扇子の携帯はずっと以前から続いていた可能性がある。享保初期の頃、辻相撲を描いた絵図には取組みを裁いている行司が扇子を手に持っているし、寛政元年の横綱伝授式では木村庄之助も扇子を手に持っている。本章では、享保初期の絵図で行司の扇子を確認したが、それ以前の絵図でも間違いなく確認できるはずだ。

本章では、帯刀が許された時期を遅くとも明治13年5月としている。それは錦絵で確認できるからである。しかし、明治12年1月から13年1月までの間で、帯刀が許された可能性もある。その間に描かれた錦絵で行司の帯刀を確認できるものがあれば、許された時期をもっと正確に絞り込むことができる。本章を書いている段階では、残念ながら、そのような錦絵はまだ見ていない。明治11年は帯刀に関し、基本的には、廃刀令が守られていたと言ってよい。混乱が少しあった可能性は否定できないが、行司は帯刀を遠慮していたはずだ。明治11年の間、行司の帯刀が断続したならば、行司の帯刀は少なくとも1年間は断続したことになる。

---

75) 木村瀬平が明治30年2月、草履を許されると同時に帯刀も許されると主張している(『読売』(M30.2.15))。しかし、それが当時の「しきたり」だったかどうかは必ずしも定かでない。瀬平が明治30年当時、熨斗目麻裃を許されていた立行司であれば、帯刀していてもおかしくないが、それを確認できる資料はまだ見ていない。少なくとも協会は瀬平の帯刀を不審に思っている。吉田司家が瀬平に立行司としての熨斗目麻裃を許したのは明治34年4月である。実際は、明治31年春場所、立行司になっていた。

第1章　立行司も明治11年には帯刀しなかった

　本章では、扇子がいつ頃から使われだしたかに関し、深く調べることはしなかった。扇子は江戸時代以前からかなり使用されているので、勧進相撲が盛んになる頃にはすでに使用されていたかもしれない。単なるたしなみ程度の携帯品だったが時代の経過とともに特別の意義を付加されるようになったのか、それとも最初から扇子に特別の意義があったのか、その辺のことも気になるところだ。現在は立行司でも土俵上の取組で扇子を差すことはない。差すこともあった扇子を差さなくなるには何か理由があったはずだが、その理由は、今のところ、分からない。

　本章では、立行司や准立行司の帯刀についてのみ言及してきたが、実は、廃刀返書の直後明治11年ごろ、帯刀がこれらの立行司だけに許されてきたのかどうかは必ずしも定かでない。草履を許されたいわゆる「草履格」にも許されたかもしれない。つまり、草履を許されると同時に帯刀も許されたかもしれない。どの地位から帯刀が許されたのか、帯刀は立行司になったのと同時に許されたのか、それとも最初は立行司にだけ許されていたが、後に草履格にも拡大して許されるようになったのか、その辺のことは今後の研究としなければならない。

　立行司、准立行司、そして草履格行司に帯刀が許されたと仮定した場合でも、その帯刀に何らかの条件があったのかどうかさえ、実は、何も分からない。たとえば、立行司は常に帯刀を許されたが、准立行司の場合はどうだっただろうか。また、准立行司と草履格行司の帯刀にはまったく区別がなかっただろうか。地位によって何らかの区別があったかもしれないが、廃刀返書の直後の帯刀に関しては、実は、まったく分からないのである。これらの疑問点を解明しようと思えば、今後やはり深く研究しなければならない。

第2章　上覧相撲の横綱土俵入りと行司の着用具

1. 本章の目的

　拙著『大相撲行司の伝統と変化』(2010) では上覧相撲（寛政3年6月）の行司に関し、大体、次のような結論を出している。

(a) 木村庄之助（7代）は勧進相撲の場合と同様に、上覧相撲でも草履を履いていた[1]。
(b) 他の行司が足袋だったのか、素足だったのかは分からない。
(c) 幕内土俵入りでは行司が先導したが、横綱土俵入りでは先導していなかった。行司は土俵上で蹲踞し、横綱の土俵入りを待った。
(d) 露払いと太刀持ちは横綱の土俵入りの間、土俵下で待機していた。太刀持ちは太刀を持っていなかった[2]。
(e) 土俵祭りでは追風を含め、脇行司が帯剣したかどうかは必ずしも定かでない。
(f) 追風は土俵祭りと取組では服装が異なっていたが、他の行司は両方とも同じだった。
(g) 「相撲隠雲解」『VANVAN相撲界』の絵図には事実と違う点がいくつか

---

1) 木村庄之助（7代）は明和8年3月から寛政11年11月まで務めている。
2) 寛政の頃、現在と同様に、横綱の後ろにいた力士を「太刀持ち」、前にいた力士を「露払い」と呼んでいたかどうかは定かでない。本章では、現在と同様、便宜的に前者を「太刀持ち」、後者を「露払い」と呼ぶことにする。

ある[3]。

　拙著の出版後もこれらの結論が正しいかどうかを再検討していたが、いくつか問題点があることが分かった。本章では、現時点で判明していることを提示しておきたい。同時に、新たな事実も分かったので、それも提示しておきたい。本章で扱うのは、主として、次の事柄である。

(a) 追風と行司はどんな装束をしていたか。
(b) 行司は取組を裁くとき、帯剣していたか。土俵祭りではどうだったか。
(c) 追風は草履を履いていたが、木村庄之助はどうだったか。
(d) 行司は足袋を履いていたか、それとも素足だったか。
(e) 十両・幕内土俵入りと同様に、行司は横綱土俵入りでも先導したか。
(f) 太刀持ちは太刀を携帯していたか。
(g) 一方の横綱が土俵入りをしている間、もう一方の横綱は土俵下で控えていたか。

本章の結論は、大体、次のようになる。
(a) 追風の装束は土俵祭りと取組では異なっていたが、脇行司の装束は、他の行司と同様に、土俵祭りでも取組でも同じだった。
(b) 土俵祭りでも取組でも追風と脇行司は共に帯剣していた。
(c) 木村庄之助は天明8年以降、勧進相撲では草履を履いていたが、上覧相撲では履いていなかった。つまり、足袋も履かず、素足だった。草履を履いていたのは追風だけだった。
(d) 他の行司も木村庄之助と同様に、すべて素足だった。足袋も履いていなかった。
(e) 横綱土俵入りでも、十両土俵入りや幕内土俵入りと同様に、行司は先導

---

3) 本章の「相撲隠雲解」は基本的に『VANVAN相撲界』に基づく。絵図では事実と違う点があるが、草履に関する限り、絵図の方が事実を正しく反映していることが分かった。木村庄之助は草履を履いていなかったからである。

している。
(f) 太刀持ちは太刀を持っていなかった。横綱土俵入りの間、露払いと太刀持ちは共に土俵下で控えていた。
(g) 木村庄之助が土俵上で草履を許されたのは天明8年春場所である。
(h) 寛延2年の行司免状にある草履は真実を反映していない。当時、木村庄之助は素足だったからである。寛延2年の免状の「上草履」は寛政以降の免状の文面をそのまま書き写したものである。

2. 行司の服装と帯剣

寛政3年の上覧相撲では、行司は場所入りや相撲場内で帯剣していた。これは、上覧相撲の様子を記述してある写本等で確認できる。

(a) 「上覧の一式始末書」、常陸山谷右衛門著『相撲大鑑』(p.171)
「六月十一日暁六ツ時竹橋御門外御春屋にて惣年寄行司相撲人等残らず染帷子麻上下着用帯刀にて相揃い、御場所休息所溜りへ入り差控へ罷在候」

(b) 「相撲一代記」、酒井著『日本相撲史(上)』(p.174)
「年寄は麻裃、行司は素袍、士烏帽子、木剣を帯して、それぞれ所定の位置についた」

(c) 「上覧行事の式」、古河三樹著『江戸時代の大相撲』(p.229)
「年寄36人染帷子麻上下着用にて土俵上へ代わる代わる相つめ、行司14人素袍にて侍烏帽子、木剣を帯し、追風を始めとし(後略)」

(d) 「相撲上覧一件」、古河著『江戸時代の大相撲』(pp.350-1)
「(前略)寛政度上覧の節は横綱之者両人罷出、右追風は立烏帽子、狩衣服、行司都而素袍帯剣にて罷出候間、(後略)」[4]

土俵祭りと取組では追風の服装と他の行司の服装は異なる。まず、土俵祭りの服装について見てみよう。

(a)「相撲上覧記」、吉田追風編『ちから草』(p. 48)
　「(前略) 追風烏帽子狩衣、沓を履きて出ぬ。脇行司木村庄太郎、太刀を持ち、随い出る。他に4人をじす。烏帽子素袍着て、みな木剣を帯す。」

(b)「相撲私記」、吉田編『ちから草』(p. 45)
　「東の幄の屋より追風と名乗れる吉田善左衛門、団扇を取り、さとの行司木村庄之助、萩原幸吉、他に二人を召し具して、埒のうちを通りて来たれり。皆烏帽子、素袍を着たり。(追風は) 細立烏帽子、狩衣、さしぬきを着る。追風素袍は略なり。」[5]

　それでは、取組の場合の服装はどうだったろうか。追風の服装に関する記述をいくつか示す。

(a)「上覧行事式」、『相撲隠雲解』(p. 118)
　「谷風、小野川取組の節、古例によって、往古、追風、禁裏より賜わりたる紫の打ち紐つけたる獅子王の団扇を持ち、風折り烏帽子、狩衣、四幅の袴着用の上、草履御免にて相勤め候」[6]

(b)「相撲私記」、吉田編『ちから草』(p. 47)[7]
　「追風善左衛門、遠つ親の内裏より賜りし唐衣四幅の袴といえるものを着

---

4) 文政6年の上覧相撲では横綱がいなかったために行司は無剣だったという (古河著『江戸時代の大相撲』(p. 351))。横綱の登場と行司の帯剣がどのように結びつくのかははっきりしないが、「相撲上覧一件」(天保14年9月) にはそのように記されている。
5)「すまゐ御覧の記」(『ちから草』(p. 31)) ではよく似ているが、「さとの」が「さての」になり、「萩原幸吉」が「吉田幸吉」になっている。
6) 追風の軍配房は「紫」である。
7) 同じ表現は、たとえば、「すまゐ御覧の記」(『ちから草』(p. 31)) でも見られる。

第2章　上覧相撲の横綱土俵入りと行司の着用具

し、獅子王という団扇の世々伝えたるを持ち、(後略)」

(c)「相撲一代記」、酒井著『日本相撲史（上）』(p. 174)[8]
「谷風、小野川の取組には、吉田追風がむかし禁裏より賜った紫の打紐のついた獅子王の団扇を持ち、風折烏帽子、狩衣、四幅の袴を着用し、土俵上で草履を履くことを許されてつとめた。」

追風以外の行司は、土俵祭りの脇行司を含め、取組では「烏帽子素袍」である。すなわち、脇行司の服装は土俵祭りでも取組でも同じである。

(a)「上覧行事式」、『相撲隠雲解』(p. 118)
「行司14人、素袍にて侍烏帽子、木剣を帯し、(後略)」

(b)『相撲隠雲解』(p. 106)
「行司は代わる代わる残らず侍烏帽子、素袍着用す。合せ行司は素袍の肩を絞り出る。」

上覧相撲の式については簡潔にまとめてある記述があるので、それを次に示す。

(a)「武家将軍上覧式」、吉田編『ちから草』(p. 13)
「1. 司行司　方屋祭、烏帽子素袍、太刀持せ、合せ服、唐衣、四幅袴、帯剣。
　　太刀は行司、素袍にて持ち、笏は仕丁これを取る[9]。
1. 脇行司4人　烏帽子、素袍、合せの節は帯剣

---

8) これと類似の記述は『相撲隠雲解』にも見られるが、もちろん、他の写本等でも見られる。
9) 追風に代わって行司が太刀を持つような表現になっているが、実際はどうだったのかはっきりしない。いずれにしても、追風も行司も土俵祭りでは帯剣していた。

1. 合せ行司無数　　烏帽子素袍帯剣
  1. 筆頭行司2人[10]　烏帽子素袍無剣
  1. 四本柱行司4人　　服同
  1. 相撲結2人　　　　服同
  1. 言上行司2人　　　服同」

(b)「吹上御庭相撲上覧記」、吉田編『ちから草』(p.43)
 「1. 御方屋祭之事　附御方屋開之事　素袍烏帽子着
  1. 関相撲　一番
    唐衣四幅袴着　　　　　　　　　　　　吉田善左衛門
    但関脇小結二番被仰付候者相勤申候[11]　　行司14人
    右素袍烏帽子帯剣にて相勤申候　　　　　　　　　」

 追風が上覧相撲で着用した服装は、元亀年間に二条関白春良公から賜ったものと同じである。これは「吉田家由緒申立」(吉田編『ちから草』(p.10))に述べてある。

 「元亀年中二条関白晴良公より日本相撲の作法二流なしとの御事にて一味清風と申御団扇並烏帽子狩衣唐衣四幅袴被下置候、(後略)」

 この申立ては、寛政上覧相撲に際し、幕府へ提出した由緒申立書である。追風は上覧相撲の前後も同じ服装を授与されている。

(a)「吉田氏先祖附（19代之分抜）」、吉田編『ちから草』(p.9)
 「(寛政3年6月：NH) 今度公方様御相撲御用被仰付候ニ付、九曜御紋附帷子一重、同御上下一具、素袍烏帽子、四幅袴、唐衣、被下置候」

---

10) この筆頭行司がどんな役割を果たしていたのかは定かでない。
11) 『ちから草』(p.43)では「但」が「組」となっているが、『相撲講本』(p.633)にあるように、やはり「但」が正しいはずだ。

44

(b)「公義御用勤之覚並御奉公覚書」、吉田編『ちから草』(p.5)
「素袍一具、素袍烏帽子一頭、紫紐、四幅袴、唐衣、唐団扇紐、拝領被仰付候事」

これは、『ちから草』の「吉田家略史」(p.127)でも確認できる。

(c)「吉田家略史」、吉田編『ちから草』(p.127)
「同（寛政：NH）3年6月11日、将軍家斉公吹上御殿において相撲上覧なり。これを勤む。幕府その労を賞し白銀5枚を賜い、藩公もまた時服袴、素袍烏帽子、唐衣四幅袴を賞与せらる」

このように、寛政3年の上覧相撲では、行司は帯剣して取組を裁いていたことが資料で確認できた。相撲場の模様を記した写本では、帯刀に関する記述が少ないが、それは、帯剣が当時当然のことだったからかもしれない。

3. 絵図資料と帯剣の有無

土俵祭りを描いた絵図が2,3ある。どのように描かれているかを見てみよう。

(a)『相撲隠雲解』の土俵祭りの絵図（pp.102-5）

- 追風は帯剣していない。
- 脇行司も帯剣していない。
- 御徒はすべて帯剣している。
- 行司は烏帽子を被っていない。

帯剣に関し、この絵図は事実を描いていない。というのは、写本では帯剣しているからである。『相撲隠雲解』の絵図に関しては、次の指摘もある。これ

は『ちから草』の「再び相撲隠雲解を読んで」(樋渡筆、p.109) の中で述べてある。参考までに記しておく。

> 「惜しむらくは挿絵が当時の町絵師三代堤閑琳の筆であるために、余りに誇張が過ぎて真を採り得ない感じがします。せめてこれが写真を主とする浮世絵かまたは他の絵師なれば、今少し真実味を表しえたのではないかと残念に思われます。」

(b) 堺市博物館編『相撲の歴史』の絵図 (p.39)
- 土俵祭りで追風が帯剣しているかどうかは不明。追風の帯剣は剣の端っこが突き出ているようにも見えるが、そうでないかもしれない。
- 他の脇行司は帯剣していない。
- 行司は追風を含め、烏帽子を被っている。
- 御徒はすべて帯剣している。

『相撲隠雲解』の2つの絵図 (pp.102-5) と堺市博物館編『相撲の歴史』の絵図 (p.39) では共に、御徒はすべて帯剣しているが、行司はそうでない。これは明らかな違いである。これらの絵図が真実を正しく描いていれば、土俵祭りでは行司は帯剣していなかったことになる。しかし、他の写本では追風を含め、脇行司も帯剣している。このように、絵図と写本では帯剣の有無に関し描写が一致しないが、本章では写本が真実を述べているはずだと捉えている。

(c) 狩野養川の肉筆画、戸谷編『大相撲』(pp.67-8)
- 谷風と小野川の取組図。土俵上の追風は、もちろん、帯剣している。
- 土俵下で控えている行司もすべて帯剣している。
- 手摺の近くに正座している親方たちは帯剣している。

この絵画は上覧相撲終了後に描かれたもので、絵師狩野に特別に依頼して描

いてもらったという記録がある。それは、「公義御用勤之覚並御奉公覚書（19代吉田善左衛門）」（吉田編『ちから草』(p.5)）にある。

「今度公義御相撲之御絵図、狩野養川左ニ被仰付候ニ付、善左衛門行司之節、装束之様子得斗相分不申候由ニ而、養川左御門人徳山と申仁、度々、善左衛門御小屋へ罷越、諸事懸合御絵図出来候事」(p.5)

絵師狩野は吉田善左衛門に確認しながら描いたという。つまり、この絵図は実際の相撲の場面を描いているに違いない。追風を含め、他の行司もすべて帯剣していたことをこの肉筆画は裏付けている。

4. 行司の足元

追風が草履を履いていたことは、次の資料で確認できる。

(a) 「相撲一代記」、酒井著『日本相撲史（上）』(p.174)[12]

「谷風、小野川の取組には、吉田追風がむかし禁裏より賜った紫の打紐のついた獅子王の団扇を持ち、風折烏帽子、狩衣、四幅の袴を着用し、土俵上で草履を履くことを許されてつとめた。」

(b) 「上覧行事式」、『相撲隠雲解』(p.118)

「谷風、小野川取組の節、古例によって、往古、追風、禁裏より賜わりたる紫の打ち紐つけたる獅子王の団扇を持ち、風折り烏帽子、狩衣、四幅の袴着用の上、草履御免にて相勤め候」

---

12) これと類似の記述は『相撲隠雲解』にも見られるが、もちろん、他の写本等でも見られる。

このように、追風の草履は写本で確認できるが、他の行司の足元については必ずしも定かでない。木村庄之助の草履の有無をはじめ、他の行司が足袋だったのか、素足だったのか、写本では確認ができないのである。追風の草履は明確に述べてあるのに、木村庄之助の草履については何も述べていないことから、木村庄之助はやはり草履を履いていなかったようだ。当時の勧進相撲では草履をすでに履いていたことが確認できるので、上覧相撲ではそれを敢えて履かなかったかもしれない。絵図資料を見ると、他の行司と同様に、やはり素足である。
　木村瀬平は『都』(M31.5.14)で次のように述べている。

　　「(寛政3年6月の上覧相撲では：NH)、行司は足袋以上の者に限り」

　これに従えば、上覧相撲に参加した行司はすべて「足袋以上」である。しかし、たとえ勧進相撲に足袋を履いていたとしても、上覧相撲では敢えて履かなかったかもしれない。写本では、行司が足袋を履いていたことを確認できないからである。絵図で見る限り、行司はすべて素足である。
　木村瀬平は足袋以上の行司が上覧相撲には参加したと語っているが、そもそもそれが真実だろうかという疑問がある。寛政3年当時、勧進相撲で上位行司は足袋を履いていただろうか。私はそれを調べてみたが、今のところ、それを確認できる文字資料は見ていない。木村瀬平が述べていることは事実を正しく反映していないといっても差し支えないであろう。
　次の絵図は享和のころに描かれているが、これでも上位行司は素足である。

・　享和元年8月、「京都鴨川角觝図」、戸谷編『大相撲』の口絵

　この絵図は、享和元年8月に京都二条で行われた江戸相撲の風景だという。行司の足は小指が明確に確認できるので、素足に違いない。相撲の場面を考慮すれば、地位は上位だったはずだ。享和元年には、行司はまだ足袋を履いていなかった。
　行司が地位としての足袋を履くようになったのは、文政末期か天保初期であ

第2章　上覧相撲の横綱土俵入りと行司の着用具

る。それ以前に足袋を履いていたのは、草履を許された上位行司（たとえば木村庄之助や式守鬼一郎など）だけである。つまり、草履を許されると同時に足袋も許されていた。足袋を許された行司があって、その後に草履を許されたのではない。素足だった行司に草履を許されると、それに伴って足袋が許されたのである。式守鬼一郎には文化6年9月に草履が許されている（『ちから草』(p.26)）。

いずれにしても、草履を履かず足袋だけを許された「足袋行司」が現れたのは文政末期か天保初期である。寛政3年6月の上覧相撲の際、特別な催事であるため、それゆえに木村庄之助より地位の低い行司には足袋が特別に許されたとする文献も見たことがない。従って、この上覧相撲では木村庄之助を含め、その他の地位の低い行司もすべて素足だったと言って差し支えない。この上覧相撲で草履を履くことが許されたのは、司行司の吉田追風だけである。

5. 絵図資料と行司の足元

上覧相撲では、吉田追風は草履を履いていたが、他の行司はすべて素足だった。当時、木村庄之助は勧進相撲では草履を履いていたが、上覧相撲ではそれを履いていない。上覧相撲を記述してどの写本を見ても、木村庄之助が草履を履いていたという記述は見当たらない。なぜ木村庄之助が勧進相撲で履いていた草履を寛政3年の上覧相撲で履かなかったかは分からない。上覧相撲だから草履を遠慮したという理由がすぐ思いつくが、それは必ずしも正しくないかもしれない。というのは、寛政6年の上覧相撲では草履を履いているからである。3年の間に草履に対する考えが変わったのだろうか。木村庄之助以外の行司は勧進相撲でも素足だったので、上覧相撲でも素足のままだった。

(a) 『相撲隠雲解』の土俵祭りの絵図 (p.107-9)
- 土俵祭りの追風の足元は明確でないが、たぶん素足である。
- 脇行司の足元は明確でないが、たぶん素足である。
- 横綱を案内している行司（たぶん木村庄之助）は明らかに素足である。

- 横綱土俵入りの添え行司（たぶん木村庄之助）は明らかに素足である。
- 取組を裁いている行司（たぶん追風）は明らかに素足である[13]。

(b) 堺市博物館編『相撲の歴史』の絵図（p.39）
- 土俵祭りの追風の足元は確認できないが、たぶん素足である[14]。土俵に上がる前の「沓」は確認できない。
- 脇行司は素足である。
- 取組を裁いている行司の足元は不鮮明だが、たぶん素足である。
- 弓取り式の行司（たぶん追風）は草履である。
- 御徒はすべて帯剣している。

(c) 狩野の肉筆画、戸谷編『大相撲』（pp.67-8）
- 谷風と小野川の取組を裁いている追風の足元は確認できないが、写本から草履を履いていた。
- 土俵下で控えている行司の足元は不鮮明だが、たぶん素足である。
- 年寄の足元も不鮮明である。

土俵周辺で多くの行司が正座しているが、足元の様子はなかなか確認できない。服装で足元をすっぽり隠してしまうからである。

このように、行司の履物に関しては、追風を除いて、明確な答えはないが、木村庄之助をはじめ、他の行司もすべて素足だったと判断してよいであろう[15]。

---

13) この行司は草履を履いていないので、追風ではないはずだ。追風が草履を履いていたことは写本で明らかだからである。もしかすると、木村庄之助かもしれない。この絵図は谷風と小野川の取組を描いたものだと思っていたが、どうやらそうではないらしい。いずれにしても、裁いている行司は素足である。
14) 追風は土俵に上がる前は沓を履いていたが、土俵上では素足だった。
15) 拙著『大相撲行司の伝統と変化』（2010）では木村庄之助は草履を履いていたはずだと

第2章　上覧相撲の横綱土俵入りと行司の着用具

6．横綱土俵入り

　土俵入りには幕内土俵入りと横綱土俵入りがあるが、前者については詳しい記述が写本にある。そのいくつかを示す。

(a)「すまゐ御覧の記」、吉田編『ちから草』(p.32)／「相撲私記」、吉田編『ちから草』(p.44))[16]
「東の方より行司導きに随い、若く勇める相撲ども21人、四本柱の内に入り、ひしひしとうずくまり拝し、立ち上がり、力足どうどうと踏みすえてかえり入る。西の方よりも同じ定めにしてかえり入ぬれば、東より又かわりかわりて出ず。西もまたしかり。三たびにあたるときは10人ずつ出ず。これを土俵入という。いずれも錦繡のたうさきかきたり。」

(b)『相撲隠雲解』の「上覧土俵の故実」
「行司先に立ちて、相撲人21人ほどずつ、段々に出て、礼儀を正し、土俵の上に平伏す。残らず揃い、行司合図いたすそのとき、一統土俵入り済み、また平伏す。1人ずつ囲いに入る。かくのごとく東西6度に済み、東西の関取、横綱を帯しめ、絵図の通り土俵入り済み、(後略)」

(c)『南撰要類集』の「角力式」(南町奉行所の部)
　　・最初、土俵に行司罷り出で、土俵に備え申す候神酒納め仕る。それ

　述べているが、これは間違っていたことになる。天明8年以降、木村庄之助は草履を許されていたので、上覧相撲でも履いていたはずだと推測したが、「上覧相撲」ということで履かなかったようだ。それが自発的な遠慮だったのか、奉行所から許しが出なかったのかは分からない。追風は草履を履いていたのだから、木村庄之助の草履も許されてよいはずだが、当時はそう簡単に割り切れないものがあったようだ。

16)『すまゐ御覧の記』(p.32)と『相撲私記』(p.44)では細かい表現が違うが、ほとんど同じ記述だと判断してよい。

51

より東の方より行司 1 人先立ち、角力取りども 21 人罷り出で、土俵入り仕り候。
- 2つ目、土俵入り行司 1 人先立ち、相撲取りども 21 人罷り出で、土俵入り仕り候。
- 3つ目、土俵入り行司 1 人先立ち、角力取りども 10 人罷り出で、土俵入り仕り候。

(d) 『南撰要類集』の「土俵入之式」[17]
- 最初、東の方より行司 1 人先立ち、相撲取り 21 人、1 人ずつ下座莚にて中礼致し段々に入り蹲踞す。揃いて一同立上がり拍子を取り下にいる。前方より 1 人ずつ拍子致し、元の手摺へ引取る。行司は後より立ち、下座莚にて中礼致し入る。
- 次に、西の方より同様に 21 人、土俵入り致し候。
- 次に、東より同様に 21 人。
- 次に、西より同様に 21 人。
- 次に、東より同様に 10 人。

このように、幕内土俵入りでは行司が先導し、御前掛りで土俵入りしている。それでは、横綱土俵入りの場合はどうであろうか。行司は先導していただろうか、それとも行司は土俵上で横綱の土俵入りを待っていただろうか。横綱が土俵入りをしている間、露払いと太刀持ちはどこで待機していただろうか。太刀持ちは太刀を持っていただろうか。横綱の土俵入りについては、分かっていることとそうでないことがある。

横綱が一人ずつ土俵入りしたこと、露払いと太刀持ちが土俵下で待機していたことは、写本等で分かっている[18]。たとえば、それを裏付ける記述をいくつ

---

17) 同じような記述は『南撰要類集』の「土俵式」の項でも見られる。
18) 横綱土俵入りで露払いと太刀持ちが土俵上に登場したのが確認できるのは、どうやら文久年間のようだ(『相撲読物号』(S14.5) の「古今土俵入の考」(p.87))。横綱秀の山が活躍した弘化年間についてははっきりしたことはまだ分からないらしい。横綱土俵入りは錦絵でも多く描かれているので、丹念に調べて行けば、露払いと太刀持ちが土俵上に

52

第2章　上覧相撲の横綱土俵入りと行司の着用具

か見てみよう。

(a)「寛政3年吹上御庭相撲上覧記」、吉田編『ちから草』(p.40)[19]
「(前略)東の大関小野川、褌の上に追風より許されたる七五三を張りて出で、一人立ちの土俵入りあり。東の方へ引取る。また西の大関谷風、小野川と同じ形にて一人立ちの土俵入りをして去る。この両関には角力両人ずつ前後に随い、土俵入りの内、青竹手摺左右に控え、両関土俵入り済みて引くとき、また前後に随い引く」

横綱は前後に露払いと太刀持ちを従えて、一人ずつ土俵入りをしている。横綱が土俵入りをしている間、露払いと太刀持ちは土俵下で待機している。土俵入りが済んだら、登場した時と同様に、露払いと太刀持ちを従えて退却している。小野川が土俵入りを済ませた後で、谷風は登場している。この記述では、横綱土俵入りで行司がどんな役割を果たしたかについて分からない。

(b)『南撰要類集』の「角力式」(南町奉行所の部)
「4つ目、関1人上の上に横綱を締め、行司差添え土俵入り仕り候。
　　右、西の方も同様に御座候」

これによると、行司は「差添え」しているが、どういう差添えをしたかが必ずしもはっきりしない。「差添え」には、少なくとも二つのことが考えられる。一つは、現在と同様に、横綱を手摺通り(即ち花道)から先導することであ

登場するようになった年月はある程度確認できるはずだ。いずれにしても、この指摘に従えば、寛政の上覧相撲を含め、天保14年以前の上覧相撲では横綱は一人土俵入りをしていたことになる。しかし、寛政年間の横綱土俵入りでも太刀持ちが土俵上で蹲踞している錦絵があることから、『相撲読物号』(S14.5)の指摘が正しいかどうかはやはり吟味する必要がある。さらに、上覧相撲と勧進相撲の横綱土俵入りが同じだったのか、それとも異なっていたのかも吟味しなければならない(たとえば池田編『相撲百年の歴史』(p.54))。

19) これは、たとえば『江戸時代の大相撲』(古河著)(pp.234-5)でも見られる。

53

る。もう一つは、土俵上で横綱が土俵に登場するのを待つことである。どちらの場合も、行司は土俵上で横綱土俵入りを見守る。拙著『大相撲行司の伝統と変化』では、後者だったに違いないと述べているが、これはどうやら間違いだと最近分かった。というのは、次の資料で行司は横綱の先を歩いていることが確認できたからである。

(c)『南撰要類集』の「土俵入之式」
- 次に東より行司先立ち、関1人上の上へ横綱を締め、添え角力2人、1人は先立ち、1人は後より付添い罷り出で、中礼致す。添え角力は水手桶際莚に2人とも控え、関1人土俵入り致し入り候節は後より出で候。添え相撲先立ち、1人のものは後に付き、下座莚にて関1人中礼致し、行司もその後より引き申す候。
- 次に、西より関1人、同様に土俵致し候。

この中に「東より行司先立ち」とはっきり書いてある。現在のように軍配を肩あたりに支えて先導しなかったかもしれないが、横綱の前を先導していたことは間違いない。『南撰要類集』の「角力式」で見た「差添え」は、どうやら、「先導すること」も意味していることになる。上覧相撲で行司が露払い・横綱・太刀持ちを先導していたことを確認できたのは、つい最近のことである。これは驚きと同時に、新発見だった。どの写本でもそれを確認できなかったし、絵図でもそれを描いてあるものはなかったからである。

　小野川の土俵入りを済ませた後、行司はいったん土俵を退いている。ということは、木村庄之助が両横綱の土俵入りを引いたのであれば、手摺通りあたりで直ちに谷風の土俵入りも引いたことになる。別の行司が谷風の土俵入りを引いたという可能性もあるが、それを裏付ける資料はまだ見ていない。

　太刀持ちの太刀に関しては、それを持っていたかどうかとなると、どうやら持っていなかったようだ。今のところ、太刀を持っていたことを裏付ける文字資料はまだ見ていない。しかし、次のような不可解な記述がある。

- 「武家将軍上覧式」、吉田編『ちから草』(p.14)

第2章　上覧相撲の横綱土俵入りと行司の着用具

「東の力者飾りを附し廻しを締め脇行司に誘導せられ方屋に入る。一同揃踏みを為す。西もまた同じ。殊に優れたる力者あれば横綱を掛け、太刀を持たせ、1人踏みをなさしむべし」

　これによれば、横綱は太刀を持ち、一人土俵入りをすることになっている。横綱自身が太刀を持って土俵入りすることは無理があることから、土俵までは横綱が太刀を持ち、土俵入りをしている間は代わりの力士が持ったかもしれない。この「横綱に太刀を持たせ、1人踏みをなさしむべし」という表現をどう解釈すればよいのか分からないので、このような記述があることをここでは指摘するのに留めておきたい。

7. 横綱土俵入りと絵図

　上覧相撲の横綱土俵入りを描いた錦絵や絵図はいくつかあるが、行司が花道で横綱を先導しているものはない。従って、行司が花道から横綱を先導したのか、土俵上で横綱の登場を蹲踞して待っていたのか分からない。

(a)『相撲隠雲解』(pp.106～8))
　　・ 行司が横綱を案内しているが、先導しているかどうかは分からない。横綱が向かうべき方向を指し示しているだけかもしれない。『南撰要類集』に基づけば、先導していると解釈するのが自然であろう。
　　・ 横綱が土俵入りしている間、行司は土俵上にいる。
　　・ 露払いと太刀持ちは土俵下で控えている。
　　・ 太刀持ちは太刀を持っていない。

(b) 堺市博物館編『相撲の歴史』の絵図 (p.39)
　　・ 横綱（谷風）一人が土俵上で土俵入りしている。土俵にいるのは谷風だけである[20)]。

55

- 行司は土俵上にいない。つまり、行司の差添えなしで、横綱は土俵入りしている。
- 露払いと太刀持ちは土俵の下で中腰で待機している。
- 太刀持ちは帯剣していない。
- 土俵入りを済ませたはずの横綱（小野川）が露払いと太刀持ちと共に土俵下で谷風の横綱土俵入りを見ていることである。これは奇妙である。というのは、横綱土俵入りを済ませた小野川はすでに退場、土俵下にはいなかったはずだからである。もしこの絵図が真実を描いているとすれば、写本の記述が間違っていることになる。しかし、写本では行司が差し添えをし、小野川はすでに退場していることが確認できることから、この絵図は真実を正しく描いていないはずだ。なぜこのような描き方をしたのだろうか。実際の土俵入りの模様ではなく、二人の横綱土俵入りの様子をまとめて描いたのかもしれない。

絵図の描写と写本の記述には共通するものもあるし、違うものもある。共通しているものとしては、たとえば、次のようなものがある。

(a) 露払いと太刀持ちが土俵下で待機している。
(b) 太刀持ちが太刀を持っていない。
(c) 行司は土俵上で差添えをしている。

異なるものとしては、たとえば、次のようなものがある。

(a) 行司の先導が必ずしも明確でない。
(b) 横綱が土俵入りをしている間、行司がいない絵図もある。

---

20) 戸谷太一編『大相撲』(p.152) のキャプションによると、土俵入りしているのは谷風で、控えにいる横綱は小野川である。写本等によると、小野川が先に土俵入りをしているので、小野川はすでに土俵入りを済ませたことになる。

(c) 横綱が土俵入りをしている間、もう一人の横綱・露払い・太刀持ちが土俵下で待機している。

このような違いがあっても、『南撰要類集』にあるように、横綱土俵入りでは行司が先導していたと判断してよいであろう。もし行司が先導していなかったならば、『南撰要類集』の記述が間違っていることを証明しなければならない。太刀持ちの太刀に関して、『南撰要類集』に何かヒントがないか調べてみたが、それについての記述を見つけることができなかった。

8. 太刀持ちの太刀

本章では、太刀持ちは太刀を持っていなかったと判断しているが、これに関しては相撲の文献で意見が同じだというわけではない。三木貞一・山田伊之助著『相撲大観』の「剣持と露拂」(pp.354-5) の項では、太刀に関しては疑問視している[21]。

> 「横綱力士の土俵入りに露払いと太刀持ち二人を前後に従えることは今も然るところなるが、露払い即ち前駆は谷風・小野川の時と同じく前に一人を進ましたれど、後ろなる一人が剣を持つことは誰より始まりしか詳らかならず。谷風・小野川の土俵入りにもただ前後に一人ずつを従えたのみにて太刀を持ちたるはなし。その図は『相撲隠雲解』にもあり、成島峰雄の『すまゐ御覧の記』にも『東の大関小野川たうさき（廻し：NH）の上に横綱というものをかけ云々、弟子のすまい二人前後にひきつれて練り出づ云々、立ち替わり西の大関谷風と云えるはこれも横綱をかけ、達ヶ関・秀の山といえる大いにたくましきものどもを二人したがえ出で云々』とありて、剣を持ちたることを記さず。将軍御覧の場なればとて剣を略したるにもあらざるようなり。然らば剣のことは両力士より後のことなるべし。こ

---

21) この引用でも、語句を少し変えてある。

のことはなお考えるべきだが、知る人あらばおしえられんことを請うなり」

これは、本章と同じである。太刀持ちが太刀を持っていたとする文献もいくつかあるので、参考までに、三つ示しておきたい。

(a) 荒木著『相撲道と吉田司家』(p.50)
「まわしの上に横綱というものをかけた東の大関小野川が剣持ちと露払いを前後にしたがえて堂々と姿を現す」

(b) 酒井著『日本相撲史（上）』(p.174)
『相撲一代記』を参照しながら、横綱は「太刀持ち」と「露払い」を従えて土俵入りをしたと書いてある。『相撲一代記』にこのような言葉遣いがあったかどうかは、まだ確認していない。もし「太刀持ち」や「露払い」という表現があったなら、横綱の後ろにいた力士は帯刀していたはずだ。

(c) 岡編『古今相撲大要』
「横綱土俵入ノ節は露払いと称する者一人（横綱の：NH）前に立ち、太刀持一人後ろに従い出づ。寛政3年将軍家上覧の節、谷風の横綱土俵入には達ヶ関、秀ノ山（前頭、この両名と谷風はいずれも伊勢ノ海弟子）がその二役を勤む」(p.7)

これらの文献が指摘しているように、太刀持ちが太刀を持っていたなら、本章で述べてあることは修正しなければならない。また、上覧相撲を描いている絵図も間違っていたことを指摘しなければならない。どの絵図でも太刀持ちは太刀を持っていないからである。

9. 勧進相撲の土俵入り

寛政元年から寛政3年6月までの勧進相撲では横綱土俵入りがどうなってい

第2章　上覧相撲の横綱土俵入りと行司の着用具

たかを錦絵で見ていくことにする。寛政3年6月の上覧相撲の土俵入りと比較するためである。

(a)　「横綱ノ図（谷風）」、寛政元年11月、春好画、池田編『相撲百年の歴史』(p.50)
- 谷風の土俵入りを描いてある図。太刀持ちの力士名は不明。
- 谷風が土俵入りしている間、太刀持ちは土俵上で蹲踞している。
- 谷風と太刀持ちだけが土俵上にいる。
- 差添えの行司はいない。

(b)「横綱ノ図（小野川）」、寛政元年11月、春好画、池田編『相撲百年の歴史』(p.54)
- 小野川の土俵入りを描いてある図。太刀持ちは二本松である。
- 小野川が土俵入りしている間、太刀持ちは土俵上で蹲踞している。
- 小野川と太刀持ちだけが土俵上にいる
- 差添えの行司はいない。

(c)「横綱土俵入りの図」、寛政3年春場所（4月）[22]、春英画、『国技相撲の歴史』(pp.128-9)
- 顔触れが画面に書いてあり、谷風は顔をこちら側に向いている。
- 谷風が土俵入りしている間、小野川は土俵上で蹲踞している。
- 太刀持ちは二人、土俵下で控えている。
- 太刀持ちは二人とも太刀を持っている。
- 露払いが描かれていない。

(d)「日本一横綱土俵入後正面之図」[23]、寛政3年春場所[24]、春英画、戸谷編

---

22) この錦絵は、池田編『相撲百年の歴史』(p.5)では寛政元年11月となっているが、顔触れは寛政3年春場所と一致する。
23) この「日本一横綱土俵入後正面之図」は直前の「横綱土俵入りの図」と構図がよく似て

59

『大相撲』(p. 274)
- 顔触れが画面に書かれていない。谷風は背中をこちら側に向けている。
- 谷風が土俵入りしている間、小野川は土俵上で蹲踞している。
- 太刀持ちは土俵下で控えている。
- 太刀持ちは太刀を持っている。
- 露払いは確認できない。

これらの錦絵から分かるように、勧進相撲の横綱土俵入りを描いた錦絵でも太刀持ちが土俵下で控えているものもあれば、土俵上で蹲踞しているものもある。露払いも常に描かれているわけでもない。どの錦絵でも共通しているのは、太刀持ちはすべて太刀を持っていることである。いずれにしても、寛政3年6月頃までは、勧進相撲の横綱土俵入りでも太刀持ちと露払いは横綱と共に土俵上に必ずしも上がっていない。

それでは、いつ頃から横綱土俵入りでは、現在のように、太刀持ちと露払いが土俵上に上ったのだろうか。古河著『江戸時代の大相撲』(p. 255)にも同じ問いがある。

「横綱力士および太刀持ち、露払いの三人が土俵の上に立つようになったのは、江戸時代のいつごろか」

戸谷編『大相撲』(p. 274)には、それについて次のように述べている。

「不知火諾右衛門のころから、太刀持・露払も土俵上にのぼるようになった」

これが正しいのかどうかは、残念ながら、分からない。行司と直接関係ない

いるが、別々の錦絵である。
24) この錦絵の年月は定かでないが、おそらく寛政3年春場所であろう。

ので、私はあまり深く調べていない。

10. 勧進相撲の草履

　勧進相撲で木村庄之助が草履を許されたのは、天明8年以降である。それ以前は草履を許されていないはずだ。寛政元年11月26日付で、寺社奉行御掛板倉左近将監へ差し上げた一札があり、その中に「先年」という表現がある。

「　　　　　　　　差上申一札之事
　今般吉田善左衛門追風殿より東西之谷風・小野川へ横綱伝授被致度、先年木村庄之助、場所上草履相用候儀、先日吉田善左衛門殿より免許有之、その節場所にて披露仕候例も御座候に付き、この度も同様披露仕度旨、牧野備前守様へも御願申上候徒所、苦しかる間敷仰せ渡され、難有畏り奉り候。尤も横綱伝授の義は吉田善左衛門殿宅に於て免許致され候儀に御座候。
　この段牧野備前守様へも御届申上候。これによって一札差上申候。以上。
寛政元酉年十一月二十六日
　　　　　　　　　　　　　　　勧進元　　浦風林右衛門
　　　　　　　　　　　　　　　差添　　伊勢ノ海村右衛門
　　　　　　　　　　　　　　　　　　木村庄之助煩に付代
　　　　　　　　　　　　　　　　　　　　音羽山峯右衛門
寺社
御奉行所様　　　　　　　　　　　　　　　　　　　　　」
（『日本相撲史（上）』(p.166)／『角力新報（7）』(p.23)）

　これを裏付ける資料として錦絵がある。天明7年以前の錦絵では、木村庄之助は草履を履いていないが、天明8年以降の錦絵では草履を履いている。つま

り、寛政元年の「先年」を境にして、木村庄之助は草履を許されているのである。たとえば、次の錦絵は天明7年以前に描かれているので、木村庄之助は草履を履いていない。

(a)「江都勧進大相撲浮絵之図」、天明4年春場所、春章画、版元鶴屋、大谷・三浦編『相撲浮世絵』／堺市博物館編『相撲の歴史』(p.36)
(b)「日本一江都大相撲土俵入後正面之図」、天明7年（1787）、春章画、『江戸相撲錦絵』(p.7)

しかし、天明8年以降に描かれた錦絵では、木村庄之助は草履を履いて描かれている。

(a)「土俵入り」、天明8年春場所、春好画、池田編『相撲百年の歴史』(p.10)
(b) 小野川と龍門の取組、寛政2年3月、春好画、Bickford著SWPM（p.89)
(c) 小野川と雷電の取組、寛政2年11月、春好画、ジョージ石黒著『相撲錦絵発見記』(p.84)
(d) 雷電と陣幕の取組、寛政3年、春英画、大谷・三浦編『相撲浮世絵』(p.70)
(e) 小野川・谷風の引分けの図、春英画、寛政3年4月、Bickford著SWPM（p.24)

寛政3年6月の上覧相撲が行われた頃、勧進相撲では木村庄之助が草履を履くのは当たり前になっていた。そのような背景があったため、上覧相撲でも木村庄之助が草履を履いていても不自然でないはずだが、実際は、履いていなかったようだ。写本でも草履を履いていたことを確認できないし、絵図でも木村庄之助は他の行司と同様に素足である。やはり上覧相撲は特別な催しであるため、相撲協会が草履を遠慮したかもしれないし、奉行所から許されなかったかもしれない。追風は草履を履いていたので、追風が木村庄之助に遠慮するよ

うに働きかけたはずはない。
　天明8年に木村庄之助が草履を許されたとすれば、寛延2年に5代木村庄之助に授与された行司免状はどう解釈すればよいだろうか。

「　　　　　　　　　　免許状
　無事之唐団扇並紅緒、方屋之内、上草履之事免之候、可有受用候、仍免状
　如件

　　　　　寛延二年巳八月
　　　　　　　　　　　　　　　　　　本朝相撲司御行司
　　　　　　　　　　　　　　　　　　19代吉田追風　㊞
　　　　江府
　　　　　　木村庄之助殿　　　　　　　　　　　　　　　　　　　　　」

　この免状には「上草履之事免之事」という表現がある。これは事実を正しく反映しているだろうか。実は、そうでないのである。というのは、寛延2年の頃は、木村庄之助は草履を履いていなかったからである。それでは、なぜそのようなミスが生じたのだろうか。それは、文政10年に8代木村庄之助に授与された免状の文面をそのまま利用したからである[25]。つまり、この免状の文面は寛延2年に作成されたものではなく、後の時代に作成されたものである。

11．結　び

　寛政3年6月の上覧相撲を記した写本はたくさんありながら、焦点の当て方によっては意外と分からないことがいくつかある。たとえば、次のようなことは必ずしも明確になっているとは限らない。

---

[25] 寛延2年に行司免状の「草履」がミスであることは、拙著『大相撲行司の伝統と変化』の中でも言及している。

- (a) 木村庄之助が草履を履いていたか。
- (b) 行司はすべて素足だったか。
- (c) 太刀持ちは太刀を持っていたか。
- (d) 横綱土俵入りは行司が先導したか。
- (e) 上覧相撲に参加した行司たちの房の色は何だったか。

　本章では、そのいくつかについて写本や絵図を活用しながら、一定の結論を出している。しかし、その結論がすべて正しいのかとなると、必ずしもそうだとは言えない。というのは、写本に述べてないものもあるし、絵図で確認できないものもあるからである。特に絵図の場合、描かれているものが真実だとは限らない。写本と一致すれば、真実に近いと判断してよいはずだ。しかし、写本の記述と一致しない場合はどうだろうか。どちらが正しいかを吟味しなければならない。吟味しても結論が簡単に得られない場合もある。そのような問題があることは承知の上で、本章では一定の結論を出している。

　実は、本章で触れたくても触れられなかった問題が一つある。それを簡単に記しておきたい。木村庄之助はなぜ草履を履かなかったのだろうか。その理由が知りたかったが、調べた文献ではそれを見つけることができなかった。当時の勧進相撲では木村庄之助は草履を履いていたのである。それにもかかわらず、上覧相撲では履いていない。上覧相撲という特別の催し物であるために履かなかったはずだと推測できるが、その推測が必ずしも正しいとはかぎらない。他に理由があるかもしれないのである。当時の資料で何か理由が記されていないかと注意して調べてみたが、残念ながら、まだ幸運に恵まれなかった。

第3章　明治17年の天覧相撲と現在の土俵入り

1. 本章の目的

　明治17年3月10日、天覧相撲が行なわれている[1]。これは当時、沈滞気味だった相撲を活気立たせ、現在でも歴史的なイベントだったと評価されている。天覧相撲では勧進相撲に見られない特徴がいくつかあるが、本章ではもっぱら行司に関連する特徴にポイントを絞り、天覧相撲と勧進相撲の違いを見ていく。これらのポイントはこれまであまり深く研究されてこなかったものである。本章では、主として、次の7点を調べる[2]。

- (a) 勧進相撲では立行司は帯刀していたが、天覧相撲ではどうだったか。
- (b) 勧進相撲では行司の装束は麻裃だったが、天覧相撲ではどうだったか。
- (c) 勧進相撲の横綱土俵入りでは行司が力士を先導するが、天覧相撲ではどうだったか。
- (d) 勧進相撲の幕内土俵入りでは行司は力士を先導しないが、天覧相撲では

---

1) 現在の行司に関しては、4名の木村庄之助（29代、30代、33代、35代）と三役格の式守錦太夫にお世話になった。ここに改めて、感謝の意を表したい。特に立行司が扇子を差さないことを再確認できた。明治10年代までの錦絵の中には、立行司が腹帯に扇子を差している姿を確認できるものもある。もしかすると、現在も立行司が取組の際、扇子を懐に差しているかもしれないと思っていたが、元立行司に確認したところ、差していないとのことである。
2) 明治3年12月に庶民の帯刀を禁止し、明治4年8月に散髪脱刀令が出されているが、行司は依然として帯刀していた（『読売』(M30.2.15)）。明治9年3月の廃刀令が行司の帯刀に影響を与えている。

どうだったか。
(e) 勧進相撲の幕内土俵入りで力士が観客席の方を向いて立ち、行司が先導するようになったのはいつか。それは、同じ年月に始まったか。
(f) 天覧相撲で扇子を差しているのは立行司だけか。他の行司は何も差さなかったか。
(g) 天覧相撲では烏帽子を被るが、勧進相撲ではどんな場合に烏帽子を被ったか。

　勧進相撲では明治17年当時、帯刀は、原則として、立行司だけに限定されていた。したがって、天覧相撲でも帯刀して不思議ではない。しかし、本章では帯刀していなかったことを指摘する。勧進相撲の横綱土俵入りでは行司が横綱を先導していたが、天覧相撲ではどうだったか。天覧相撲でも勧進相撲と同様に、行司が横綱土俵入りは先導していたことを指摘する。勧進相撲の幕内・十両土俵入りでは行司は土俵上で蹲踞し、力士の入場を待っていたが、天覧相撲ではどうだったのか。天覧相撲では、勧進相撲と違い、行司が力士の先導をしたことを指摘する。また、勧進相撲では行司は麻上下を着用し、無帽で裁いていたが、天覧相撲ではどうだったのか。勧進相撲では、天覧相撲と違い、折烏帽子の素袍を着用して裁いたことを指摘する。
　天覧相撲には、もちろん、勧進相撲に見られない特徴がある。たとえば、四本柱の色、水引幕の色、揚巻の色、屋根の有無、土俵入りの御前掛り、力士の呼び上げ、力士や行司の入退場等で、勧進相撲と天覧相撲では異なることがある。この中には行司が直接関わるものもあるが、本章ではこれらについてはほとんど触れない。これらの特徴を知ろうと思えば、相撲の本で大体調べることができる。本章では、こういった特徴についてはほとんど触れず、これまで相撲の本などであまり取り上げられなかった特徴について調べる。その特徴とは、行司に関連するものである。

第3章　明治17年の天覧相撲と現在の土俵入り

2. 行司の帯刀の有無

　天覧相撲の帯刀に関しては、太刀持ちと同様に、行司も帯刀することになったという新聞記事がある。

　　「当日、梅ヶ谷の土俵入りには剣山露払いをなし、大鳴門太刀持ちの役を務め、行司は素袍烏帽子にて木太刀を帯するとのこと」（『読売』（M17.3.4））。

　この「木太刀」は木刀のことである。この記事のとおりであれば、横綱土俵入りを引く行司は帯刀しているはずだ。しかし、庄三郎は短刀を差していない。差しているのは、扇子だけである。天覧相撲を描いた錦絵や絵図を見る限り、庄三郎は、多くの場合、帯刀していないからである。庄三郎は当時第二席で、庄之助の代理を務めている。本来なら帯刀すべきだが、やなり帯刀していない。庄之助は「これより三役」の相撲を裁いているが、庄之助を描いた錦絵では帯刀していない。
　明治17年初場所の番付によると、4代庄三郎（後の15代庄之助）は庄之助に次ぐ第二席である。伊之助（7代）は明治16年8月に亡くなっている。与太夫（8代伊之助）は庄三郎に次ぐ第三席である。庄之助（14代）は病気だったが、天覧相撲では「これより三役」に登場し、その取組を裁いている。この庄之助は明治17年8月に亡くなっている。番付によると、庄三郎は明治18年5月場所で庄之助（15代）を襲名している。実質的には、それ以前から庄之助の役割を果たしていたに違いない。
　なお、与太夫は明治17年5月場所で（8代）伊之助を襲名したが、明治18年1月場所まで庄之助（14代）に次ぐ第三席だった。伊之助（8代）は明治18年5月場所から第二席になっている。すなわち、明治18年5月から庄三郎が15代庄之助を襲名して首席となり、8代伊之助がそれに次ぐ第二席となったことになる。
　天覧相撲の模様を詳しく記述した「文字資料」はたくさんあるが、帯刀の有

無に関して言及したものは見当たらない[3]。行司が烏帽子を被り、「素袍麻上下」の装束だったことは確認できるが、帯刀していたのかどうかとなると、「文字資料」では確認できないのである。したがって、それを調べるには、勧進相撲の場合と同様に、天覧相撲でも「絵図資料」を参考にしなければならない。

　立行司は「熨斗目麻上下」を着用している。この装束では「横綱土俵入り」を引くことができる。勧進相撲であれば、帯刀も許される。天覧相撲で帯刀するかどうかは、その都度、検討したようである。明治17年3月の天覧相撲では帯刀していないが、他の天覧相撲では帯刀することもあるからである。たとえば、明治21年1月の弥生社の天覧相撲の錦絵では、伊之助は帽子を被り、帯刀している（金指基著『相撲大事典』(pp. 228-9)）。

　それでは、なぜ天覧相撲で短刀を差していないだろうか。これには少なくとも2つの理由が考えられる。

(a) 天皇陛下の前で、短刀を差すのは遠慮した。
(b) 廃刀令以降、短刀を差すのが公式に認可されていなかった。

　17年3月以外にも天覧相撲はときどき催されているが、行司は短刀を差している場合もある。明らかに短刀を差していないのは、明治14年の島津公別邸の天覧相撲である。短刀の有無は次の錦絵で確認できる。

・　錦絵「豊歳御代之栄」、安次画、明治14年5月9日、酒井著『日本相撲史（中）』(p. 57)[4]
　　梅ヶ谷と若島の取組。行司は木村庄之助で、烏帽子素袍。剣は差していない。扇子も差していない。風折烏帽子・素袍を着用している。

---

3) もちろん、私が見落としている可能性もある。過去の文献はできるだけ調べたが、たまたま見落としているかもしれない。執筆後に探し求めていた文献が見つかることもある。過去の文献の調査には限界がある。このことはいつも実感している。
4) その相撲に関し、酒井著『日本相撲史（中）』(pp. 56-8) に短い記述がある。

第3章　明治17年の天覧相撲と現在の土俵入り

　この相撲の模様については『東京日日』(M14.5.14) でも詳しく記述してあるが、行司の帯刀については何も触れていない。土俵祭を行った3名の行司は「烏帽子素袍」を着用している (『東京日日』(M14.5.14)／酒井著『日本相撲史(中)』(p.56))。おそらく他の行司も同じ装束で取組を裁いているに違いない。取組に先立って、境川横綱土俵入りがあった。露払い・勢、太刀持ち・手柄山だった[5]。明治17年3月の天覧相撲はこの島津公邸の天覧相撲を見習ったかもしれない。

　天覧相撲で帯刀していないのは、おそらく、天皇が相撲を観覧する特別な催しだからである。天皇を敬うあまり、刃物である短刀を差すことに抵抗があったかもしれない。実際は、短刀の中味は「竹光」なので、危険な代物ではまったくない。しかし、中身は開けてみないと分からない。短刀は、外見上、刃物である。要らぬ考えを起こさせないためには、短刀は外から見えないほうがよい。行司の帯刀には威厳があるはずだが、短刀は生き神のような天皇の前では要らない。短刀の中身が「竹光」であることが周知徹底していれば、行司は帯刀できたはずだ。実際、この天覧相撲の後では立行司は帯刀している。

　それにしても、理解できないことが一つある。横綱土俵入りでは太刀が許されていることである。この太刀の中身も「竹光」だったはずだ。「真剣」ではないはずだ。太刀が許されれば、土俵入りを引く行司の短刀も許されてよさそうである。横綱土俵入りの太刀は威厳を保つための必須の代物として理解されていたかもしれない。それに対して、行司の短刀は危険性の高い代物として理解されていたかもしれない。太刀持ちの太刀が許されたのに、立行司の木刀が許されなかったことに関しては、何か区別する理由があったはずだ。この辺の事情を記した資料を探してみたが、当時の文字資料では見つけることができなかった。勧進相撲で許されていた行司の短刀が天覧相撲では許されていないのだから、その理由がどこかに記述されていてもおかしくない。

　なお、太刀の中身は「竹光」ではなく、「真剣」だったという記述もときどき見受けられるが、明治9年の廃刀令後、「真剣」は禁じられていたはずだ。

---

5)　この『東京日日』(M14.5.14) の記事は酒井著『日本相撲史 (中)』(pp.56-8) にも引用されている。

もし「真剣」が正しければ、例外として認めるように請願したに違いない。太刀持ちのためにそのような請願をしたという資料はまだ見たことがない。現在でも、太刀持ちの太刀は「竹光」である。『大相撲』(H7.11)に昭和20年11月場所、「横綱土俵入りの太刀も竹光に代えた」(p.128) という記述がある。これが正しければ、明治9年の廃刀令後、ある時点で「竹光」から「真剣」に変わった可能性がある。

3. 帯刀を描いていない錦絵

　天覧相撲を描いている錦絵ではほとんどの場合、行司は帯刀していないが、中には帯刀しているものもある。まず、帯刀していない錦絵をいくつか、次に示す。

(a)「天覧相撲　初代梅ヶ谷土俵入り」(御届明治17年3月25日)、豊宣画
　　　この錦絵は相撲の本ではよく掲載されている。どの錦絵を指しているか明確にするために、参考までに『大相撲』(臨時増刊号、1965.9) の口絵や池田編『相撲百年の歴史』の表紙カバーの錦絵であることを記しておく。この二つは大型判なので、相撲場の全景がよく分かる。
　　　梅ヶ谷横綱土俵入りでは露払い・剣山、太刀持ち・大鳴門である。庄三郎が土俵入りを引いているが、扇子を差している。帯刀はしていない。扇子の両面が平で、中央が竹で盛り上がっている。すなわち、扇子を折りたたんだ状態である。庄三郎の房は朱色である。
　　　立行司以外の行司は、もちろん、短刀を差さない。これは勧進相撲でも同様である。したがって、土俵下で控えている誠道、庄五郎、庄治郎等は扇子を差している。短刀を差すことはない。錦絵では、庄五郎と庄治郎の扇子や短刀は見えないが、立行司でないことから扇子だけだと推測できる[6]。位階によっては扇子さえも差さない行司がいたはずだ。

---

6) この扇子のデザインは、明治11年1月の日付がある錦絵「境川横綱土俵入」で式守伊之

(b)「梅ヶ谷藤太郎横綱天覧」、明治17年3月、緑堂画、山室氏所蔵

　露払い・剣山、太刀持ち・大鳴門。庄三郎は前を向いた姿勢で蹲踞しているが、短刀も扇子も差していない。これが実際の姿に近い絵かもしれない。庄三郎は朱房で、烏帽子を被っている。

(c)「御濱延遼舘於テ天覧角觝之図」、御届明治17年5月19日、国明画、『季刊「銀花」夏の号（No.62）』、表紙の錦絵

　梅ヶ谷と楯山の取組、木村庄之助は帯刀していない。左脇腹の白いものが扇子なのかどうかははっきりしない。房の色は朱である。明確に木刀として確認できないことから、おそらく扇子であろう。『昭和大相撲史』（S54.10、p.23）にも梅ヶ谷と楯山の取組みを描いた錦絵があるが、同じ錦絵の一部のようだ。

(d)「御濱延遼館於て天覧角觝之図」、御届明治17年5月23日、国梅画、『大相撲昔話』、口絵／池田編『相撲百年の歴史』（pp.98-9）／『図録「日本相撲史」総覧』（p.40）／池田著『相撲の歴史』（pp.118-9）

　梅ヶ谷の横綱土俵入りを描いた錦絵。露払い・剣山、太刀持ち・大鳴門。伊之助が何を差しているかは分からない。左側の腰から後ろのほうへ短刀の先が突き出ている様子がないので、木刀は差していないようだ。扇子だけを差していたに違いない。軍配房は朱色である。この錦絵は明治17年3月の天覧相撲を描いたものとしているが、それは正しくない。というのは、伊之助はそもそもこの天覧相撲に参加していなかったからである。勧進相撲で帯刀していたので、それをそのまま適用して描いたに違いない。したがって、この錦絵は天覧相撲で帯刀が許されていたとする証拠にはならない。

(e)「浜離宮の土俵祭」、明治17年3月28日、豊宣画、池田編『相撲百年の歴史』（p.98）

助が持っているものと同じである。

脇行司の与太夫は弓を持ち、扇子を差している。小刀は確認できない。祭司の庄三郎、脇行司の庄五郎、土俵下にいる行司たちが何を差しているかは分からない。行司は全員烏帽子を被っている。

(f)「天覧相撲取組之図」、明治17年4月1日御届、豊宣画、堺市博物館編『相撲の歴史』(p.76)

楯山と梅ヶ谷の取組。木村庄之助が「是より三役」の取組を裁いているが、差しているのは扇子である。行司は烏帽子を被っている。房の色は朱である。まったく同じ構図で、取り組んでいる力士名だけが異なる錦絵がある。つまり、楯山と梅ヶ谷の代わりに大鳴門と西ノ海を入れ替えてある。その錦絵でも木村庄之助はやはり扇子だけを差している。

大鳴門と西ノ海の取組

(g) 大達と梅ヶ谷の取組（油絵）、芳翠画、池田編『相撲百年の歴史』(p.100)

油絵の日付が不明だが、『相撲百年の歴史』(p.100)には明治17年の天覧相撲を描いたものとして扱っている。烏帽子を被っていることから、天覧相撲を描いている。庄三郎の帯刀は確認できないが、差しているようにも見える。錦絵の実物を見れば、帯刀の有無は確認できるかもしれない。たとえ帯刀が描いてあるとしても、それは勧進相撲の帯刀をそのまま適用したものである。

(h) 梅ヶ谷と大達の取組、御届明治17年6月、池田編『相撲百年の歴史』(p.101)

中改めは高砂。庄三郎は烏帽子を着用していないので、天覧相撲ではない[7]。草履を履いているが、短刀は差していない。扇子も見えない。庄三郎は短刀を差すのが自然である。勧進相撲を描いたものであれば、庄三郎を正しく描いていないはずだ。庄三郎は立行司に昇格していたからである。

(i) 梅ヶ谷と大達の取組、御届明治17年4月、国利画、和歌森著『相撲今むかし』(p.74)

中改めは境川である。この錦絵は天覧相撲ではない。庄三郎が烏帽子を被っていないからである。さらに、庄三郎は草履を履いていない[8]。なぜ草履を描いていないのかは不思議だ。庄三郎が草履を許される以前の相撲だということもあり得るが、日付から判断する限り、草履はわざわざ描いていないと判断してよい。

(j) 「勇力御代之榮」、御届明治1？年？月？日、国明画[9]

梅ヶ谷と楯山の取組を描いた錦絵。届け日の日付が一部欠けているが、天覧相撲の後で描かれたものである。明治17年3月から19年までの間に

---

7) 池田雅雄著『大相撲ものしり帖』(p.207)によると、明治17年の錦絵となっている。明治17年6月にもなって、帯刀していないのは不思議だ。

8) 庄三郎が明治17年3月の時点で草履を許されていないということはないはずだ(『相撲道と吉田司家』の「御請書」(p.127))。番付から判断すると、明治14年1月場所には草履を履いている。明治17年4月の届け日が正しければ、絵師は庄三郎の草履を正しく描いていないことになる。絵師の国利は行司の着用具にも詳しいはずなので、なぜ庄三郎が無草履で描かれているか不思議だ。そう描く何か理由がありそうだが、思い当たるものがない。明治17年の日付がある錦絵では、ほとんどすべてと言っていいくらい、庄三郎は草履を履いて描かれている。因みに、庄三郎は明治18年5月に15代庄之助を襲名しているが、先代の14代庄之助は明治17年8月に亡くなっている。

9) この錦絵の届け日は不明瞭だが、「明治10年代」であることは明白だ。「明治1？年」とあり、「1」は確認できるからである。「？」の部分は欠けていて、確認ができない。

描いいたものである。木村庄之助は烏帽子で、草履を履いている。短刀の有無は不明。房の色は紫房である[10]。

4. 帯刀を描いてある錦絵

天覧相撲では帯刀していないはずだが、錦絵の中には帯刀しているものもある。そのような例をいくつか、次に示す。

(a)「天覧角觝之図」、御届明治18年5月、国明画、池田編『相撲百年の歴史』(p. 18) /『相撲の歴史』(pp. 118-9)
　大達と剣山の取組。伊之助は帯刀している。房は朱色。扇子は差していない。烏帽子を被っていることから、天覧相撲に違いない。しかし、伊之助は明治17年3月の天覧相撲には、参加していない。この錦絵には、次のようなキャプションがある。
　　「この錦絵は赤絵と称してインクを用いて刷ったもので、必ずしも状景の真を伝えているわけではないが、好角家の版画師国明が聞き書きを基に描いたものと思われる」(『相撲百年の歴史』(p. 18))

　天覧相撲で剣山と大達の取組を裁いた行司は木村庄之助である。木村庄之助は大鳴門・西ノ海、梅ヶ谷・楯山も裁いている[11]。この錦絵で問題になるのは、天覧相撲に登場しなかった式守伊之助が登場していることである[12]。これだけでも、この錦絵は明治17年3月の天覧相撲を正しく描いて

---

10) この行司が14代木村庄之助であれば、明治17年当時、紫白房だったかどうかは必ずしも定かでない。朱房で描いてある錦絵もある。荒木著『吉田司家と相撲道』の「御請書」によれば、紫房であってもおかしくないが、それを裏付ける資料はまだ見ていない。
11) 西ノ海と大鳴門の取組を描いた錦絵は高橋義孝・北出清五郎監修『大相撲案内』(S54、p. 121) でも見られる。この錦絵では、木村庄之助は烏帽子着用で、草履を履き、扇子を差している。

第3章　明治17年の天覧相撲と現在の土俵入り

いないことが分かる。この錦絵は、与太夫（3代）が明治17年5月、伊之助（8代）を襲名した後に描いたものかもしれない。伊之助が帯刀しているのは、当時の勧進相撲の帯刀をそのまま天覧相撲に適用した結果である[13]。したがって、それは真実を反映していないことになる。

(b)「出世相撲一覧壽語録」の一コマ、御届明治17年9月10日、『四角い土俵とチカラビト』（岩手県立博物館製作・発行、p.69）

　　この錦絵の中には相撲の情景をこま切れに別々に描いてあるが、天覧相撲の一場面もその一つである。画面にわざわざ「天覧」と書いてある。横綱、露払い、太刀持ちの名前は書いてないが、化粧廻しの「家紋」から梅ヶ谷横綱土俵入りの模様を描いてある。行司は木村庄三郎に違いない。この行司は烏帽子を被り、小刀を帯している。軍配房は朱である。この帯刀は事実を描いてあるだろうか。おそらく、そうではない。当時、勧進相撲では帯刀していたので、それをそのまま適用したに違いない。

このように、明治17年3月の天覧相撲を描いた錦絵を詳細に見て行くと、行司の短刀に関して一貫性がない。つまり、帯刀していたのか、そうでなかったのかがはっきりしない。どの錦絵が事実を忠実に描いているかもはっきりしない[14]。当時の勧進相撲では帯刀していたので、天覧相撲でも帯刀姿で描いたものもあるようだ。天覧相撲では扇子を明確に描いているにもかかわらず、短刀

---

12) 3代与太夫が8代伊之助（M17.5〜M31.1）を襲名している。天覧相撲には伊之助では登場していない。しかし、与太夫が伊之助を継ぐことは、明治16年中に決まっていた（『読売』(M30.9.24)）。

13) 勧進相撲で、行司が帯剣していない錦絵がある。たとえば、明治17年6月届け日の「大達と梅ヶ谷の取組」（『相撲百年の歴史』(p.101)）では、庄三郎が扇子も小刀も差していない。おそらく、小刀は裾でボカされているに違いない。明治17年当時の「勧進相撲」では、立行司は帯剣していたからである。

14) 烏帽子は確かに天覧相撲とそうでない相撲を見分ける要素の一つだが、それだけでは不十分である。勧進相撲の横綱土俵入りでも特別な場合、行司は烏帽子を被ることがある。どのような土俵入りが「特別なもの」なのかに関しては、今のところ、具体的には分からない。

はそれを示唆するような描き方さえしていない。これは明らかに天覧相撲では扇子しか使用しなかったことを示している。

『読売』（M17.3.4）によれば、行司は木刀を差して登場することになっていたが、これは予測記事であり、結果的に、実施されなかった。錦絵を見る限り、そう判断せざるを得ない。最初は、行司の帯刀は勧進相撲と同じようにする予定であったが、後で考えなおし、扇子だけにしたはずだ。どのような経緯で短刀を差さなくなったかに関してはまったく分からないが、天皇陛下に対する人々の心情からある程度推測することはできる。戦前の天皇陛下に対する国民の気持ちは現在では考えられないほどであったが、明治時代でもそれは同じだったはずだ。相撲を天皇陛下がご観覧になることは、相撲界にとって言葉に表せないほど大変な栄誉である。短刀を差して悪いということはなかったが、竹光の帯刀であっても刃物に見えるものは遠慮することになったのであろう。しかも、廃刀令で「真剣」の帯刀は許されていなかったことから、誤解を招くようなことは避けたかったに違いない。立行司の短刀が行司の権威の印だということが分かるようになってくると、横綱土俵入りの太刀と同様に、天覧相撲でも帯刀できるようになった。

実際、この天覧相撲の後からは立行司の短刀も当たり前のようになっている。たとえば、次の天覧相撲では行司は帯刀している。

(a) 明治21年1月14日、「弥生神社天覧角觝之図」（明治21年5月印刷）、国明画、酒井著『日本相撲史（中）』（p.92）／金指著『相撲大事典』（pp.228-9）

　　西ノ海と海山の取組。式守伊之助は烏帽子素袍。帯刀している。扇子は差していない。行司溜りで木村庄五郎と式守鬼一郎は烏帽子姿で控えているが、帯刀していない。

(b) 「延遼館の相撲天覧之図」（明治24年5月？日印刷）

　　これは明治23年2月17日、偕行社の新築落成式で行われた余興相撲の一コマを描いたものかもしれない。西ノ海横綱土俵入り。露払い・一ノ矢、太刀持ち・鬼ヶ谷。木村庄之助は烏帽子を被っていない。帯刀してい

第3章　明治17年の天覧相撲と現在の土俵入り

る。厳粛な天覧相撲でなく、勧進相撲形式で行った相撲なので、行司は帯刀しているかもしれない。

　明治18年11月27日にも黒田邸で天覧相撲が行われている。この天覧相撲で、立行司が短刀を差していたかどうかは分からない。『東京日日』（M18.11.27／28）には出席者と取組の力士名は書いてあるが、短刀や装束については何も触れていない。大規模の天覧相撲でないことから、短刀は差していたと推測しているが、実際はどうだったろうか。黒田邸の天覧相撲を描いてある錦絵があり、行司の左脇腹近くが明確であれば、短刀の有無は簡単に見分けられる。

5. 天覧相撲の扇子

　帯刀に関して言えば、明治17年3月の天覧相撲では帯刀していない[15]。天覧相撲を記述している文献を読むと、扇子や帯刀については何も言及されていない。錦絵でも扇子だけしか差していない。短刀を差している様子もない。確かに、天覧相撲と銘打った錦絵の中には行司の帯刀姿を描いたものもあるが、それは勧進相撲に基づいて描いたものである。つまり、当時、勧進相撲では帯刀していたので、それを天覧相撲にそのまま適用したのである。
　『朝野』（M17.2.24）には、次のように、天覧相撲は当時の勧進相撲様式で行いたいという記事がある。

> 「このたび相撲天覧あらせらるるに付き、その筋にて古式を取調べらるる由なるが、相撲の節会は久しく絶えけるより、旧記等も急に纏まり兼ぬる故、

---

15) 明治17年3月の天覧相撲の模様は当時の新聞にも報道されている（『東京横浜毎日』／『郵便報知』／『絵入朝野』（M17.3.11）が、松木編『角觝秘事解』（M17）にはとりわけ詳しい説明がある。その後もこの天覧相撲を記述した本はたくさんあるが、その記述は『角觝秘事解』（松木編）に基づいていると言ってよい。しかし、岡編『古今相撲大要』（M18）には松木編『角觝秘事解』（M17）にない決まり手が新しく補充されている。

このたびは年寄の願いにより、すべて回向院勧進相撲の式を行う事になりたりとか聞けり。」(『朝野』(M17.2.24))[16]

　この記事を読むと、天覧相撲でも帯刀して裁くような感じがする。しかし、相撲の模様を表した記事では、帯刀について何も述べていない。
　天覧相撲の横綱土俵入りで庄三郎が短刀を差せなかったのは、庄三郎が「立行司」ではなかったからではないかという疑問が起きるかもしれない。天覧相撲が行なわれた明治17年3月当時、庄三郎は第二席だった。一枚上の伊之助(7代)が明治16年8月に亡くなっていたからである。庄三郎は天覧相撲で「侍烏帽子に熨斗目褐色の素袍」の装束だったことからも分かるように、木村庄之助と同様に、「立行司」として認められている[17]。木村庄之助(14代)は病気だったため、天覧相撲では「これより三役」の三番だけを裁いている。庄之助は横綱土俵入りを引いていない。その代りに、庄三郎が引いている。
　それでは、立行司の木村庄之助は帯刀していただろうか。「これより三役」の三番を裁いたとき、帯刀していただろうか。もし庄之助がそのとき帯刀していたならば、横綱土俵入りを引いた庄三郎が帯刀しなかったのは「立行司」でなかったからであるということもできる。横綱土俵入りは、おそらく、当時でも「草履」を履いていればよかったはずだ。しかし、庄三郎は第二席で、木村庄之助と同様に、立行司だったのである。その証拠は「熨斗目麻上下」を許されていたことである。この装束を許されると、勧進相撲では自動的に短刀も許される。庄三郎は勧進相撲で帯刀を許されていたにもかかわらず、天覧相撲では帯刀していない。これは天覧相撲ゆえに帯刀を遠慮したに違いない。
　扇子は必ずしも帯刀の代わりではなさそうである。立行司が帯刀できないから、その代わりとして扇子を差しているはずだと思いがちだが、それは一面的な理解である。もし立行司だけが扇子を差しているなら、帯刀の代わりだと捉

---

16) 同じ趣旨の記事は『読売』(M17.2.23) などでも見られる。
17) 庄三郎が熨斗目麻上下を着用していたことは、たとえば松木編『角觝秘事解』(M17、p.12) や『角力雑誌』(S10.10) の「お濱離宮の天覧角力」(p.6) などでも確認できる。この装束から、庄三郎は「立行司」の地位にあったことが分かる。

えても間違いではない。しかし、立行司以外の行司も扇子を差している。たとえば、誠道、庄次郎、庄五郎等は立行司でないが、みんな扇子を差している。勧進相撲では、明治9年の廃刀令後、立行司以外の行司は帯刀しなくなった。明治17年3月には、もちろん、これらの行司は帯刀していない。勧進相撲で帯刀していないのだから、天覧相撲でも何も差さなくてもよいはずだ。しかし、天覧相撲ではこれらの行司も扇子を差しているのである。

立行司以外の行司の扇子は、身だしなみの一つとして捉えていたかもしれない。立行司にとっては帯刀の代わりであると同時に、身だしなみの一つでもある。扇子は懐に差し挟むか、手に持つのが普通だが、行司の場合は外からも見えるほど左脇腹のほうで差し挟んだかもしれない。錦絵を見る限り、扇子は明らかに外からはっきり見えるようになっている。そのような挟み方に統一したようだ。どの絵師が描いた錦絵でも、扇子を差し挟んだ格好になっているからである。錦絵に描かれている行司たちは全員扇子を差しているが、実際は一定の地位にいる行司だけだったかもしれない。錦絵に描かれていない行司も参加していたが、その行司たちも扇子を差していたのかどうか、それを確認するすべはない。いずれにしても、扇子は必ずしも帯刀の代わりとして差していたわけではなかったようだ。

江戸末期には、勧進相撲でも行司が帯剣と共に扇子も差していることがある。これを確認できる錦絵をいくつか、参考のために次に示す[18]。

(a)「横綱授与の図」、寛政元年冬場所（2日目）、春英画、酒井著『日本相撲史（上）』(p.167)
　　木村庄之助は帯剣し、右手に扇子を持っている。扇子は腹の前で大きく開いている。

---

18) 土俵上ではなく、力士や年寄の独り立ちを描いた錦絵では帯剣と共に扇子も手に持っているものがたくさんある。扇子は身だしなみの一つになっている。一般的には、扇子は外から見られないほど懐の中に差し込んであり、扇子を持っているか否かは分からない。

(b)「雲龍横綱土俵入之図」、文久元年、国貞画、『江戸相撲錦絵』(p. 62)
　　木村庄之助は帯剣と共に扇子も差している。

(c)「陣幕横綱土俵入之図」、慶応4年、国輝画、『江戸相撲錦絵』(p. 64)
　　式守伊之助は帯剣と共に扇子も差している。

　これらの錦絵からも分かるように、扇子は帯剣の代わりというわけではなく、身だしなみの一つである。ただ、行司は自分の好みで扇子を自由に土俵上で携帯できたかもしれないし、帯剣が一定の地位の行司に許されたように、扇子にも何らかの制約があったかもしれない。行司の場合、どんな着用具でも地位と結びつくので、扇子といえども何らかの制約があったはずだ。帯剣にどんな制約があったかを調べれば、それに付随して扇子の制約も少しは推測できるかもしれない。いずれにしても、天覧相撲の扇子は突然現れたのではなく、江戸末期にも使用されていたものである。現在でも、行司は扇子を使用する場合がある。たとえば、新序出世披露や顔触れなどでは扇子が重要な小道具になっている。

6. 行司の装束

　現在でも、土俵祭りと取組では装束が異なる。土俵祭りは、基本的に、相撲の神様に祈りをささげる祭りなので、それを執り行う行司は「神官」である。祭主は神社の神官と同じように独特の神官装束を着用している。取組の装束はもちろん、侍烏帽子に直垂を着用している[19]。それで、ここでも天覧相撲の土俵祭りの装束に関して簡単に触れ、取組の装束が勧進相撲のそれとどう違っていたかについて少し詳しく見ていくことにする。

---

19) 現在の烏帽子は便宜的に「侍烏帽子」、天覧相撲の烏帽子は「風折烏帽子」とそれぞれ呼ぶことにする。その区別をしない場合は単に「烏帽子」と呼ぶことにする。

第3章　明治17年の天覧相撲と現在の土俵入り

(a) 土俵祭りの装束

　天覧相撲の土俵祭りの祭主は木村庄三郎だが、装束は次のように記されている。

　　「木村庄三郎侍烏帽子熨斗目勝色（褐色（？）：NH）の素袍、東の花道より静静と出で下座場にて拝礼し、土俵に進み、溜りに入りて控える」（松木編『角觝秘事解』(p.12)）

　脇行司は式守与太夫と木村庄五郎の二人である。二人とも「素袍烏帽子」である（『相撲史伝』(p.243)）。立行司でないので、おそらく「熨斗目」のない「素袍」だったに違いない。祭主と脇行司の装束が「熨斗目」以外でどのように異なっていたかについては分からない。私自身が装束に関する知識が乏しいので、細かい点にはあまり注意していない。関心のある方は天覧相撲について記述してある文献を読んでもらいたい。

(b) 取組の行司の装束

　天覧相撲では、取組によって行司の装束が二通りに異なっている。

　　「16番までの行司は肩衣にて勤め、その後の取組は烏帽子素袍にて勤む」（『相撲史伝』(p.244)／『相撲大要』(p.21)）

　下位力士の取組では肩衣の装束で、烏帽子を被っていなかったはずだ。しかし、上位力士の取組になると、行司は「侍烏帽子に素袍」を着用している。たとえば、木村庄之助は「従是三役」の取組を裁いているが、その装束は次のように記述されている。

　　「木村庄之助病中ながら押して出勤す。その出で立ちは侍烏帽子薄柿色に丸の内立澤潟紋付たる素袍に熨斗目合赤の重ねを着し、土俵に登る」（松木編『角觝秘事解』(p.16)）

同じ立行司の木村庄三郎も同じ出で立ちである。立行司でない行司たちは「侍烏帽子素袍」だが、「熨斗目」がなかったに違いない。

取組のために土俵に向かうとき、天覧相撲では勧進相撲にない作法があった。それは、基本的に、天皇に敬意を示す行為である。

> 「力士・行司共に土俵に出るときは、まず花道の敬礼所において玉座に向かい拝礼して進み、また退くときもまた同じく拝礼する」（『相撲大要』(p. 21)／三木愛花著『相撲史伝』(p. 244)）

取組を終えると、行司は勝ち力士に花を差し出している。

> 「（前略）勝ち得たる方へ行司団扇の上にお花を乗せ、頭の上にて勝ち相撲 某(なにがし) と呼びながら二足(ふたあし)ひさり差し出(いだ)す。力士頂き、頭(かしら)に差し、徐々(ゆるゆる)と引き入る」（松木編『角觝秘事解』(p. 13)）

天覧相撲では、横綱梅ヶ谷の土俵入りを木村庄三郎が引いているが、庄三郎は扇子を差している。露払いは剣山、太刀持ちは大鳴門である。この横綱土俵入りは勧進相撲と全く同じで、露払いも太刀持ちも土俵上にいる。太刀持ちの太刀は真剣ではなく、中身は竹光に違いない[20]。明治9年の廃刀令で、立行司といえども「真剣」は許されていないからである。

7. 素袍烏帽子

天覧相撲では、風折烏帽子を被っている。この帽子は天覧相撲かどうかを見分ける目印になる。しかし、この風折烏帽子を被っていれば、天覧相撲だと決めつけてよいのかとなると、必ずしもそうではない。勧進相撲でも、横綱土俵

---

[20] 立行司の短刀の中身は竹光だとしているが、それを確認できる資料はない。廃刀令後、行司は真剣を許されていないはずだと推測しているに過ぎない。

第3章　明治17年の天覧相撲と現在の土俵入り

入りの場合、風折烏帽子を被っていることがある。風見著『相撲、国技となる』には、明治時代の立行司は明治42年6月の国技館開館後、土俵入りの場合に限って素袍烏帽子（コップ型の烏帽子）を被ったとある[21]。

> 「江戸時代の東京相撲（江戸相撲）の行司は、武士全般の準礼服であった裃を着用していた。当然ちょん髷を結っていたが、烏帽子は被っていなかった（裃のときは帽子類を被らない）。明治時代に入ると行司の髪形は洋風化の影響を受け、ちょん髷から洋髪や丸刈りに変わった。しかし、服は江戸時代と同じ裃だった。この装束がそれ以降ずっと続いていたが、国技館開館場所から立行司は裃の代わりに素袍を着用し、素袍烏帽子（素袍用の侍烏帽子）を被るように改められた。ただし、横綱土俵入りの時だけだった。」（『相撲、国技となる』(p.122)）

　勧進相撲では、行司は無帽の「麻上下」姿で横綱土俵入りを引くのが普通だったが、ときには烏帽子を被って引くことがあった。明治42年6月の国技館開館前にもそういう土俵入りがときどき行なわれている。烏帽子は多くの場合、風折烏帽子だが、中には「素袍烏帽子」の場合もある。横綱土俵入りを描いた錦絵の中から、行司が烏帽子を被って引いているものを、参考までにいくつか次に示す。

(a) 梅ヶ谷横綱土俵入りの記念写真、明治17年、『大相撲昔話(13)』(p.62)
　　素袍烏帽子。行司は庄三郎。露払い・大鳴門、太刀持ち・剣山。土俵では風折烏帽子だったが、写真では皿のキャップ。

(b) 西ノ海横綱土俵入りの記念写真、明治23年3月以降、『大相撲昔話(13)』(p.64)
　　素袍烏帽子。行司は庄之助。露払いは朝汐、太刀持ちは小錦。

---

21) 素袍烏帽子はコップ型の格好で、頭から落ちないように紐で顎に縛る。その見本は16代木村庄之助の写真でよく見られる。

(c) 錦絵「東西幕内力士土俵入之図」、明治24年1月、春宣画、池田編『相撲百年の歴史』(p.107)／酒井著『日本相撲史（中）』(p.108)
庄之助と伊之助は風折烏帽子。瀬平は裃。これは東西共同稽古場を建設し、それを祝う相撲だったので、立行司だけ風折烏帽子を被ったかもしれない。

(d) 錦絵「小錦横綱土俵入之図」、『図録「日本相撲史」総覧』(pp.42-3)
木村庄之助：風折烏帽子。小錦は明治29年3月、横綱になった。

(e) 錦絵「大碇横綱土俵入之図」、戸谷編『大相撲』(p.156)
大阪相撲。吉岡一学：風折烏帽子。大碇は明治32年5月、横綱になった。

(f) 錦絵「大砲横綱土俵入之図」、戸谷編『大相撲』(pp.166-7)
木村瀬平は風折烏帽子。大砲は明治34年5月、横綱になった。

(g) 錦絵「常陸山横綱土俵入之図」、堺市博物館編『相撲の歴史』(p.78)
木村庄之助：風折烏帽子。常陸山は明治37年1月、横綱になった。

これらの錦絵から分かるように、国技館開館前にも勧進相撲の横綱土俵入りで烏帽子を被ることがあった。明治43年5月に行司装束の改正があったとき、立行司は侍烏帽子の直垂になり、その装束で横綱土俵入りを引き、取組を裁くようになった。風見氏が述べているように、国技館開館後、立行司が素袍烏帽子で横綱土俵入りを引いていたのではない[22]。明治17年にはすでにそのよう

―――――――――――――

[22] 文献の中にはときどき、国技館開館以降、横綱土俵入りでは立行司が烏帽子を被り、素袍を着るようになったという記述がある。それが事実なら、それは1年ほどでなくなったことになる。国技館開館は明治42年6月、行司装束改正は明治43年5月だからである。そのとき、立行司でも烏帽子・直垂になった。国技館開館前でも、立行司は特別な横綱土俵入りでは烏帽子を被り、素袍を着用することがあった。麻裃着用で横綱土俵入りを引くのが普通だったが、その場合は、もちろん、頭に何も被らなかった。因みに、

な装束姿を描いた錦絵がある。それ以前にもそのような装束はあったはずだが、資料ではまだ確認していない。

8. 土俵入り

　土俵入りには、横綱土俵入り、幕内土俵入り、そして十枚目土俵入りがある。横綱土俵入りは江戸時代から変わりなく、勧進相撲でも上覧相撲や天覧相撲でも行司が露払いの先導を務めてきた。寛政3年6月の横綱土俵入りでは立行司が先導していたかどうか必ずしも定かでないが、先導していたことを示す資料が少なくとも一つある[23]。『南撰要類集』の「南町奉行所」篇で、次のような記述がある。

> 「(前略)東より行司先立ち、関一人上の上へ横綱を締め、添え角力二人、一人は先立ち、一人は後より付添い罷り出で、中礼致す。添え角力は水手桶際筵に二人とも控え、関一人土俵入り致し入り候節は後より出で候。添え相撲先立ち、一人のものは後に付き、下座筵にて関一人中礼致し、行司もその後より引き申す候。
> 次に、西より関一人、同様に土俵致し候」

　これによれば、行司は三人の相撲取りを先導している。つまり、横綱の前にいる相撲取り（露払いに相当）の前に行司がいる。さらに、現在と同じように、行司は土俵上で「差し添え」をしている。

> 「(前略)四つ目、関一人上の上に横綱を締め、行司差し添え土俵入り仕り

袴を着用するときは、烏帽子は被らない。
23) これについては、拙稿「上覧相撲の横綱土俵入りと行司の着用具」(2010)でも触れている。『南撰要類集』以外には行司の先導を記述していないので、それが真実かどうかは他にもそれを裏付ける資料がないか、もっと調べる必要があるかもしれない。

候」

　横綱が土俵入りしている間、前後にいた相撲取り二人は土俵下で待機している。横綱が土俵入りを終えると、土俵入り前と同じように、添え相撲二人は横綱の前後で退却している。行司もその三人の後に続いて退却している。

　横綱の後ろにいた相撲取りが太刀を持っていたかどうかに関しては、『南撰要類集』でも何の記述もされていない。これは、太刀を持っていなかったことを示唆しているに違いない。太刀を持っていたならば、それについて何らかの言及があったはずだからである。

　明治17年6月の天覧相撲では、勧進相撲と同じように、横綱土俵入りでも行司が先導している。これは次の記述で確認できる。

　　「木村庄三郎先に進み、露払い剣山、梅ヶ谷横綱、太刀持ち大鳴門方屋入り、一人土俵入り、別に変りたることなし。玉座に向かって両手を下げ拝啓し奉り後、形のごとくにす」(松木編『角觝秘事解』(p.13))

　明治14年5月9日の島津公別邸で行われた天覧相撲の横綱土俵入りでも行司は先導していた[24]。

　　「境川浪右衛門横綱をしめ、一人にて土俵入りをなす。勢イその先に立ち、手柄山その太刀を持ち、木村庄之助これを行司したりき。」(『東京日日』(M14.5.14)／酒井著『日本相撲史（中）』(p.57))

　勧進相撲の横綱土俵入りと天覧相撲の横綱土俵入りがすべての点で同じというのは不思議である。行司が先導するのは入場行進と同じだから、同じ作法でも仕方ないが、土俵上に上がってからの作法は何か違っていてもよい。相撲界は普通の勧進相撲と天覧相撲では何かと違いを際立たせる傾向があるので、横綱土俵入りでもはっきり指摘できる違いがないか調べてみた。しかし、そのよ

---

24) 酒井著『日本相撲史（中）』(pp.77-8)にもその相撲に関し短い記述がある。

第3章　明治17年の天覧相撲と現在の土俵入り

うな違いはまだ見つかっていない。これは非常に珍しいことである。これからでも、横綱土俵入りで天覧相撲独特の作法を協会は考案したらどうだろうか。

次に、幕内土俵入りに移ることにする。十両土俵入りもあるが、行司の先導に関する限り、十両土俵入りと幕内土俵入りにはまったく違いがない。明治時代の勧進相撲の幕内土俵入りがどのようなものであったかは必ずしも定かでないが、行司は先導していなかったはずだ[25]。というのは、江戸時代の勧進相撲の幕内土俵入りでは行司が先導している様子はないし、行司が先導するようになったのは昭和30年代初期からである。つまり、その間で何らかの変化がなかったならば、ずっと行司は先導していなかったと判断してよい。

明治17年3月の天覧相撲の幕内土俵入りで、行司が力士の先導をしたかどうかであるが、「先導していた」というのが正解である[26]。これは次の記述で確認できる。

> 「（前略）幕外にて拍子木を打つと東の花道より木村直、団扇を目八分に捧げ、引き続いて力士九人出で、各々下座場にて拝し相進みて、行司溜りより上り入口より左り方手前より順に先へ四人並び、五人めは右の方先より手前へ順に四人並び、残る一人ねじろに上り礼をなし時に、一様に声をあ

---

[25] 江戸時代の錦絵を見る限り、幕内土俵入りの行司は土俵の北側に背を向け、南側に顔を向けた姿で蹲踞している。土俵の中央で北向きに蹲踞しているのではなく、勝負土俵の端の方で蹲踞している。この様式は、おそらく、明治42年6月の国技館開館時まで続いていたはずだ。江戸時代から明治42年まで、行司溜りは土俵の北側にあった。行司はそこから土俵に上がり、土俵の端で待機したに違いない。土俵の中央で待機するようになったのが明治42年6月なのかどうかは、まだ資料で確認していない。因みに、江戸末期の錦絵では北か南の方向を確認するには、二通りある。一つは、幕府の見張り役の塔（つまり「役座敷」）が描かれていたら、そこが南側である。そこから見た方角が北側となる。もう一つは、四本柱の色である。黒色と青色で描かれている方角が北側である。四色の位置は現在も昔も変わらない。

[26] 寛政3年6月の上覧相撲の幕内土俵入りでは行司が先導している。力士は東西3組ずつに分けられ、「御前掛り」という様式で土俵入りをしている。それは上覧相撲の模様を記述してある写本等で確認できる。横綱土俵入りでは、横綱の前後にそれぞれ力士がいたが、後ろの力士が太刀を携帯していたかどうかははっきりしない。横綱が一人土俵入りをしている間、二人の力士は土俵下で控えていた。

げて四股踏み、定めのごとき振りあって、後ずさりに三足退いて次第に順に引き、右の方は丸土俵に踏み込み、三足退いて次第に順に引き、而して東西土俵入り残らず相済み」（松木編『角觝秘事解』（pp. 12-3））

天覧相撲の幕内土俵入りで行司が先導することは、明治14年5月9日の島津公別邸で行われた天覧相撲でも見られる。

「東の方の幕内の力士は式守鬼一郎、西の方幕内の力士は木村庄三郎これを行司して土俵入りをなさしむ。これは玉座に向かい三行に居並びてこれを行いたり。」（『東京日日』（M14.5.14）／酒井著『日本相撲史（中）』（p. 57））

天覧相撲の幕内土俵入りでは行司が先導しているが、これは勧進相撲と大きく異なる点である。幕内土俵入りで、勧進相撲では行司が先導しないのに、天覧相撲で先導するのはなぜだろうか。天覧相撲では力士が土俵で独特の御前掛りをするからだろうか。勧進相撲は形式張らないが、天覧相撲は形式を重んじるからだろうか。土俵入りが力士の「顔見せ」なら、相撲の種類に関係なく行司が先導してもよいし、先導しなくてもよい。天覧相撲だけ行司が先導する必要はない。横綱土俵入りと同様に、相撲の種類に関係なく、行司が先導したほうがよいはずだ。要するに、相撲の種類によって行司が先導したり、そうでなかったりするには、それなりの理由があったはずだ。その理由を調べてみたが、そういうことを記述してある資料はまだ見ていない。今のところ、違いがあるという事実を確認しただけである。

勧進相撲の幕内土俵入りの形式について行司の視点から簡単に記しておく。行司は土俵上で蹲踞の姿勢をし、東西の力士の登場を待つ。最初に、東方力士が登場し、土俵入りを済まし退場する。続いて、西方力士が登場し、土俵入りを済まし退場する。その間、土俵上に蹲踞している行司は軍配房を左右に振り回す。同じ作法を東西力士の土俵入りの間繰り返す。西方力士が退場した後、行司も退場する。現在は、奇数日は東方力士が、偶数日は西方力士が最初に土俵入りをするが、これは昔も交互に行なっていたかもしれない。時代と共に、土俵入りの形式も少しずつ違っているはずだが、どのように変わってきたかは

第3章　明治17年の天覧相撲と現在の土俵入り

分からない。
　幕内土俵入りを行司が先導していたかどうかに視点を定め、その様子を資料で調べてみよう。多くの場合、資料は錦絵や絵図である。錦絵の場合、蹲踞している行司が後ろ姿で描かれていたり、顔を向けた姿で描かれたりしているが、それはどの方角から描いているかによる。つまり、背中姿の場合は土俵の北側から描いているが、前向きの顔の場合は土俵の南側から描いている。

(a) 木村政勝著『古今相撲大全』(宝暦13年)
　　力士の土俵入りの絵図があり、行司は力士の登場を土俵上で蹲踞して待っている。力士は両手を大きく広げ、腰を左右に大きく揺らしながら進んでいる。行司が力士の先導をしたようには思われない。

(b) 『国技相撲の歴史』(昭和52年10月)、中絵（ページ記載はない）
　　享和元年8月、京都二条河原の興行、東西土俵入り。行司は木村玉之助で、土俵に蹲踞し、東西力士の土俵入りを待っている。行司が先導しているという感じはしない。力士を先導している行司もいないし、退却する力士の後ろにも行司はいない。行司は裃姿。これに類似するポーズの錦絵がいくつもある。時代が変わるので、同じ作法で土俵入りしたかもしれない。

(c) 「幕内土俵入り」の図、池田編『相撲百年の歴史』(p.60) ／『大相撲人物大事典』(p.68)
　　天明2年10月の土俵入りというキャプションが付いている。行司は木村庄之助で、土俵で一人蹲踞している。東西の力士名も詳しく記入されていることから、この絵はかなり具体的である。行司が二人いないことから、行司は東西の力士を先導してないはずだ。

(d) 「幕内土俵入り」の図、春英画。『大相撲人物大事典』(p.19)
　　寛政初年のころというキャプションが付いている。谷風、小野川、雷電等が描かれている。行司は正面を向いて、土俵上で一人蹲踞している。

89

(e)「勧進大相撲興行図」、春英画、大谷・三浦編『相撲浮世絵』(pp. 22-3)
　　文化14年（1817）春場所。

(f)「勧進大相撲土俵入之全図」、豊国画、『江戸相撲錦絵』(pp. 142-3)
　　弘化2年（1845）11月。

(g)「勧進大相撲興行之全図」、国貞画、金指著『相撲大事典』(p. 33)
　　文政12年春場所の顔触れ。この錦絵は、『大相撲人物大事典』(p. 173)
　　では「文明末年」（東・阿武松、西・稲妻）となっている。

(h)「勧進大相撲興行之全図」、国芳画、『江戸相撲錦絵』(pp. 110-1)
　　嘉永2年（1849）冬場所。

(i)「勧進大相撲土俵入之図」、芳幾画、大谷・三浦編『相撲浮世絵』(pp. 38-9)
　　万延元年（1860）10月場所。

(j) 明治42年6月の国技館大相撲土俵入之図、戸谷編『大相撲』(p. 263)

　これらの資料で見る限り、江戸時代と明治時代の勧進相撲の場合、幕内土俵入りでは行司が先導していないことが分かる[27]。明治17年の3月当時、勧進相撲の幕内土俵入りで行司が先導していなかったと判断したのは、そのような流れが一貫しているからである。江戸時代から明治末期までの勧進相撲で幕内土俵入りを行司が先導したり、そうでなかったりしていたならば、明治17年3月当時、どうだったかを検討し直さなければならない。
　枡岡智・花坂吉兵衛著『相撲講本』(S10)には昭和10年頃の幕内土俵入り

---

27) 明治43年1月9日、台覧相撲が行なわれているが、東方幕内土俵入りでは与太夫、そして西方幕内土俵入りでは勘太夫がそれぞれ先導している。天覧相撲であれ台覧相撲であれ、御前相撲の幕内土俵入りでは行司が力士の先導をする。

第3章　明治17年の天覧相撲と現在の土俵入り

に関する記述がある。

> 「普通の力士の土俵入りは要するに、その有資格者なることの表示をなすのみにすぎないのである。その方法は下位者より登場し、左より右に円く土俵上に居並び、その殿の最上位者の「シイッ」という警蹕の声にて、柏手その他の式を行うのである。行司は土俵の中央において正面に向かい蹲踞し、柏手のときは団扇を水平に横へその先を左手にて押さえ、力士が力足の型をするとき、左右に房捌きをなし、力士が退場した後、立ち上がって退くのである。」(p.473)

この中では、行司の先導に関し何も触れていない。行司は先導していたのかどうか、まったく分からない。幕内土俵入りの様子を述べてある本は他にもたくさんあるが、行司の先導に関しては何も言及されていない。これは非常に不思議である。それは何を意味するだろうか。行司の先導がなかったので、それを記述していないだろうか。それとも、先導していたが、記述しなかったのだろうか。判を押したように、幕内土俵入りについて記述してあっても、行司の先導について記述したものがないのである。

9. 現在の土俵入り

現在の土俵入りになるまでの経過を調べているうちに、何度か変遷があったことが分かってきた。現在は観客席の方へ向いて立ったり、土俵を一周したり、行司が先導したりしているが、これは、意外と、昭和27年以降に実施されたものである。しかも、それらは同時に実施されたものもあるし、別々に実施されたものもある。昭和27年以前は、一般的に言って、力士は観客席に背を向けて円陣を作り、一連の動作を行なっていた。観客席に顔を向けるようになった年月と行司が先導し始めた年月にポイントを絞り、その経過を調べてみよう。

昭和27年秋場所では、四本柱の撤去に加えて、力士が観客席に向かって立

つ新しい土俵入りの形式も導入されている。つまり、これまでは背中を観客席に向けて立っていたが、その秋場所からは顔を観客席に向けて立つようになっている。最後の力士が「警蹕(けいひつ)」の合図を出しながら土俵に上がると、一斉に内側に向き、一連の動作をするのである。これは次の新聞記事で確認できる。

(a)『朝日（朝刊）』(S27.9.22)
「従来は丸く（土俵の：NH）内側を向いて並び、大関の『シーシッ』の合図で揃って手を打ち、手を上げたのが、(今場所は：NH) 外側を向いているので、この合図がわからずテンデンバラバラ、東西とも不揃いの土俵入りとなってしまった。四本柱と違ってこの方は場内でも賛否こもごもであった。」

(b)『朝日（夕刊）』(S27.9.22)
「不評判だった新しい土俵入りはやり方を検討、二日目からまた新しくなった。拡声機の呼出し順で外を向いて円陣になってから一斉に内を向き、これまでのように手を打つようにした。」

(c)『毎日』(S27.9.23)
「初日客席に向かってやった十両、幕内の土俵入りは動作がそろわずまずかったが、この日（2日目：NH）は一度客席に向かった後、今まで通り内側を向いてやった。動作が一つで見た目にもきれいで評判が良かった。」

このように、昭和27年秋場所の初日と2日目では所作に違いが少し見られるが、観客席を向くという点では同じである[28]。2日目以降は観客席を向いて立

---

28) 観客席の方へ顔を向けて立った年月に関しては、文献によって異なる場合がある。その原因の一つは、誤解を招くような表現にある。たとえば、『近世日本相撲史（3）』の口絵のキャプションには、初日は観客席に顔を向けて立ったが、所作が不揃いだったため、2日目からは従来通り内側に向いたとある。あたかも2日目以降は、観客席に顔を向けなかったような記述である。しかし、実際は、2日目以降も観客席を向いて立ち、最後の力士が土俵上に上ったとき、その力士の警蹕で土俵の内側に向き直ったのであ

第3章　明治17年の天覧相撲と現在の土俵入り

つが、最後の力士の合図で内側を向き、柏手を打っている。これが現在でも続いている[29]。

ただ不思議なのは、昭和27年頃の新聞記事では行司の先導について何も言及していないことである。その沈黙は何を意味するのだろうか。少なくとも二つのことが考えられる。一つは、それ以前から先導が行われていたので、わざわざ言及する必要がなかったことである。もしこれが正しければ、昭和27年以前に先導が行われていたことになる。それがいつからかは、やはり調べ直さなければならない。もう一つは、それまで行司は先導するものだという認識がなく、27年秋場所でもそれがなかったことである。先導していなかったならば、それについて記述することもないのである。もしそれが正しければ、先導は昭和27年秋場所以降ということになる。

それでは、いつごろから現在の幕内土俵入りのようになっただろうか。土俵を一周して退場するようになったのは、意外にも[30]、昭和40年（1965）初場所である。それまでは、立っていた位置から思い思いに退場していた。そのため、整然とした退場は見られなかった。土俵を一周するようになった年月は、次の記述でも確認できる[31]。

───────

　　る。その後、従来通り、柏手を打ち、一連の動作を行なっている。また、行司が先導を始めた年月に関しても異なる記述がいくつかある。
29) 行司が幕内土俵入りをいつ先導するようになったかについて現立行司（35代）だけでなく元立行司（27代、29代、30代、33代）にも尋ねたが、確かな年月は確認できなかった。記憶があいまいで分からないらしい。29代木村庄之助と30代木村庄之助のお話から昭和27年初場所と昭和30年代初期の間らしいということは分かった。というのは、親方たちが現役行司のころ、土俵溜りで幕内土俵入りのアナウンスを待ち、その後、土俵の中央に上がり蹲踞して力士の登場を待ったことがあると語っていたからである。
30) 現在の土俵入りの形式になったのは昭和30年代ではないかと漠然と思っていたが、調べてみると、昭和40年代であることが分かった。これは私にとって意外であった。執筆をしながらも、本当にそうなのだろうかという疑問が心の片隅にある。しかし、今のところ、昭和40年代が事実に即している。
31) 土俵をグルリと一巡し始めたことは、部屋別総当たり制と共に、昭和40年1月当時のほとんどのスポーツ新聞で報道されている。しかし、行司が先導していたことを記述している新聞は非常に少ない。なおときどき、行司が先導し、土俵を一巡する形になったのは昭和48年9月だったという記述をしている文献があるが、これは何かのミスである。

(a)『中日スポーツ』(S40.1.11)
「行司が先導をつとめ、土俵を左へ一周、ゆっくりと間を置いた十両、幕内の新形式の土俵入りも大好評。力士たちは『なんか初めてで、間のびがして、ちょっと変な気持ち…。でもなれたらよくなるだろう…．』とややテレくさそうだった。」

(b)『サンケイスポーツ』(S40.1.11)
「この初場所から幕内、十両力士の土俵入りのスタイルが変わった。今までは土俵に上がってそのままの位置で手を切り、横切って土俵をおりたが、今度の新スタイルは土俵上をグルリと一周してからおりることになった。」[32]

(c)『デイリースポーツ』(S40.1.11)
「今場所から十両、幕内力士の土俵入りスタイルが新しくなった。従来は二字口から上がってそのまま後の力士を待っていたが、今度はシコ名を呼び上げられて土俵にあがり、先頭者に続いて外側を向き土俵をぐるりと一周する。」

『スポーツニッポン』(S40.1.11)には土俵入りの写真があり、行司は土俵上で力士の先導をしている[33]。その写真には「力士の顔がよく見えると好評の新スタイルの土俵入り」というキャプションがついている。昭和40年初場所の

---

32) 初場所2日目の十両土俵入りで木村義雄は左回りするところを右回りした。後に続いていた力士たちも行司に続いて右回りをするというハプニングがあった。これは、29代庄之助によると、偶数日を奇数日と勘違いし、足の踏み出す方向を間違えたためだという (2010.1.18)。
33)『大相撲』(S40.2、p. 90) にも力士が観客席を向いて立ち、行司が中央で蹲踞している写真がある。その写真では、行司が先導してきたかどうかは分からない。このような写真は昭和40年初場所以前の雑誌等でも見られる。本場所で行司が先導している写真は、『スポーツニッポン』(S40.1.11)にも掲載されている。もちろん、御前相撲のような天覧相撲や台覧相撲では、幕内土俵入りでも行司が先導するので、行司の先導を写した写真はあるかもしれない。

第3章　明治17年の天覧相撲と現在の土俵入り

土俵入りで行司の先導を確認できたが、先導がいつから行なわれるようになったかとなると、それを確認できる新聞資料はない。行司が先導している事実は確認できるが、それが「初めて」かどうかは必ずしも分からない[34]。

　元木村庄之助（29代と30代）のお話では、いつから先導するようになったかは定かでないが、東西土俵入りを行司一人で引いたことは確かな記憶としてあるという。土俵入りの始まる前、「これから幕内土俵入りを行ないます」というアナウンスがあり、それを聞いて土俵溜りに控えていた行司が土俵上に上がり、中央で蹲踞して力士の登場を待っていた。多くの場合、その任に当たる行司は幕内の初口（つまり、しんがり）だったという。年月は確認できなかったが、東西の幕内土俵入りで形式が異なったことを元木村庄之助は体験している。これは貴重な情報だった。

　『昭和の大相撲』（TBSブリタニカ、1989）の中に、昭和40年初場所の幕内土俵入りに関し、次のような記述がある。

　　「いままでの幕内土俵入りは、力士たちが土俵にぞろぞろ上がり、円陣をつくって、柏手をポンと打ち、化粧まわしの端をつまんで上へ引き上げる動作が終わると、またぞろぞろと土俵を下りた。あまりの簡単さに、客席から笑いが起こるくらいだった。

　　それが、40年1月場所からは変わった。まず、行司の先導で東方なら東方の全員が花道に並ぶ。場内マイクが地位、しこ名、出身地、所属部屋の順に呼びあげるとひとりひとりが土俵上に上がり、土俵を一周、客席の方を向いて並ぶ。全員そろったところで内側に向き直って、ポンと柏手を打って、化粧まわしの端をつまんで上へ引き上げる。つまり、現在行われている形式になった。」(p.233)

---

34) 行司の先導が昭和40年初場所でなければ、昭和27年秋場所と昭和40年初場所の間である。元庄之助のお話では、組合ごとに行なわれていた昭和32年ごろの巡業では行司が中央で蹲踞して土俵入りを引いた記憶があるという。そうなると、昭和33年以降の可能性が残ることになる。本章では、昭和40年初場所で行司の先導は始まったことにしている。というのは、当時の新聞記事で行司の土俵入りが新形式になり、行司が先導したと記しているからである。

この記述から、昭和40年初場所に力士は花道で並び、行司が先導したことが分かる。当時の新聞の中には行司が先導している写真を掲載しているものがあるので、それを確認することができた。しかし、行司の先導がこの場所から行なわれるようになったという記事は確認できなかった。29代木村庄之助や30代木村庄之助も年月は定かでないが、部屋別総当たり制の始まったころに、行司の先導も始まった記憶があるという。それまでは、行司は土俵の上で蹲踞し、東西の力士が土俵に登場するのを待っていたとも語っていた。これらを総合すると、行司の先導は昭和27年秋場所から昭和40年初場所までの間ではなく、昭和40年初場所から始まったと判断してよい。

10. 結　び

　本章の冒頭で調べたいことを記したが、まとめると、次のようになる。

(a) 勧進相撲では立行司は帯刀するが、天覧相撲では立行司は帯刀しなかった。なぜ帯刀しなかったかを記した資料がないので、その理由は分からない。

(b) 勧進相撲の取組では麻裃だが、天覧相撲では素袍だった。ただし、最初の16番を裁いた行司は肩衣だった。勧進相撲と天覧相撲では、装束が違う。

(c) 勧進相撲の横綱土俵入りは行司が先導するが、天覧相撲でも同様に行司が先導した。

(d) 勧進相撲の十両土俵入りと幕内土俵入りでは行司は先導しないが、天覧相撲では先導した。勧進相撲では行司が土俵上で蹲踞し、一人で東西の土俵入りを引いた。

(e) 勧進相撲の幕内土俵入りで行司が先導するようになったのは、昭和40年初場所からである。それまでは、行司が土俵の中央で蹲踞し、一人で東西幕内力士の土俵入りを引いた。観客席の方へ顔を向けて立ち始めたのは、昭和27年秋場所である。それまでは、力士は背中を観客の方へ向けて立ち、円陣を作っていた。

(f) 勧進相撲では立行司だけでなく、それ以外の行司も扇子を差さないが、天覧相撲では立行司だけでなく、他の行司も差していた。なぜ扇子をわざわざ差すのかは分からない。扇子が身だしなみの一つなら勧進相撲でも差してよいはずだが、天覧相撲だけに差している。したがって、身だしなみは理由にならない。他に理由があるはずだが、それを記した資料はまだ見ていない。

(g) 勧進相撲では麻裃を着ている場合、横綱土俵入りでは烏帽子を被らないが、素袍に烏帽子で横綱土俵入りを引く場合もときどき見られる。何か「記念」すべきイベントの場合に行なわれる土俵入りに違いないが、どういうイベントがそれに相当するかは分からない。明治43年5月の行司装束改正後には、直垂に烏帽子となったので、横綱土俵入りの装束は取組の場合と同じである。

本章では、事実の確認はある程度できたが、なぜそのような事実になったかは必ずしも分からなかった。事実の背後にある理由づけを記した資料がないためである。もしそのような理由を解明しようとすれば、まず、資料を見つけることである。しかし、そのような資料が見つかるかどうかは分からない。これを求めようとすれば、今後の研究に俟つほかはない。

第4章　行司の黒星と相撲の規定

1．本章の目的

　日本相撲協会寄付行為の審判規則第4条には、次に示すように、行司は必ず東西のいずれかに軍配を上げなくてはならないことが記されている[1]。

> 第4条　行司は、勝負の判定にあたっては、如何なる場合においても、東西いずれかに軍配を上げねばならない。

　勝ち力士に上げた軍配が正しければ、行司はまったく問題なく、勝ち力士に勝ち名乗りを上げる。しかし、土俵下の審判委員や控え力士がその軍配に問題があると判断すれば、「物言い」となる。この物言いは勝ち名乗りを上げる前に行われる[2]。物言いがあれば、審判委員が土俵上で協議し、結論を出す。そ

---

1) 本稿をまとめるに際しては29代木村庄之助と33代木村庄之助にいろいろ教えていただいた。ここに改めて、両親方に感謝の意を表する。
　　軍配を東西いずれかに必ず上げなければならないことを規定に明記したのは、昭和30年5月施行の規定である。それまでは内規として存在していたかもしれない。金指著『相撲大事典』（2002）によると、軍配をいずれかに上げるようになったのは幕末である。幕末以前は勝敗が微妙なとき、頭上に軍配を上げることもあったらしい。因みに、明治33年に初土俵を踏んだ19代式守伊之助は「夏場所軍配談義：立行司座談会」『相撲』（S29.6）の中で「軍配を真ん中へ上げたということは聞かない」（p.74）と語っている。これが正しければ、少なくとも明治33年以降、勝敗の決着で軍配を頭上に上げたといういことはないはずだ。
2) 行司の勝ち名乗りで勝敗は終結する。少なくとも現在はそうである。したがって、その

の結論は、次のいずれか一つである。

(a) 軍配どおり
(b) 取り直し
(c) 行司差し違え

どの結論になったとしても、現在は、審判委員長が土俵下に下りてから発表する。発表の間、行司は向こう正面の土俵溜りで待機している。力士ももちろん土俵下で待機する。発表が終わると、行司と力士は土俵上へ再び上がる。

「軍配どおり」なら、勝ち力士に勝ち名乗りを上げる。「取り直し」なら、行司は「ただいまの勝負、取り直しにござります」という口上を述べる。「行司差し違え」なら、負けとなっていた力士に向かって勝ち名乗りを上げる。この「差し違え」を俗に「行司の黒星」と呼んでいる。「行司黒星」について、金指著『相撲大事典』では、次のように述べている。

「行司が勝負を誤って判定し、敗者の側に軍配を上げること。この行司の判定に審判委員、または控え力士が物言いをつけ、審判委員が協議した後に判定がくつがえされると、差し違えとなる。場内へは正面の審判長が「行司差し違え」を発表し、行司は正しい勝ち力士に軍配を上げ直すことになる。俗称で『行司黒星』ともいう。」(p.121)

相撲の世界では、「行司黒星」という用語はときどき使われるが、その反対の「行司白星」は使われない。その理由は、おそらく、行司が判定を間違えることはめったにないからであろう。ミスだけを強調して、それを「黒星」というのは行司にとって気の毒なことだが、逆に見れば、行司は差し違えをほとんど犯さないということである。十両格以上は一年に90番数を裁くが、黒星があるのはごくまれである。むしろ何もないというのが、普通である。

後、勝敗が逆転することはない。しかし、明治の頃は公式の勝敗とは別に、勝敗の加減を話し合いで決めたこともあるという文献をときどき見ることがある。

黒星にも非常に微妙なものがある。行司もその判断に困ることがあるに違いない。見る角度によっては「勘」に頼らざるを得ない場合もある。また、まったく自信はないが、相撲の流れから判断せざるを得ないこともある。行司は黒星に関して、自分で納得できるものもあるし、できないものもあると、いろいろな文献でしばしば述べてある。現役の行司と語り合ったことがあるが、やはり同じようなことを語っていた。相撲の内容に関わらず、「差し違え」と判断されれば、それは行司にとって黒星であることに変わりない。

　本章では、この黒星のことを扱うが、特に次のことに関心がある。

(a) 黒星数を規定に明文化したのはいつか。
(b) 黒星数はどのように変化してきたか。
(c) 黒星数は位階によって異なるか。
(d) 昭和46年以降の黒星数はどうなっているか。

　一定数の黒星を取ったために行司の席順がどう変わったか、また、黒星の判定を巡って行司と審判委員でどのような意見の違いがあったかなどについては、本章ではまったく触れない。本章で調べるのは、主として、相撲の規定で黒星数がどのように明記されてきたか、また、相撲関連の文献では黒星数がどのように書かれているかなどである。

2. 昭和30年以前の規定

　明治時代から昭和30年までは、行司の昇進は、基本的に、年功序列である。行司の昇降では、確かに、「平素の品行」とか「土俵上の技術」などが考慮されると記されているが、実質は、年功序列で進められてきた。「平素の品行」はどの職種でも適用される一般的なモラルを述べたものであり、その判断は得てして主観的である。「土俵上の技術」はやや具体的であるが、客観的な基準になるものがない。土俵上の所作にしても、どのような基準で評価するのか、具体的なものは何もない。行司黒星は土俵上の技術の一部だが、黒星数につい

ては何も記されていない。

　それでは、行司の昇降に関し、明治時代から昭和30年までの主な相撲規定ではどんなことが書いてあるかを見てみよう[3]。明治時代の規定は、主として、酒井著『日本相撲史』や常陸山著『相撲大鑑』、そして昭和以降の規則は日本相撲協会編『近世日本相撲史』、『国技相撲のすべて』(ベースボール・マガジン社)、相撲協会広報部所蔵の小冊子などを活用した。大正時代の規定に関しては、公刊されている文献を探してみたが、残念ながら、どの文献でも見つからなかった。明治42年と昭和3年の規定を比較すると、それに大きな変化がない。それで、大正時代は明治42年の規則が基本的に生きていたとみなして差し支えないであろう。

(1) 明治22年の「東京大角力協会申合規約」の第12条（『日本相撲史（中）』）には行司の席順について、次のように規定されている[4]。

　　第39条　行司の席順は平素の品行と土俵上の技術により、取締2名、検査役8名の協議を以って上下するものとする。(p.98)

　昇降を決める具体的な基準が明記されていないが、年功序列が基本である。いろいろな文献の記述から判断して、具体的な黒星数もあったらしいが、それは規定では記されていない。

(2) 明治29年5月より実施の東京大相撲協会申合規約（『日本相撲史（中）』）。行司の昇進に関する条文のみを記す。

　　第12条　行司の席順は平素の品行と土俵上の技術とにより、取締2名、検査役8名の協議をもって上下するものとする。(p.141)

　なお、酒井著『日本相撲史（中）』(p.141)には「別本」として次の2つが共

---

[3] 本書では「相撲規則」と「相撲規定」を厳密に区別することなく、同義的に使用している。
[4] 古い時代の相撲規定の引用では、句読点や字句を少し変えることもある。

第4章　行司の黒星と相撲の規定

に記されている。

(a) **第39条**　行司にして勝負を見違えたる者、または平素不勉強なる者は取締、検査役および行司取締協議の上、席順を降下するものとする。

(b) **第39条**　行司にして勝負を見違えたるもの、または平素不勉強なるものは、取締、検査役協議の上、席順を降下するものとする。(p.141)

　この第39条では、黒星数は明記されていないが、誤判については明記されている。つまり、黒星が昇降を決めるとき、重要な要因であることを示唆している。

(3) 明治42年の「大角力協会申合規約追加」(『日本相撲史（中）』）には、次の規定がある。

「行司上下を論ぜず勝負を見違いたるもの、または平素不品行のものは、役員協議の上、席順を降下する。」(p.224)

　「勝負の見違え」は「黒星」のことであろう。つまり、黒星については言及してあるが、その数は分からない。昇降を協議するのは、明治22年には「取締」だったが、明治44年には「役員」となっている[5]。

　酒井著『日本相撲史（中）』には昭和3年、昭和11年、昭和25年の規定が収録されているが、行司の黒星数や昇降に関する具体的な記述はない。すなわち、明治42年の規定が生きている。

　ところが、昭和18年に行司の昇進に関する規約の改正が行われている。それは、『近世日本相撲史（2）』によれば、次のようになっている。

「協会は夏場所中に役員会をひらいて行司の昇進制度について協議した結果、次のように改善することが決定した。行司は従来、年功順次昇進制度

---

[5] 行司の昇降を審議するのは、基本的に、協会の最高機関である。現在では、理事会である。この機関を構成するメンバーは時代とともに変わっているが、これは黒星と関係ないので、本稿では触れない。

を採用してきたが、これからは技量、品位の優秀なる者を特別昇進させて、その格に適応しない者は格下げすることにした。」(p.22)

本来なら、この改正はその後ずっと継続されていてもよいはずだが、どういうわけか、昭和18年だけしか適用されていない。これは、ある特定の行司を特別に昇進させるために規定を改正したのだという話もある[6]。この規約の実行力には問題があるにしても、この記述に言及されているように、行司の昇進は昭和18年まで年功序列だった。昭和18年以降、技量、品位の優秀なる者は特別昇進させるとする改定をしたので、それ以降、それが生きていてもおかしくない。しかし、それ以降の実態を見ると、年功序列だったことは確かだ。

それを裏付ける資料の一つとして、26代木村庄之助は「庄之助一代記（上）」(『大相撲』(S57.11))で次のように述べている。

「当時は（おそらく戦前までは）、十両までは抜擢ということは絶対になく、三段目に何年いたとか、幕下に何年いたとかということで、相撲協会に立行司から願書を出す。それを協会が審議して、いいだろうということになると、ようやく昇進が認められるわけで、よほどのことがない限り、上にいる者を追い抜くことはできないのです。」(p.96)

なお、昇格に関し、面白い話がある。以前は、行司は昇格するとき、時には願い書を提出することもあったらしい。それについて、19代式守伊之助は『相撲』(S33.3)の対談記事「伊之助回顧録（4）」(pp.106-11)で次のように

---

[6] 式守鬼一郎という特定の行司を特進させるために規定を変えたということも言われているが、その真偽は分からない。式守鬼一郎の2階級特進については『大相撲』(S33.2)の「座談会　勝負のかげに」(p.84)にも言及されている。規定は文章化されていたはずだから、それがその後実行力を発揮していないということが不思議である。ある時点でその規定を改定したり廃棄したりしたならば、それは一時的な規定だったとも言えるが、そのような議論がされたという話をこれまで聞いたことはない。一旦決めた規定がうやむやに終わるはずはないので、やはりこの規定についてはもう少し調べて見る必要がある。

第4章　行司の黒星と相撲の規定

語っている。

> 「**大富**：それから昔は本足袋なら本足袋、格足袋なら格足袋に上るときに、『御願』というものを出したわけですね。取締と検査役に対して……。
> **伊之助**：そう。ここに私が本足袋になったときのがありますよ（省略）。お願い。木村玉次郎。右本足袋許可相成り度く、此の段お願い申し上げます。大正4年6月場所、木村庄次郎（印）、式守伊之助（印）、世話役（印）、取締、検査役御中、願の赴き聞き届け候也。役員（検査印）。こういうわけだ。
> **大富**：これは今はないんですか。
> **伊之助**：ありますよ。これは昔から場合場合によるんだ。行司の方から頼む場合もあるし、協会の方からこれこれを今度上げるといってくる場合もあるわけです。同じこっちから上げてくれと頼むんでも庄之助やわたしらで相談して、人数の関係なんかを書き出して、それを協会に持ってって言葉で今度誰々を上げてくれということもあるし、正式に『御願』の文書を出すこともあるし、いろいろだ。
> **大富**：親方の場合には行司一同によって　……
> **伊之助**：ええ。これは旧式な型ですね。まあこのごろはまた元に返ってきて、出すのが多くなってきましたね。
> **大富**：そうですか。」(p. 106)

現在は、三役以下行司の昇進の場合、立行司が理事長にお願いをする。普通は口頭で行う。その昇進は理事会で審議される[7]。

---

7) これは35代木村庄之助に教わった（H24.1.24）。なお、大正10年当時の幕下格以下行司の昇進の手続きについては『夏場所相撲号』(T10.5)の「行司さん物語」(p. 104)に見られる。組織内では先輩行司の権威が幅を利かしていることが分かる。つまり、一定要因を満たしていても、先輩行司の承諾が得られなければ昇進できない仕組みになっている。

3. 昭和30年代の規定

　黒星数を具体的に述べた最初の規定は、昭和30年5月の規定である。その番付編成要領の第8条に次のように4個として明記されている。

> 第8条　行司は、一本場所中に4つの黒星をとれば一枚降下するが、次場所において黒星をとらなかった場合は、番付編成会議の議決を得て旧に復することができる。

　昭和30年までは、黒星数は内規として存在していたか、慣習として受け継がれていた。というのは、多くの文献で黒星を何個取れば降下するということが書いてあるからである。ただその数に関しては異なる記述があり、2個であったり、3個であったり、4個であったりする。さらに、行司の位階に関係なく、どの行司にも一律に適用していたのかがはっきりしない。いずれにしても、昭和30年までは黒星数を明記した規定はなかった。
　昭和30年の規定を見る限り、立行司を除き、どの行司にも黒星4個を適用している。裁く取組数が十枚目格を境にして異なるので、黒星4個は幕下格以下の場合、かなり厳しいものとなる。実際、昭和30年から35年までの序ノ口から三段目までの行司の席順をみると、かなり変動がある。立行司は規定に明記されていないが、黒星を取れば当日に進退伺いを出すことになっているので、4個の適用は事実上名目だけである。
　この4個は一律にどの行司にも適用されたものなので、相撲界の改革の機運が盛り上がっていた当時、武蔵川理事は黒星数について疑問を投げかけている。武蔵川理事は雑誌対談「武蔵川理事に改革を聞く」(『大相撲』(S33.10))の中で、次のように述べている。

> 「鈴木：いままでは『行司の出世は先輩の死を待つ』というのが『行司の出世は定年を待つ』となっただけでは、いかにも消極的です。信賞必罰

を明らかにする必要があります。
武蔵川：そうです。定年だけでは意味がない。今後ははっきり、抜テキ、格下げを行うように考えています。だいたい、今までの格下げというのは、立行司でも序ノ口でも、一場所に4つ黒星をとれば格下げということになっていました。これは非常に矛盾している。立行司は一日に一番しかあわせないのだから、一場所に15番、幼稚園の生徒だって、15番に4番は間違えませんよ。それが序ノ口だと一日に20番もあわせる。行司を50年もつとめたベテランより、坊や行司の方がむずかしいというのだから、おかしかったわけです。

鈴木：差し違えの基準を変えますか……

武蔵川：まだ決めたわけではありませんが、私は立行司1、幕内2、十両2か3、というふうに、差をつけなければならないと思いますね。

鈴木：それに、むずかしいのを間ちがった場合と、簡単なのを間ちがった場合を考慮する必要があるでしょう。

武蔵川：そういうこともありましょうし、土俵上の態度なども大事です。理事と検査役から数人ずつ出して裁定委員会のようなものを作って、行司の勤務評定をやっていくことになると思います。

鈴木：そうすると、毎場所、力士と同じように番付が変わることになりますが……

武蔵川：力士ほどでなくとも、そういうことになりましょうね。

鈴木：それが行司の技術向上につながれば大変結構なことと思いますね。実力のあるものが上位にいき、若返ってくれば、いきおい誤審も少なくなるという勘定ですな。

武蔵川：そうなってほしいですね。また、いままで、行司というのは協会や年寄の用事などをやっていたが、今後はそういうことをしないですむようにして、審判に専念できるようにしていく考えです。」(p. 96)

これは、客観的に見て、常識的なことを述べている。つまり、位階によって裁く番数が違うし、経験も違うのだから、位階によって黒星数も異なるのが自然である。さらに、武蔵川理事は土俵態度なども考慮し、信賞必罰性を導入す

107

べきだとも述べている。武蔵川理事が述べていることは、昭和33年当時は具体化しなかったが、昭和35年1月の規定に反映されている。いずれにしても、昭和30年の黒星数4個は昭和35年5月の規定まで生きていた[8]。

4. 昭和35年1月の規定

　行司の黒星数を一律に適用しないように定めたのが、昭和35年1月の規定である。行司という仕事は軍配裁きだけではないが、黒星数は誰の目にもはっきりすることから、その不公平さを是正したと言ってもよい。
　寄附行為の「行司賞罰規定」の中で、位階と黒星数が明記されている。これは、『近世日本相撲史（4）』に記載されているものである。

> 第1条　三役以上の行司に対しては、賞罰のための勝負誤判数の限定をせず、各自の責任と自覚にまつこととする。
> 第2条　幕内以下の行司に対しては、次の通り勝負誤判数を限定し、該当行司に対し理事会の決議により減俸、番付順位一枚降下、又は引退勧告を行う。但し、序二段以下の行司養成員については、直接上記罰則を適用せず、番付順位の昇降の資格審査の資料とする。
> 　　　幕内行司　　　　勝負誤判数年間通算　9以上の者
> 　　　十枚目行司　　　　〃　　　　　　　　9以上の者
> 　　　幕下行司　　　　　〃　　　　　　　　12以上の者
> 　　　三段目行司　　　　〃　　　　　　　　12以上の者
> 　　　序二段以下の行司　限定しない
> 第3条　行司が一場所全休した場合は、勝負誤判数2として加算する。

---

8) 力士が勝敗で毎場所番付が変わるように、一定の基準の適用で行司の席順も毎場所変更すべきかどうか、意見の分かれるところである。さらに、行司は取組を裁くだけではない。他にもさまざまな仕事をやっている。力士は勝敗で明確な判断ができるが、行司の黒星数は行司職の一面にしかすぎない。他の面も考慮する必要がある。

第4章　行司の黒星と相撲の規定

第4条　従来勝負誤判数の限定により、番付順位を降下された場合、次場所勝負誤判がなかったときは降下前の地位に復元できたが、昭和35年1月場所よりこれを認めない。

　この規定で興味を引くのは二つある。一つは、立行司だけでなく、三役格行司も誤判数を限定していないことである。つまり、各自の責任と自覚に委ねている。もう一つは、誤判数を一場所でなく、年間通算数としていることである[9]。

　立行司は差し違えをすれば、昭和35年までも進退伺いを出すので、誤判数は名目だけであったが、三役の誤判数は名目だけではなかった。実際、黒星4個を取って、それを適用されて降下した三役行司はいないが、数字は生きていたのである。

　昭和35年までは一場所4個だったのが、昭和36年からは年間通算の黒星数になっている。昭和32年にはすでに6場所制になっているので、年間の裁く数はそれだけ多くなっている。

　なぜ昭和35年に三役行司が誤判数を定めず、本人の責任と自覚に委ねるようになったかは分からない。副立行司が34年11月に廃止され、定年制もその年に実施されたが、それと関係があるのかもしれない[10]。三役格は黒星数をまったく問題にしないことは規定で明記されているが、それに関して27代木村庄之助は自伝『大相撲春秋』(H2)の中で、次のように述べている。

> 「私も行司になって30年の年月が経過していた。中略。(昭和：HN) 41年の11月、三役格に昇進の知らせが届いた。立行司の庄之助、伊之助に次ぐ地位である。幕内以下の行司は星（差し違えで黒星）を取っても、番付が下がるだけだが、三役ともなると、本人の自覚に待つという不文律があ

---

9) 行司の昇進を決めるのは、基本的に、年一回である。それは、普通、9月場所までの成績を考慮して決めるので、年間通年の黒星数で評価することになる。
10) 昭和35年には三役格にも草履が許されている。そうしたのは、立行司に事故があった場合、横綱を引く必要があったためである。

る。」(p. 35)

　27代木村庄之助は「不文律」という言い方をしているが、これは明らかに27代木村庄之助の勘違いである。というのは、三役格は誤判数を賞罰に限定せず、各自の責任と自覚に委ねると規定に明記してあるからである。
　行司の黒星数を一律に4個から位階によって異なる数にした理由は武蔵川理事の対談記事でもその背景を伺い知ることができるが、どのような基準で具体的な数を割り出したのかは分からない。地位による黒星数を定めることで、どの行司でも自覚して対処するように促していることは確かだ。
　昭和35年で黒星数を定めたことに関し、その背景を『近世日本相撲史（4）』では次のように述べている。

> 「行司の社会は昭和35年で年功序列で、先輩に不幸があると昇進できるので、赤飯でお祝いするといわれていた。これに反して力士は一番一番に生命を賭けて戦い、その結果はただちに番付面に現れた。これでは勝負を裁く行司のみが緩やかな制度だ、という声が強く、行司にも厳しい賞罰規定が設けられたものである。」(pp. 3-4)

　この規定の黒星数は明確だが、実際の適用となると、かなり厳しい面がある。たとえば、いったん降下してしまうと、降下したままになってしまい、救いの手がまったくない。これは、当事者にとっては酷である。降下するのは仕方ないとしても、敗者復活の道を授けてほしいという行司の声が上がった。理事側もその声に一理あることを認め、規定を一部改定することになった。それを反映したのが、昭和38年1月実施の規定である。

5. 昭和38年1月の規定

　一定数の黒星を取ったために一枚降下し、次の年で救済するように条文を改定したのが、昭和38年1月の規定である。必要な条文だけを次に示す。

第4章　行司の黒星と相撲の規定

　第4条　従来勝負誤判数の限定により、番付順位を降下された場合、翌年勝負誤判数が限定数に達しなかったときは、降下前の地位に復元できる。
　第5条　幕下以下の行司養成員については、番付順位の昇降に勝負誤判数と日常の勤惰を参酌する。行司会にその実査を答申さすこともできる。
　第6条　行司にて特に成績優秀と認めた場合は、理事会の詮衡により、番付順位を特進させることができる。

　昭和35年1月に施行された規定をなぜこのように改正したかに関し、『近世日本相撲史（4）』では次のように述べている。

　「35年1月に設定された行司賞罰規定は年功序列で昇進してきた行司にとっては衝撃で、この緩和を懇請していたものが実現したものであった。」（p. 16）

　つまり、昭和35年の規定では、いったん番付順位を降下されると、翌年、誤判数が一定に達しなくても、元の地位に戻ることができなかった。これはあまりにも厳しいという声が行司から出たので、翌年の成績を勘案して、元に戻れるように改定したわけである。しかし、結果的に、これは年功序列に近い席順を固定するものとなっている。というのは、翌年、勝負誤判数が規定数になる可能性はかなり低くなるからである。実際、昭和38年以降、2年連続で規定の勝負誤判数をしたために、再び昇格できなかったという行司はいない[11]。

11）昭和44年1月号『大相撲』の「相撲協会寄附行為解説⑯」（p. 93）でも、昭和38年の黒星数で地位が下がることはあり得ないと述べている。というのは、いったん降下しても、翌年同じ黒星数と取る可能性はゼロに近いからである。

6. 昭和46年12月の規定

　昭和46年以降の規定は、主として、『国技相撲のすべて』(ベースボール・マガジン社)を参考にしたが、協会広報部では最も新しい規定を見ることができる。昭和46年12月に改正し、47年1月から実施した行司番付編成と行司処罰規定は、次のようになっている。

(1)「行司番付編成」の第13条から第16条

　　第13条　行司の階級順位の昇降は、年功序列によることなく、次の成績評価基準に基づき、理事会の詮衡により決定する。
　　　1. 土俵上の勝負判定の良否
　　　2. 土俵上の姿勢態度の良否
　　　3. 土俵上のかけ声、声量の良否
　　　4. 指導力の有無
　　　5. 日常の勤務、操行の状況
　　　6. その他行司実務の優劣
　　第14条　成績評価は、毎本場所および毎巡業ごとに審判部長、および副部長、巡業部長、指導普及部長、監事が行い、考課表を作成する。考課表の作成は、成績評価基準ごとに加点、減点の方法にて行うものとする。
　　第15条　審判部長および副部長、巡業部長、監事は作成した考課表を理事会に提出しなければならない。
　　第16条　行司の階級順位の昇降は、年1回とし、提出された考課表により、9月場所後の理事会にて詮衡し、翌年度の番付編成を行う。
　　　(後略)

第4章　行司の黒星と相撲の規定

(2) 行司処罰規定の第5条から第7条

> 第5条　著しく成績良好なものは抜擢により番付順位を特進させることができる。
> 第6条　立行司は、成績評価の対象より除外し、自己の責任と自覚に待つこととする。ただし、式守伊之助の名称を襲名したものは、襲名時より2年間は他の行司と同一に扱うものとする。
> 第7条　立行司にして自己の責任と自覚がないと認められたときは、理事会の決議により引退を勧告し、または除名するものとする。

　昭和46年までは行司の昇進は基本的に年功序列だったに違いない。というのは、それまでの黒星数は昇降を左右するほどではなかったからである。しかし、昭和46年を境にして、黒星数だけでなく、他の要素も考慮することになった。これは、一見、客観的なようだが、判断基準が客観的でないため、恣意的な面もある。基準が明確でないのに、恣意的に人生を左右する昇降を判断するのは、判断される行司にとっては酷である。

　26代木村庄之助は「庄之助一代記（下）」（『大相撲』(51.12)）の中で、昭和46年の頃の思い出しながら、次のように語っている。

> 「それまでは、ホシ取る以外はすべて年功序列だったんですね。ホシを取って下げるというのはほんとうはまれで、ないことはないがほとんどないといっていいくらいでした。ところが、これからは行司も、年功序列だけでなく、力がものをいう時代になりました。」(p.103)

　26代木村庄之助自身が伊之助から庄之助に昇格するのに、5場所据え置かれている。これは行司賞罰の規定ができる頃で、その影響である。そのことについて、『大相撲』(S51.12) の「庄之助一代記（下）」で、次のように語っている。

「そのころ、信賞必罰というのができ、その審議をするのが11月の九州場所中ということになり、そのため、私（26代木村庄之助）も5場所伊之助に据え置かれたのです。」(p.102)

　この昭和46年12月の規定は、現在でも、基本的にそのまま生きている。行司の昇降は黒星数だけでなく、他の要素も考慮して理事会で決められる。
　このように、行司の黒星数だけをとって見ても、常に一定していたわけではない。規定に一場所4個として明確に記されたのは、昭和30年になってからである。当時は、一律にどの行司にも適用される4個だったが、昭和35年には位階によってその数が異なっている。昭和35年の規定はあまりにも厳しいので、昭和38年に改定されている。昭和46年には行司の昇降を黒星数だけでなく、他の要素も考慮する規定になっている。そして、その規定は、現在でも基本的にはそのまま生きている。
　昭和46年までは黒星数は行司の昇降を決定する大きな要因だったので、多くの文献でもそれは言及されている。しかし、その数は必ずしも一定ではなく、文献によって2個や3個や4個となっている。それから、その数が適用されている時期も文献によって異なっている。なぜこのような違いがあるかを調べてみたが、未だに明確な答えがない。次に、どのような文献でどんなことが記されているかをいくつか提示したい。

7. 文字資料に見る黒星数

　ここでは、昭和以降の文献で黒星数について言及してあるものをいくつか示すが、その真偽は二つの点ではっきりしない。一つは、その文献で述べてある黒星数が正確かということである。もう一つは、述べてある黒星数は地位に関係なくどの行司にも適用されたかということである。昭和30年以前は黒星の数について述べた「寄附行為」の規定がなく、他の文献でしか分からない。立行司は昔から差し違えをすれば進退伺いを出すことになっていた。問題は三役以下の行司の黒星数だが、その数が地位によって違っていたのか、それとも同

じだったのかである。昭和30年以前はそれを確認できる「寄附行為」の規定はやはりない。

　黒星数が規定で明記されたのは、昭和30年である。しかも、それは一律にどの行司にも適用されたものである。おそらく、それ以前も同じだったはずだ。昭和30年以前に黒星数については、多くの文献で知ることができる。その黒星数は、多くの場合、立行司になった行司が対談や自伝で述べたものである。幕下以下の時代を振り返って語っているが、その記憶が必ずしも確かでない。というのは、黒星数が一定ではなく、行司によってその数が違っている。黒星数は文書で通達されるのではなく、仲間の行司や先輩行司から口頭で聞いているだけであり、その正確な数を知るには規定以外の資料を参考にしなければならない[12]。

(1) 昭和9年1月号『野球界』

「行司の苦心」（木村庄之助）という小見出しがあり、その中で次のように述べてある。

　　「差し違えが三回重なると、席次を一枚下げられる。」

　この3回の黒星が位階に関係なく全員に適用されたかどうかははっきりしないが、当時、3回の黒星によって地位が下げられていたようだ。昭和20年以前はこの3回という黒星数がよく見られる。

---

[12] 実際、行司を辞めた元立行司に黒星数について尋ねても、それを文書で見たことはないと語っている。3個か4個だという記憶はあるが、それをあまり意識したこともないので、正確な数字は分からないという。行司の黒星数は監督や立行司から口頭で伝えられる場合もあったが、毎場所あるいは特定の場所で定期的に伝えられたことはないそうだ。不思議なことに、昭和35年あたりまで序ノ口や序二段の行司は自分たちの席順に関しほとんど気にしていない。黒星は運にも左右されるし、明日はわが身という意識も働いているからかもしれない。実際、下位行司はかなりの番数を裁いている。

(2) 昭和12年11月号『野球界』

「行司も差し違えの黒星を2つもらうと、階級が1つ下がることになっております」(p.171)

　昭和12年当時、黒星2個で降下すると述べてあるが、その数が正しいのかどうかは分からない[13]。2個という黒星数を記述した文献は3個より多くないが、2個が間違っているとは言えない。たとえば、『野球界』(S16.4) の附録『相撲読本』(p.43) もその一つで、黒星2個で1階級下げられると述べている。これはおそらく一場所のことであろう。この黒星数が階級に関係なく、すべての行司に適用されたのかどうかは分からない。確証はないが、おそらく地位に関係なく黒星数2個で階級が下がることになっていたはずだ。この2個という黒星数が正確だったとしても、それがどのくらい続いたのかは分からない[14]。

(3) 藤島秀光著『近代力士生活物語』(S16) ／『力士時代の思い出』(S16)

　昭和16年に出たこの本では黒星数が3個で一枚格下げされるとなっている。

「行司の一番つらいことは勝負の見損ないで、本場所3回見損ないをすると一枚格下げされる。たとえば十両の最下位は幕下に下がり、幕内の最下位は十両に下げられる。それだけ土俵の厳粛と神聖が尊ばれているわけである。三つ星を見損なって格下げされた行司が次の場所一つ見損ないがあっ

---

13) ここでは「階級」が下がると表現されているが、地位としての「階級」ではなく「一枚」降下するという意味であろう。幕内の最下位であれば十両筆頭に下がるはずだが、幕内筆頭が十両筆頭に下がるはずはない。黒星数で地位が降下するというのは、どの時代でも「一枚降下」を意味すると解釈して差し支えないはずだ。本稿では、そのように解釈している。

14) 黒星数は文書化されていなかったため、結果的にあいまいな数になっている。軍配裁きが大変であることを伝えるために、数を少なくしたという見方もあるかもしれない。

第4章 行司の黒星と相撲の規定

ても、たとえ昇進しても自分より上位の行司には上を越せないという鉄則がある。これは行司にとってなかなか辛いことである。」(p.89)

　昭和16年出版の『近代力士生活物語』によると、当時、3個で降下している[15]。昭和12年11月号の『野球界』では2個となっているが、その4年後に3個になっている[16]。これは両方とも正しいかもしれないし、どちらかが間違っているかもしれない。他に確実な資料があるかもしれないが、まだ確認していない。

(4) 昭和17年7月号の『野球界』

　この『野球界』の「豆行司木村宗一君と語る」の中で、次のような記述がある。

> 「宗一：(前略)僕が一場所中に4つ黒星(中略)を取ったとして、僕の次の人が1つも取らない成績だったら、僕はその人に番付を一枚追い越されます。何しろ本場所15日間に、100番近い勝負を見るのですから、全然黒星のない人は珍しいくらいです。この夏場所も僕より一枚上の輝久君は4つ取りましたが、僕も2つ黒星がありましたから、追い越すことはできませんでした。まあ大体一場所に一人か二人くらいずつ、検査役のおめがねにかなったものが、進級していきます。」(p.45)

---

15) 黒星数が3個になったのがいつの時点なのか、明確でない。それを確認する資料もない。昭和18年には4個だったという文献もあるし、昭和30年頃は3個だったという文献もある。黒星数が必ずしも一定でなかった可能性があるが、いつの時点でどのように変わったのか、資料の確認がまだ取れていない。元行司たちにも尋ねてみたが、記憶があいまいだった。正確な黒星数を指摘するには、やはり文献を注意深く調べる必要がある。
16) 『野球界』(S16.12)の「春場所相撲事典(行司の見分け法)」には「行司も差し違えの黒星を二つもらうと、階級が一つ下がることになっている」(p.95)とある。つまり、昭和16年当時には黒星二つがあった可能性がある。二つと三つのうち、どちらが正しいのか、あるいは両方とも正しいのか、今のところ、分からない。

つまり、4個の黒星を取ると下がる。昭和16年の藤島著『近代力士生活物語』では3個だったが、昭和17年の『野球界』では4個になっている。これは豆行司だった木村宗一が語っているので、そう思っていたに違いない。しかし、戦前は3個とする文献がほとんどで、4個とする文献はあまりない。そうなると、この4個は、実際は、間違った数字かもしれない。どの数字が正しいかを判断するには、もっと多くの資料を吟味しなければならない。

(5) 昭和27年10月号の『相撲』

この雑誌の「四代行司座談会：相撲今昔ばなし」の中で、次のような記述がある[17]。

　　　木村正直　「15日間に三番差し違いをやれば、一枚降下するんですよ。」

つまり、一場所で3個黒星を取れば、一枚降下する。木村正直は昭和29年6月号の『相撲』の「夏場所軍配談義：立行司座談会」(p.73)でも同じことを語っている。また、この座談会の記事は、『相撲』（平成13年8月号）の「身内の証言」(22代木村庄之助の巻、その4、番外編)にも、次のように抄録されている。

　　　木村正直　「一場所に3つ黒星をとれば、結局、一枚格下げになり、位置が
　　　　　　　　下がるわけです。」(p.118)

これは行司4人の対談形式の中で語っているので、3個というのは間違いない数字であろう。昭和27年と昭和29年当時は、原則として一場所の黒星3個

---

[17] 昭和26年に副立行司が新しく設けられたが、そのとき、木村玉之助と木村庄三郎が副立行司になった。つまり、昭和27年の月刊誌『相撲』の対談は、副立行司になってから1年後のことである。木村正直は昭和26年9月、三役格草履から副立行司に昇格し、昭和35年1月、式守伊之助を経験することなく、それを飛び越えて23代木村庄之助を襲名した。なお、この副立行司制は昭和34年11月、廃止されている。

第4章　行司の黒星と相撲の規定

で一枚降下したに違いない。

(6) 昭和28年11月の『新版相撲通になるまで』(相撲増刊)

「行司も差し違えの黒星を二つもらうと、階級が一つ下がることになっている。」(p.53)

　この雑誌『新版相撲通になるまで』は昭和28年に出版され、黒星2つで一枚降下すると述べている。しかし、この2個という数字はミスかもしれない。というのは、昭和27年10月号の『相撲』や昭和29年6月号の『相撲』では、3個となっているからである[18]。

(7) 昭和31年1月号の『相撲増刊』

　昭和30年には黒星数を規定で4個とはっきり明記しているので、その後に2個や3個と書いてある文献は間違っていることになる。しかし、実際には、そのような文献がいくつかある。たとえば、『相撲増刊』(S31.1)もその一つである。

「行司は黒星2つで階級が1つ下がる」(p.37)

　この2個は、おそらく、ミスである。というのは、2個という数字は規定にはない。そのような数字には何か根拠があるはずだが、残念ながら、分からない。

―――――――――――――

[18] もし昭和28年当時、2個が正しい数であったなら、行司の位階や場所数などが関係しているかもしれない。行司4名が対談しているのに、2個について何の訂正もないのが気になる。

(8) 昭和32年1月発行の木村庄之助（22代）・前原太郎著『行司と呼出し』

これには次のように述べている。

「現在（昭和32年：NH）、一場所に『黒星4つ』をとると、行司は番付を一枚下げられる規定になっていて、下位の人には間々そんなこともある。」（p.76）

昭和30年の規定にあるように、黒星数4個で一枚降下する[19]。これは規定どおりで、正しい。この記述にもあるように、下位行司は一場所で4個差し違えすることもある。裁く取組数が多いからである。

(9) 昭和33年2月号『大相撲』の「勝負のかげに」（pp.82-7）

この雑誌の「座談会　勝負のかげに」という記事の中で、次のように述べている。

「信夫山：差し違いは4回目から地位を下げられるんだろう。
林之助：元は3回だったが、今は黒星4つ取ったら下がるんですね[20]。
志村：一場所4つで、3つまでは次の場所にかかれば帳消しになるんだね。
林之助：帳消しですが……たとえば4つ取って下がるでしょう。それは自

---

19) 黒星4個は昭和30年5月施行の番付編成要領第8条で確認できる。つまり、一場所に4個の差し違いがあると、格が一枚降下し、次の場所で黒星がなければ、番付会議で元の地位に戻る。つまり、昭和30年から昭和37年頃までは一場所の黒星4個で一枚下がっている。『なんでもわかる相撲百科』（S37.11, p.147）では昭和32年11月の協会規則改正からとなっているが、昭和30年が正しいようだ。
20) （木村）林之助は後の28代木村庄之助である。昭和32年2月当時、行司監督を務めていたらしい。この雑誌記事によると、黒星4個で降格された行司は次の場所、黒星を一つでも取ると降格されたままである。他方、黒星を取らなければ元の地位に復帰する（p.84）。

第4章　行司の黒星と相撲の規定

分より下のその次ですからね。そこで無事であれば、また元へいきますが、その地位で一つでもあれば、上がらないんです。ですから子供でもいやな気持ちがするんですよ。一場所でも自分より下の者のその下で行司するということは、いやな気持ちになりますからね。だから下の方だって一生懸命です。」(p.84)

　この記事によると、降下しても、条件によっては元の位置に復帰することができる。昭和32年当時、黒星一つでも取ると、降下した地位に据え置かれたと述べているが、これが正しいのかどうか、はっきりしない。というのは、一定数の黒星を取らなければ、元の地位に復帰するということを述べているものもあるからである。降下した後で、元の地位に復帰するのには一定数の黒星数であればよかったが、その黒星数がいくつだったかは必ずしもはっきりしない。これはもう少し調べれば分かるかもしれない。

(10)　昭和35年発行の山田著『相撲』

　　「昭和32年までは黒星を本場所3回取ると、一枚格下げされた。昭和33年11月から、一場所中、4個の黒星を取ると、一枚格下げされた。次の場所で黒星を取らなかったら、元に戻った。」(p.191)

　昭和32年までは一場所で3個の黒星を取ると一枚降下され、昭和33年11月からは4個になっている。昭和32年11月に協会規則が改定されたらしい。この規則は『なんでもわかる相撲百科』(S37.11、p.147)でも確認できる。

(11)　昭和38年発行の和歌森著『相撲今むかし』

　この本の中では、黒星2個で格下げされると、次のように述べている。

　　「判定の結果、行司がさしちがえときまると、行司の黒星であり、この星を一場所のあいだに二つとると罰として、格下げされたりする。」(p.203)

121

昭和35年と昭和38年の規定で、黒星数は位階によって異なることが明確に記されている。2個の黒星はどの階級にも適用されない。また、昭和30年の規定では、一律に4個となっている。昭和38年にもなって、規定にない2個がどうして出てくるのか、その理由が分からない。和歌森氏は戦前からの相撲ファンなので、その当時の記憶として2個が昭和38年にもあったのかもしれない。要するに、規定の変更があったことを見落としている。

(12) 昭和41年発行の21代木村庄之助著『ハッケヨイ人生』

これは21代木村庄之助の自伝だが、庄之助になったのは昭和15年5月で、最終場所は昭和26年5月場所である。つまり、庄之助を辞めてから15年後に出版された本である。その中で、昭和38年ごろのことを次のように書いている。

> 「昭和38年1月に改正された行司賞罰規定によると、三役以上の行司には、勝負の誤判（差し違い）数の限定はないが、各自の奉仕と自覚にまつことになっています。しかし、幕内以下の行司に対しては、理事会の決議によって減俸、番付順位一枚降下、または引退勧告を行う、ともあります。」
> (pp.195-196)

ここで述べてあることは昭和35年の規定にもあり、その通りである。昭和46年まで、三役以上の行司は誤判数の限定がなかった。幕下格以下は位階によって誤判数が決まっていた。昭和38年の幕下格以下の誤判数は昭和35年と同じである。

(13) 昭和49年2月号の『大相撲』

この『大相撲』の「19代ゆずりの軍配を握って」の中で、27代木村庄之助は十両格時代に黒星数について、次のように語っている。

第4章　行司の黒星と相撲の規定

「十両時代に3つほど黒星重ねました。4つやったら格下げでしょう。当時、新聞にも出たほどのミスなんです」(p.83)

　27代木村庄之助の十両時代は25年9月から31年3月までで、玉治郎を名乗っていた。昭和30年5月以前であれば、黒星4個で一枚降下されるはずである。この記述によれば、黒星は3個だったので、降下していない。4個の黒星は取っていない。27代木村庄之助の十両格時代、黒星4個を取ったら、一枚降下することになっていたようだ。もし黒星をもう1個重ねたならば、実際に一枚降下したかもしれない。しかし、これは原則であって、必ず降下するとも限らないようだ。というのは、黒星4個取ったとしても、理事会に上げる前にその内の1個を審査の対象から除外することもあるし、4個の中身を吟味することもあるからである。4個の中にはものすごく「微妙な」黒星があり、審判員の中でさえ意見が分かれるものがあるかもしれない。

(14)　昭和57年12月号の『大相撲』

　この雑誌の「庄之助一代記（下）」の中で、26代木村庄之助は若い頃の行司を思い出しながら、次のように語っている。

「三段目、幕下のころはよくミスをやりました。その当時は（幕下の頃までなので、昭和13年ごろまで：NH）今と違って一回の本場所のホシ（黒星―差し違い）を2つ取ると下に落とされるんです。幕下以下は番数が多いので厳しいものでした。まあしかし、黒星といってもやさしいものもあれば難しいものもある。そこは人情といいますか、あれはかわいそうだから下げないでおこうという温情もあったわけです。」(p.102)

　昭和13年頃は黒星2個で一枚降下されていたらしい。昭和12年11月号の『野球界』でも2個なので、この2個というのは確かかもしれない。もし2個が正しいとすれば、昭和16年の藤島著『近代力士生活物語』では3個になっているので、昭和12年から昭和16年の間で変更があったことになる。黒星数が2

個と3個のうちで、どれが正しいかはまだ確認していない。また、昭和12年から昭和16年の間で実際に2個から3個になったのかも確認していない。いずれにしても、2個ないし3個だったことは確かなようである。

(15) 平成6年発行の27代木村庄之助著『ハッケヨイ残った』

これは27代木村庄之助の自叙伝である。その中に、次のような記述がある。

> 「力士は黒星がすべてですが、幕内格以下の行司は年間に9個以上の星（差し違い）を取ると、降格されますし、普段の土俵態度も評価の対象となるので、一番、一番をおろそかにすることができません。」(p. 117)

これは、必ずしも正しくない。というのは、昭和46年以降は黒星だけで一枚降下されることはないからである。他の要素も加味して昇降は決めることになっている。したがって、9個は確かに多い黒星数ではあるが、それだけで降下されるという書き方は正しくないはずだ[21]。しかし、27代木村庄之助が昭和47年までの黒星数について述懐しているのであれば、それは間違っていない。それまでは、昭和38年の規定が生きていたからである。

8. 結　び

本章では、主として、黒星数にテーマを絞って相撲協会の規定や文献などを調べてきたが、結論としては次のようになる。

---

21) 『相撲』(S48.2)の「26代木村庄之助に聞く」(pp. 124-5)にも「現在は年間9番の差し違えで降格」(p. 120)とある。昭和46年の「相撲規定」には黒星の数だけで降格されると言うことは明記されていない。33代木村庄之助によると(H23.11.14)、黒星の数が多ければ他の要素も加味して降格の対象になるかもしれないが、黒星数だけでは降格されないと言う。

(a) 黒星数を規定に明文化したのは、昭和30年である。それまでは、内規として存在していたかもしれない。慣習なら黒星数が一定でなければならないが、そのような証拠は何もない。黒星数は時代とともに変化した可能性がある。

(b) 黒星数は昭和30年には行司に一律に適用されたが、35年以降は位階によって異なった。その黒星数の適用も昭和35年と38年では異なっている。昭和35年にはいったん降下すると、そのままそれが継続したが、昭和38年以降はいったん降下しても、翌年一定数の黒星を取らなければ、旧の位置に戻れるようになった。

(c) 昭和46年以降は行司の昇降を黒星だけで決めるのではなく、いくつかの要素を加味して判断するようになった。したがって、黒星を多く取ったからと言って、それだけで降下されることはない。昭和46年の規定は、現在でも、そのまま生きている。

　黒星はその内容にかかわらず、黒星であるが、もちろん、黒星にはその内容に関して程度の差があることも事実である。明らかな黒星もあれば、微妙な黒星もある。明らかであれば、審判委員全員が同じ判断をし、行司も納得する。勝負を見る位置がたまたままずかったかもしれないし、勘違いしたかもしれない。
　微妙な黒星となると、審判委員の中でも意見が分かれるかもしれない。その場合は、審判委員全員が同じ判断になるとはかぎらない。自分の控えている位置で勝負が決まったとしても、動きの早い相撲では判断が必ずしも正しいとはかぎらない。ほとんど同体であれば、どっちが先に落ちたか、判断に迷うことだってあるはずだ。
　ビデオを参考にして、勝敗を判定することもあるが、それでも判定としては「軍配どおり」、「取り直し」、「差し違え」の三通りがある。いかなる相撲であっても、行司に東西いずれかに軍配を上げなければならない。「取り直し」という判定は、行司にとって不利だと言ってよい。もし審判委員の中に判定で

意見が分かれたら、行司と同じように、間違った判定をした委員にも何らかの罰則を設けるくらいのことがあってもよい。このような罰則を設けると、率直に意見を述べることが難しくなるという意見もあるが、微妙な相撲の判定で行司だけの責任を問題にするのはやはり改善すべきであろう。しかし、この黒星の内容に関する議論は、本章の問題とは異なるので、できるだけ触れないようにした。

　黒星のことであまり世間に知られていないことを記しておく[22]。それは、土俵上では行司の差し違えで「黒星」となっているが、実質的には不問に付すものである。すなわち、場内では「行司差し違え」と発表されるが、「黒星」として正式には表記されないということである。したがって、行司もそれを自分の「黒星」とはまったく思っていない。

　そのような「黒星」の例としては、髷を引っ張って勝った力士に軍配を上げるものである。髷を引っ張ることは反則である。行司はそれを見たとき、即座に勝敗を決めてもよさそうだが、最終的に勝負が決まるまで軍配を上げない。その理由は、行司は反則の判断をしないからである。反則の有無は、審判委員が判断することになっている。もし反則した力士が勝った場合、審判委員は「物言い」をつけ、反則した力士を「反則負け」とするのである。このような反則負けの「行司差し違え」は「黒星」にならないという内規があるという。

　テレビ観戦などをしていると、髷を引っ張っているのが明らかなのに、行司はそ知らぬ顔をして髷を引っ張った力士に軍配を上げることがある。何を見ているのだと言いたくなる人もいてもおかしくない。実際、ときには協会に電話して苦情を言う人もいるそうだ。しかし、それは、実は、行司の職務としてそのような取り決めがあるためである。行司は反則の判定をするのでなく、勝負の判定をするのである。反則の有無は、審判委員が決めるのであって、行司が決めるのではない。

---

22) 反則相撲の黒星が行司の黒星にならないことは、平成17年の9月場所中、行司部屋で33代木村庄之助に教えてもらった。これを文献で見たことはなかったので、間違いがないかを確認した。そのような話し合いになっているということだった。なお、反則による黒星については拙著『大相撲行司の世界』(2011) にも取り上げてある。

第5章　草履の朱房行司と無草履の朱房行司

1．本章の目的

　現在の三役格行司は草履を履く[1]。短刀も原則として差さない。三役格が短刀を差すのは立行司に支障があり、その代理を務める場合だけである[2]。横綱土俵入りでは短刀を差すが、取組を裁く場合は差さない。これは昭和35年1月場所から実施されたものである。それでは、それ以前はどうだっただろうか。文献を調べてみると、朱房だけが同じで、それ以外には、次に示すように、違いがいくつかある。

(a) 朱房の中に草履を履ける行司（つまり、草履の朱房行司）と草履を履けない行司（つまり、無草履の行司）がいた。
(b) 草履の朱房行司は短刀を差すこともできた。

---

[1] 現在の立行司や三役格行司に関する「しきたり」などについては29代木村庄之助、35代木村庄之助、三役格の式守錦太夫に細かいことまで教えていただいた。昭和2年春場所以降、三役格行司が草履を履いていない証拠となる写真や映像に関しては多田真行さんに随分お世話になった。多田さんは写真を見たり、録音テープを聴いたりするだけで、行司名を判別できる才能の持ち主である。お世話になった方々に、改めて感謝の意を表する

[2] 三役格行司に支障があり、幕内格行司が代理を務めることがあるが、幕内格は草履を履くこともないし、塵浄水で軍配の端を片手で支えることもしない。つまり、幕内力士の取組を裁くのとまったく変りない。たとえば、平成21年5月場所3日目、幕内筆頭の錦太夫は把瑠都（関脇）と鶴竜（小結）の取組を裁いたが、幕内力士の取組を裁くのと何も変わっていなかった。把瑠都は平成22年5月場所、大関に昇格している。

(c) 草履の朱房行司は三役力士に対応するが、無草履の朱房行司は「幕内力士」に対応した。
(d) 草履の朱房行司は「関脇」に、無草履の朱房行司は「小結」に対応した。
(e) 朱房行司はすべて三役力士に対応した。

このように、朱房行司の記述は草履や帯刀だけでなく、対応する力士に関しても一定していない。どれが真実なのかが必ずしもはっきりしないのである。

本章では、昭和35年1月場所以前の朱房行司を対象にし、主として、次の点にポイントを絞り詳しく見ていきたい。

(a) 草履の朱房行司と無草履の朱房行司はどの力士に対応するか。
(b) 朱房行司はすべて草履を履き、帯刀できたか。
(c) 草履を許されたら、同時に帯刀も許されたか。
(d) 朱房行司は相撲の規約ではどのように規定されてきたか。
(e) 昭和2年春場所から昭和22年6月までの三役格行司は草履を許されたか。
(f) 昭和22年6月以降、三役格行司はすべて草履を許されたか。

明治30年以前の朱房以上の行司については資料が乏しいので、それ以降の行司を主として対象とする。なお、本章の末尾には三種類の資料が掲載されている。

資料 (1): 頻繁に使用する用語について簡単な説明がしてある。
資料 (2): 大正末期までに朱房と草履が許された行司の年月を示してある。
資料 (3): 昭和2年春場所から昭和34年秋場所までの三役格行司が草履を履いていなかった証拠となる写真や映像の出典を示してある。

2. 朱房行司と対応する力士

　明治30年代の朱房行司は二通りに分けられる。一つは草履の朱房行司であり、もう一つは無草履の朱房行司である[3]。しかし、多くの文献では、次に見るように、二通りの朱房行司があることを述べていない。無草履の朱房行司は「幕内格」だと捉えていたために敢えて述べていないのか、他に理由があるために述べていないのか、その辺の事情がはっきりしない。理由がどうであれ、無草履の朱房行司は草履の朱房行司と同様に、房の色は「朱」である[4]。

・　三木・山田著『相撲大観』（M35）

> 「行司の格式はその用いる団扇の房色によって区別する。その足袋免許となると同時に用いる房は青白の交ぜ房にして力士の幕下十枚目（つまり十両：NH）に相当し、次に進級すれば紅白の交ぜ房を用い幕の内力士に相当し、次に進級すれば紅房を用い三役力士に相当する。紫房は先代木村庄之助が一代限り行司宗家、肥後熊本なる吉田氏よりして特免されたるものにて現今の庄之助および瀬平もまたこれを用いるといえども、その内に1, 2本の白糸を交ぜてある」（p.300）

　この記述によれば、朱房行司はすべて三役力士（つまり関脇と小結）に対応する。朱房行司の草履と短刀に関しては何も述べていないので、それらについて知るには他の資料に当たらなければならない。実際は、草履を履ける行司と

---

[3] 何を基準に草履の朱房行司に昇格させたのかにも関心があるが、本章ではそれについては何も触れない。その基準が、実は、何も分からないのである。根拠のない推測だが、小結以上の取組を草履の朱房行司が十分に裁けるように、その数に見合う草履の朱房行司を確保していたかもしれない。そうすれば、無草履の朱房行司は幕内力士の取組を裁くことになる。実際、無草履の朱房行司が三役力士の取組を裁くことはめったにない。
[4] 本章では「朱」を主として使用するが、文献によって「緋」、「赤」、「紅」などが使用されている。

そうでない行司がいた。草履の有無に関係なく、朱房行司はすべて「三役力士」に対応していたのだろうか。無草履の朱房行司は「三役力士」に対応するのか、しないのか、その辺のことがはっきりしないのである。明治期から大正期の新聞記事や相撲の本には、朱房行司に関して異なる記述がいくつかある。
・『時事』(M38.1.22)の「大相撲見聞録（行司の番付）」

> 太刀・草履・紫房：庄之助、瀬平、伊之助
> 足袋・朱房：「草履」庄三郎
> 足袋・朱房：「無草履」庄太郎、進、小市
> 本足袋・朱白房：朝之助、与太夫、勘太夫、宋四郎、錦太夫、錦之助、角次郎、左門
> 格足袋・青白房：吉之助、庄吾

短刀（つまり太刀）は立行司だけに許されている。当時、足袋を履く行司を「足袋」、「本足袋」、「格足袋」という3つに分けて呼んでいたかどうかは定かでないが、「朱房」行司は「三役格」行司に相当すると見てよい。朱房行司は草履を履く・履かないにかかわらず、「足袋・朱房」として一つのグループに分けられている。庄三郎は草履を許されていたが、庄太郎、進、小市は許されていない[5]。この記事の「朱房」行司は行司の中で地位を区分しているだけであって、その地位がどの力士に対応しているかは必ずしも定かでない。本足袋・紅白房が「幕内力士」に対応するならば、「朱房」はその上位の「三役力士」に対応すると見るのが妥当である。しかし、この見方は必ずしも妥当でないかもしれない。というのは、明治末期に次のような記事があるからである。
・『東京日日』(M44.6.11)の「行司の一代―10代目式守伊之助談」

---

5) 庄三郎は明治37年夏場所（『都』(M37.5.29)）、庄太郎は明治38年夏場所（『読売』(M38.10.11)）、進と小市は明治39年春場所（『やまと』(M39.1.21)）、それぞれ、草履を許されている。なお、朝之助は明治44年6月に草履を許されている（『読売』(M44.6.25)）。

第5章　草履の朱房行司と無草履の朱房行司

「横綱、大関と等しいものは紫の房を持った立行司で、朱房で福草履が三役同様で、朱房および紅白房は幕内で、青白は格足袋と言って、力士ならば十枚目までの関取分というのと同じです」

次の記事も内容的には同じである。
・『都』（M44.6.17）の「行司になって四十四年―10代目式守伊之助談」

「（前略）横綱・大関と同格なのは立行司で、軍扇は紫房を持っております。朱房で福草履を履いているのが、三役と同格で、朱房と紅白房は幕の内、青白房は格足袋と言って、力士ならば十枚目までの関取分というのです。」

これらの記述に基づくと、朱房行司は二つに分かれている。つまり、草履の朱房行司は「三役力士」に対応するが、無草履の朱房行司は「幕内力士」に対応する。これは、次のように表すことができる。
・朱房行司と対応する力士
　(a) 草履の朱房行司　　　　三役力士（関脇・小結）
　(b) 無草履の朱房行司　　　幕内力士（前頭）
　(c) 紅白房行司　　　　　　幕内力士（前頭）

無草履の朱房行司は、もちろん、幕内力士の上位に対応していたはずだ。しかし、前頭の何枚目までがそれに対応するかは決まっていなかったに違いない。さらに、次に記すように、「紅白房行司」と「無草履の朱房行司」を共に「本足袋」として記述してあるものもある[6]。
・『中央』（M44.6.13）の「行司の養成」

　(a) 立行司：木村庄之助（紫）、式守伊之助（紫白）、木村進（紫白）
　(b) 立行司格：木村誠道（朱房）＜以上が草履＞

---

6) 明治30年以降の行司の番付と房の色については、拙著『大相撲行司の世界』（2011）の「明治30年以降の番付と房の色」でも詳しく扱っている。

131

(c) 本足袋：木村朝之助（朱）、式守与太夫（朱）、式守勘太夫（朱）、式守錦太夫（朱）、木村大蔵（朱）、木村角次郎（朱）、木村庄吾（朱）、木村清治郎（紅白）、木村左門（紅白）、木村善明（紅白）＜以上幕内格＞

(d) 格足袋：木村留吉（青白）、木村鶴之助（青白）、……

　草履の朱房行司・木村誠道（2代目）は「立行司格」となっているが、朱房行司なので「三役格」である。立行司は紫房か紫白房である。木村進は房の色が紫白なので、「准立行司」である。木村朝之助から木村庄吾までの行司は「無草履の朱房行司」だが「本足袋」であり、かつ「幕内格」である[7]。無草履の朱房行司と紅白房行司は共に「本足袋」なので、「幕内力士」に対応することになる。

　次の記述でも、朱房行司に関する限り、同じことが当てはまる。

・『時事』（M44.6.10）の「相撲風俗（8）―行司」

「（前略）十両は青白、幕内は緋白と緋、大関格は紫白、横綱格は紫というように分類されている。それから土俵上で草履を穿くことを許されるのは三役以上で、現在の行司では朱房の誠道と紫白の進と紫房の庄之助、伊之助の二人である。草履の下が足袋で、それも本足袋に格足袋とがある。本足袋は緋白の総で幕内格、格足袋は青白の総で十両である。」

　この記述に従うと、幕内格行司の中に朱房行司力士と紅白房行司がいることになる。誠道は朱房だが草履格なので、三役格である。したがって、誠道は「三役力士」に対応する。しかし、他の朱房行司は「幕内格」である。朱房であっても、草履を履いていないからである。

　このように、無草履の朱房行司と紅白房行司は共に「幕内力士」に対応するが、何枚目までの前頭（力士）が無草履の朱房行司に対応するかは不明瞭であ

---

7) 本章では「本足袋」は「幕内格行司」に対応するものと捉えている。したがって、「格足袋」は十両格行司である。

132

る。対応するのは、おそらく、前頭の「上位」といった漠然としたものであろう。

　また、朱房行司が三役力士に相当し、紅白房行司が幕内力士に対応するという文献もある。たとえば、その一つに『一味清風』がある。

- 綾川五郎次編『一味清風』(T3)

　「**紅白の総（本足袋）**：足袋の行司がさらに出世すると、今度は団扇の総が紅白になる。力士の幕の内に相当する格式があって、もうこうなれば押しも押されもせぬ堂々たる行司である。

　緋総：本足袋行司が更に出世して緋総となる。即ち団扇の総が緋となるのである。これは力士の三役に相当する格式であって上草履を履いて土俵へ上り、木刀を帯することができるのであるから、行司としての貫録は初めてまったき次第となる[8]。」(p.195)

これと同じ内容の記述は、他にも多く見られる。そのいくつかを参考までに示す。

- 栗島狭衣著『相撲通』(T3)

　「（前略）本足袋という格になって力士の幕内に相当するようになると、房も紅白となり、それからさらに進んで、全くの朱房となり、（中略）力士の三役格と同様であって、行司でも立派な出世になるのである。朱房の格に入った以上は、上草履を履いて土俵へ上り、木刀を帯することができるのであるから、行司としての貫録は初めて備わる次第であるのだ。」(pp.63-4)

- 上田正二郎編『学生紳士相撲の取方と見方』(T6)

---

[8] 『一味清風』(T3)には、十両格以上の行司の帯刀についてはまったく言及されていない。帯刀に関しては、三役格行司が帯刀できるとしている。

「紅白の房」：足袋の行司がさらに一階級進むと、房が紅白になり幕内格。
「朱房」：力士の三役に相当するもので、こうなると上草履を許されるのみでなく、木刀を帯することができる。」(pp. 66-7)

ところが、朱房行司はすべて「三役力士」に対応するという記述もある。
・『夏場所相撲号』(T10.5) の「行司さん物語」

「(前略) それから数年を経ますといよいよ本足袋と称して幕の内なり紅白の房を用いるようになり、(中略) 今度はいよいよ三役並みとして小結の格式がつき、軍扇の房も紅白でなく朱房を許されるようになり、巡業中の汽車は二等でありまして、旅館その他の待遇からすべてにおいて一変してきまして、(中略) 現在ではこの小結の位置にいるのが、庄三郎、瀬平、左門の三名であります。それから関脇格になりますと、いよいよ土俵で草履が許され、軍扇には朱房を用いますが、格式は一段上がってきまして、(中略) 現在この位置におりますのが、不肖等三名（与太夫、勘太夫、錦太夫）と大蔵でありまして、(後略)」(pp. 104-5)

これは当時現役だった「草履の朱房行司」3名連記の記事である。当時の行司階級、待遇、体験などについて具体的に語っている。たとえば、草履の朱房行司と無草履の朱房行司の数や名前などは事実と一致する。行司本人が語ったことを記事にしてあることはすぐ分かる。この記事によると、朱房行司には二通りある。一つは、草履の朱房行司である。これは「三役格」で、関脇に対応している[9]。もう一つは、無草履の朱房行司である。これは「三役並み」で、小結に対応している。朱房行司は共に「三役力士」に対応するが、対応する力士が異なる。すなわち、「関脇」と「小結」の違いである。重要なことは、無草履の朱房行司が「幕内力士」に対応していないことである。これは図式化す

---

9) 無草履の朱房行司を「三役格行司」としてズバリ表現していないが、前後の文脈から「三役格行司」であることは間違いない。具体的には、無草履の朱房行司は「小結」に対応している。「小結」は関脇と共に「三役力士」である。

第5章　草履の朱房行司と無草履の朱房行司

ると、次のようになる。
・朱房行司と力士の対応関係
 (a) 草履の朱房行司（三役格）　　関脇（三役力士）
 (b) 無草履の朱房行司（三役並み）　小結（三役力士）
 (c) 紅白房行司　　　　　　　　　幕内力士（前頭）

　この記事が事実を述べているならば、朱房行司と力士の対応関係は明治40年代から大正10年の間に変化したことになる。それは事実を正しく反映しているだろうか。行司と力士の対応関係は、おそらく、明治30年代から大正10年頃まで変わっていないはずだ。そうなると、「無草履の朱房行司」が「幕内力士」に対応するという記述はどのように解釈すればよいのだろうか。しかも、新聞記事の場合、「立行司」自身が直に語っているのである。立行司や草履の朱房行司は上位にあり、経験も豊かなので、行司の階級だけでなく、行司に対応する力士の関係も熟知している。行司が語っていることが正しければ、時代の経過と共に「朱房行司」に対する考え方も少し変化したかもしれない。
　草履の朱房行司3名が語っていることを裏付けるような資料がある。たとえば、大正初期の取組で、無草履の朱房行司が小結や関脇の取組を裁いている例がある。そのような取組を参考までにいくつか示す[10]。

(a) 大正3年5月場所初日、『角力世界』（T3.9、p.3）
　　大蛇潟（関脇）と千年川（前頭10）の取組。行司・木村庄三郎

(b) 大正3年5月場所四日目、『角力世界』（T3.9、p.3）
　　玉手山（小結）と両国（前頭14）の取組。行司・木村庄五郎

(c) 大正4年1月場所初日、『角力世界』（T4.3、p.13）
　　綾浪（関脇）と鳳（大関）の取組。行司・木村庄三郎

---

10) 『角力世界』（T3.9／T4.3／T5.2）には取組をいくつか取り上げ、力士名、検査役名、行司名を挿絵に記してあるので、力士と行司の地位を別の資料で確認できる。

135

(d) 大正4年1月場所六日目、『角力世界』（T4.3、p.13）
四海波（小結）と柏戸（前頭10）の取組。行司・木村庄三郎

　行司は自分と同じ地位か低い力士の取組を裁く。それは大正初期でも現在でも当てはまるはずだ。木村庄三郎と木村庄五郎は無草履の朱房行司だが、小結だけでなく、関脇と大関さえも裁いている。なぜ木村庄三郎が一段上の大関を裁いているかははっきりしない。もしかすると、上位行司に何らかの支障があったかもしれないと思って調べてみたが、そのような支障があったとは認められなかった。理由ははっきりしないが、何らかの理由があったに違いない。
　大正3年と4年の取組で、無草履の朱房行司が三役力士の取組を裁いていることから、これらの行司は三役力士に対応していたと判断してよい。それでは、なぜ明治末期の新聞記事で無草履の朱房行司は「幕内力士」に対応するとなっているのだろうか。これについては明確な答えがないが、一つの説明はできる。当時は力士数が少ない割に、草履の朱房格以上の行司が多かった。つまり、取組数が少なく、裁く取組数も少ないのに、行司数が多かった。そうなると、無草履の朱房行司は自分と同等の力士の取組をなかなか裁けなくなる。自分より下位の力士の取組を裁かざるを得ない。それが普通の状態だったのではないだろうか。たまたま上位の行司が休場した場合だけ、三役力士の取組を裁くことができたのである。
　後で見るように、昭和11年5月までの相撲規定によると、無草履の朱房行司は「幕内格」である。これを加味すれば、無草履の朱房行司は規定上「幕内格」だが、実態は「三役格」として処遇されていたかもしれない。実際、無草履の朱房行司は大正初期の3,4年にはすでに三役力士の取組を裁いている。行司は原則として自分と同じ階級の力士の取組を裁く。自分より上位の力士を裁くことはない。一場所だけであれば、上位行司が休場したための代役だったと説明できる。しかし、何場所もそのような取組があり、複数の行司がそれを裁いていたとなると、代役だったという説明は不自然である。しかも、『夏場所相撲号』（T10.5）によると、無草履の朱房行司は「小結」に対応している。これは、明らかに、無草履の朱房行司が当時すでに「三役格」として処遇されていたことを示している。このような証拠から、無草履の朱房行司は実質的に

「三役力士」に対応していたと判断してよい。

ただし、昭和11年5月の相撲規定にあるように、無草履の朱房行司は名目上「幕内格」であった。つまり、名目上は「幕内格」だが、実質的には「三役力士」に対応していたわけである。そうでなければ、大正3,4年の頃、無草履の朱房行司が三役力士の取組を裁けるはずがない。明治時代であれ大正時代であれ、規定上、無草履の朱房行司は「幕内格」だった。しかし、昭和14年5月の相撲規定では、朱房行司はすべて「三役格」として明記されている。

3. 朱房行司と三役力士

昭和初期の文献に限定し、朱房行司がどのように記されているかをいくつか見てみよう。

(a) 『春場所相撲号』(S4.4) の「速成相撲大通」

「(前略) 紫と紫白と朱房の上位とが草履を履いて土俵に上がることが許され、帯刀御免です。朱房で草履を履いているのは三役格です。草履の履けない朱房と紅白房は幕内格、緑白房は幕下十両格で、紅白以上を本足袋とし足袋を履くことを許され、(後略)」(p.44)

この記述によると、草履の朱房行司は「三役格」だが、無草履の朱房行司は「幕内格」である[11]。昭和4年当時、朱房行司を「幕内格」と呼んでいたのかどうかは定かでない。この記述は事実に反している。というのは、昭和2年春場所からはどの朱房行司も草履を履いていないからである[12]。これは、明治末

---

11) 草履を履けない朱房行司が「幕内力士」に対応するというのは、明治40年代の新聞記事でよく見られる。しかし、昭和2年春場所以降、朱房行司は基本的に草履を履いていない。したがって、朱房の行司を草履を履ける行司とそうでない行司に区分するのは、昭和2年以降は正しくないことになる。
12) それを示す証拠は本章末尾の資料 (3) に示してある。

期の新聞記事などを参考にして書いたのかもしれない。

(b) 『相撲道』(S9.5) の「行司の修練と見識」[13]

「行司も数年の幕内時代を経過すると、三役並として、小結の格式が付き、軍扇の総も朱総を許される。それから関脇格になると、軍扇はやはり朱総を用いるが格式は一段上で、土俵では草履を許され、本来なれば帯刀するのが正当であるが、現今では、これを略している。」(pp. 15-6)

この記述の中に「本来なれば」とあるが、これが何を意味するかは分からない[14]。いずれにしても、これはもともと帯刀が許されていたことを示唆している。明治43年5月の装束改正時に十両格以上には帯刀が許されていた。もしかすると、明治30年代初期までは、立行司と同様に、草履の朱房行司にも帯刀が許されていたかもしれない。いつの時点で草履の朱房行司が帯刀を許されたのか、今のところ分からない。

(c) 小泉葵南著『昭和相撲便覧』(S10)

「朱房：本足袋の行司がもう一層出世すると緋房になる。言うまでもなく軍配の総が朱となるのである。これは力士の三役に相当する格式であって、上草履をはいて土俵に上がり、腰に木刀を帯することができるのであるから、行司としての貫録がはじめて完全するわけである。」(pp. 39-40)

この記述によると、朱房行司は全員「草履を履き、木刀を帯する」ことになっているが、昭和10年代にはそのような事実はない。

---

13) これと同じ内容の記述は、『角界時報』(S14.6、p.7) にもある。
14) もしかすると、草履を許されると同時に帯刀も許されるという古い「しきたり」があったかもしれない。この「しきたり」に関しては、瀬平が『読売』(M30.2.15) で語っている。そのような「しきたり」があったのかどうかは必ずしもはっきりしない。

第5章　草履の朱房行司と無草履の朱房行司

(d)『角界時報』(S14.6) の「行司の苦心物語」

「行司も数年の幕内時代を経過すると、三役並として小結の格式がつき、軍配の総も朱総を許される。それから関脇格になるとやはり朱総を用いるが、格式は一段上で土俵では草履を許され、本来なれば帯刀するのが正当であるが、現今ではこれを略している。
朱総の次にくるものは紫白および紫の総で格式を表す大関横綱で、行司の階級では最上級に当たる栄位であって、吉田司家の故実門人となり、特に司家より免許状を付与されるのである。」(p. 7)

(e) 加藤進著『相撲』(S17)

「最高の木村庄之助は紫で横綱格、次の式守伊之助、木村玉之助の二人は紫の中に白が交じっていて大関格、次が赤で三役格で以上は木刀を差し、上草履を用いることを許されている。以下赤白が幕内格で本足袋、青白が十両格で格足袋と呼ばれて共に足袋を許される。」(p. 173)

　昭和2年以降では、三役格行司は三役力士に相当しているが、草履を履いていないし、帯刀もしていない。

4. 短刀を差せる行司

　明治時代以降でも立行司は短刀を差しているが、三役行司も同様に差すことができただろうか[15]。多くの文献では、朱房行司は草履も履けるし、短刀も差せると述べている[16]。これは、条件によって真実だとも言えるし、そうでない

---

15) 短刀が立行司に限定されたのは、明治9年3月の廃刀令後ではなく、それからしばらく経った明治12年か13年頃である。
16) 塩入編『相撲秘鑑』(M19) に「朱房行司は草履を履き、短刀を差す」(p. 30) という趣

とも言える。

　朱房行司には草履を履ける「草履格」とそうでない「幕内格」がいた。短刀が差せるのは、「草履格」である。しかし、常に無条件で短刀が差せたわけではないはずだ。横綱に支障があり、横綱の代理を務める場合だけである。これは、現在の三役格の場合も同様である[17]。短刀が原則として立行司の特権であったことは、次の記述でも明らかである。

(a)『読売』(M43.5.31) の「直垂姿の行司」

「以前は立行司だけが小刀を帯したが、今度は足袋以上は鎧通しは左前半に帯することになる。」

(b)『時事』(M44.6.10) の「相撲風俗（8）―行司」

「（前略）脇差であるが、これはもと紫白房以上でなければ許されなかったものであるが、最近その服装を鎧下の直垂に改めてからは足袋以上に佩かせることとなった」

(c)『無名通信』(T4.5) の「行司の給料と呼出の修業」[18]

　　旨のことが述べられている。これは当時の「立行司」を意味している。しかし、明治19年当時でも朱房行司の中に草履の行司とそうでない行司がいた。瀬平は明治15年7月に朱房を許されたが、同時に草履も許されたわけではない。草履を許されたのは、明治18年7月である（小池 (89)、p.159）。明治17年3月の天覧相撲に許され、免許が明治18年7月に授与されたかもしれない。また、草履を許された行司でも「立行司」にならなかったものもいた。したがって、帯刀もできなかった。

17) 先に『時事』(M38.1.22) でも見たように、明治38年当時はすでに、短刀は紫白の「立行司」だけに許されている。草履を履いていても朱房行司は短刀を許されていない。たとえば、木村庄三郎は明治38年春場所、朱房で草履を履いていたが、短刀は許されていない。
18) この記事では、さらに、「序ノ口から序二段目までが黒の房で、幕下格が青の房」(p.69) となっている。大正4年当時、幕下格以下で階級による房の色が区分けされていたかどうかは不明である。これに関しては、拙稿「幕下格以下行司の階級色」『専修経営

140

第5章 草履の朱房行司と無草履の朱房行司

「脇差は足袋以上にならぬと佩用する事ができないもので、以前袴を着けていた時代には、紫白染分けの房すなわち大関格以上でなければ佩用する事ができなかったが、袴が、鎧下の直垂に改められてから足袋以上、すなわち十両から幕の内格の行司なら、その佩用を許されるようになった。」(p. 69)

　明治43年5月の装束改正までは、熨斗目麻裃を許された「立行司」だけが短刀を差すことができた。房の色は必ずしも問題ではない。横綱土俵入りを引く最低の条件は、草履を履いていることである。しかし、短刀を差すには、「熨斗目」という条件がある。それを許されない行司は、短刀を差せない。したがって、「熨斗目」は横綱土俵入りの条件ではないのである。たとえば、4代式守与太夫は明治31年春場所、9代式守伊之助を襲名したが、そのときは朱房のままだった[19]。その当時は、地位としての最高色は「朱」であり、紫白は一種の名誉色だった。つまり、紫白でなくても「立行司」になれた。式守伊之助（9代）は草履を許されていたからである（『中央』(M31.1.17)）。式守伊之助（9代）には明治34年4月、熨斗目麻裃朱房免許が授与されている（『読売』(M34.4.8)）。これは形式的な許可であり、実質的にはそれ以前から使用していた。「熨斗目麻裃」は立行司に許されたシンボルである。
　行司にはもう一つ、上草履格にない着用具がある。それが「短刀」である。9代式守伊之助が短刀を差せたのは、立行司として「熨斗目麻裃」を許されていたからである。この「熨斗目麻裃」を許されたら、自動的に「短刀」も差せる。立行司としての免許状には房の色と熨斗目麻裃のことは書いてあるが、短刀については何も述べていない。これは、慣習だったに違いない。
　さらに、草履格と立行司とではもう一つ異なる特徴がある。たとえば、6代

　学論集』(2007) ／『大相撲行司の伝統と変化』(2010) にも少し詳しく触れている。
[19] この与太夫は春場所より草履を許されている（『中央』(M31.1.17)）。このとき、立行司としての「熨斗目麻裃」を授与された可能性がある。9代伊之助を襲名することが決まり、横綱土俵入りを引いたからである。したがって、この春場所から短刀も差すことができたはずだ。もちろん、当時、この伊之助の房の色は「朱」だった。紫房が許されたのは、明治37年夏場所である（『都』(M37.5.29)）。

木村庄三郎は明治37年夏場所、草履を許されている（『都』(M37.5.29)）。このときまでは、朱房だった。その翌年、つまり明治38年夏場所から「立行司」になり、紫白房と熨斗目麻裃を許されている（『時事』(M38.5.15)）。新立行司はおそらく、それ以降「短刀」を差すことができたに違いない。「紫白房」は当時もまだ「名誉色」であり、立行司の階級色ではない。ただ明治31年以降、「真の」立行司は、基本的に、紫白房を授与されている。例外は、9代式守伊之助である。この式守伊之助が紫白房になったのは、明治37年夏場所である。それまでは「朱色」だった。

5. 熨斗目麻裃と短刀

立行司は熨斗目麻裃を着用し、短刀を差すが、草履の朱房行司も熨斗目麻裃を着用し、短刀を差すことができただろうか。本章では、次のような理由から、原則としてできなかったと解釈している。立行司と三役格には、次のような違いがあったはずだ。

(a) 立行司は「熨斗目麻裃」が許され、したがって「帯刀」もできた。すなわち、帯刀は自動的である。
(b) 三役格は「熨斗目麻裃」を許されておらず、したがって、短刀も許されていなかった。帯刀できるのは、原則として立行司の代理を務めるときだけである。

立行司は横綱土俵入りを引けるが、三役格は原則としてできない。しかし、立行司に支障があれば、三役格でもそれができる。その際、三役格は短刀だけを差したはずだ。横綱土俵入りでは草履が最低条件である。それでは、立行司だけに熨斗目麻裃を許されたことを示す証拠をいくつか見てみよう。

・『読売』(M30.9.24)の「相撲行司木村庄之助死す」

「(角次郎は：NH) 庄三郎と改名し、去る明治16年中、15代目庄之助を継

第5章　草履の朱房行司と無草履の朱房行司

続し縮熨斗目麻上下着用、木刀佩用、紫紐房携帯を許され、（後略）」

　この記述では、立行司を襲名する前に「熨斗目麻裃と木刀」が許されていたかどうかは明確でないが、文脈から判断すれば、立行司の襲名と同時に木刀も許されている。つまり、それ以前は朱房であり、熨斗目麻裃は着用していない。帯刀も許されていない。横綱土俵入りは引いたかもしれない。それには「草履」さえ許されていればよかったからである[20]。

・『読売』（M30.2.10）の「式守伊之助と紫紐の帯用」

「（前略）誠道・瀬平その他誰であれ、庄之助の名を継続したる場合には、伊之助の上に立ちて紫紐縮め熨斗目麻上下着用するに差し支えなくば、（伊之助の紫紐使用に：NH）賛成すべし（後略）」

　この記事は式守伊之助に紫紐を許すかどうかに関する論議を取り上げているが、熨斗目麻裃や帯刀が庄之助や伊之助に許された装束であることを示唆している[21]。瀬平と誠道は当時まだ朱房の「草履格」であり、協会からまだ熨斗目麻裃を許されていない[22]。熨斗目麻裃は当時でも「立行司」にだけ許された装

---

20) 後で触れるが、行司の木村瀬平は明治30年当時、これと異なる見解を主張している。瀬平によると、草履を許されたら、同時に「熨斗目麻裃、短刀」も許されるという（『読売』（M30.2.15））。これが正しい見解なのかどうかは定かでないが、本章では草履と熨斗目麻裃は別々の許しが必要だったという見方をしている。
21) 伊之助（8代）の紫房は明治30年春場所中（2日目、2月17日）に許されている（『萬』（M30.2.18）／『角力新報』（M30.3, p.50））。
22) 本足袋以上の着用具に関する免許がどのように出されていたかは必ずしもはっきりしない。ときどき、先に吉田司家から軍配房の免許を得て、後で協会の許しを受けたという記事がある。たとえば、木村誠道は草履免許を吉田司家から授与されているのに、本場所初日にさらに協会へその使用を出願している（『読売』（M29.5.24））。吉田司家から正式に免許状を受けているなら、誠道は協会にそのような出願をしなくてもよさそうなものだ。しかし、実際に出願しているのである。普通は、行司が協会にお願いし、協会が吉田司家にお願いをするという順序を踏むはずだ。瀬平は協会に相談せず、吉田司家から草履の免許を先に受けたのだろうか。そのような順序が可能だったのかどうか、今のところ、はっきりしない。瀬平は小冊子『木村瀬平』の中で吉田司家より「草履と熨斗

束であって、「草履格」には許されていなかったのである。
- 『東京日日』(M45.1.15) の「明治相撲史 (木村庄之助の一代)」

   誠道は明治30年12月に16代木村庄之助を襲名したが、明治31年4月11日付の免許状が『東京日日』(M45.1.15) に掲載されている。その文面に「団扇紐紫白打交熨斗目麻上下令免許」とあり、「熨斗目麻上下」が立行司としての庄之助に許されている。当時の草履の朱房行司に許された免許状は見たことがないが、おそらく、この装束のことは記載されていないはずだ。

- 大橋新太郎編『相撲と芝居』(M33) の「行司の事」

   「(前略) この足袋を許された行司が力士のほうの幕下十枚目までと同格で、これからもう一つ進むと土俵の上で草履を用いることを許される。これは力士の大関と同格で、熨斗目麻上下に朱房の軍扇あるいは朱と紫を染め分けの房のついた軍扇を用いるが、この中で一人木村庄之助だけは特別に紫房の軍扇を許される。紫房は行司の最高級で、ほとんど力士の横綱のごときものである。土俵の上で草履を用いる行司は前にも言った通り力士の大関と同格だから、大関の相撲でなければ出ない。これは昔から木村庄之助、式守伊之助の両人に決まっていたが、近年この高級行司が三人もあることがあって、現に今でも庄之助、伊之助の他に木村瀬平を合わせて三人もある (後略)」(p.43)

この記述には分からないことがいくつかある。たとえば、足袋格 (つまり十両格) の上位は本足袋 (つまり幕内格) だが、それがいきなり草履を許された行司になっている[23]。そしてその行司は「大関」に対応している。草履の朱房

目麻裃」を明治29年に許されたと述べている。似たようなケースとして、瀬平の紫房を巡る話がある (『角力新報』(M31.8、pp.57-8))。瀬平は明治31年5月場所、吉田司家から紫房の許しがあったと語っているが、協会は紫の使用を場所中も許していない。行司免許の手続きが定まる前、行司、協会、吉田司家の間でどのような取り決めがあったのかは興味深いところだが、本章ではその辺の事情をあまり深く調べていない。

行司は「三役格」であるはずだ。無草履の朱房行司のことについては何も触れていない。さらに、「朱と紫と染め分けの房」が具体的にはどんな房なのかもはっきりしない。文脈から推測すれば、「紫白房」のようだ。現在使われていないような房の色を当時、使っていたという形跡はない。当時は、紫房といっても、白糸が1,2本混じっていたから、「総紫」ということはない。そうなると、「紫白房」に二種類あったかもしれない。

(a) 庄之助の「紫白房」には白糸が1,2本混じっていた。
(b) 伊之助の「紫白房」には白糸がたくさん混じっていた。

当時、「紫白房」にこのような区別があったかどうかは分からない。本章では、明治40年代初期まで庄之助と伊之助は同じ紫白房だったという解釈をしている[24]。このように、この記述には問題点がいくつかあるが、熨斗目や短刀に関する条件でははっきりしている。

(a) 明治33年当時、立行司は庄之助、伊之助、瀬平である。この3名は熨斗目麻裃を着用したが、それ以外の行司は着用しなかった。
(b) 立行司が庄之助と伊之助であれば、その二人だけに熨斗目麻裃は許される。明治29年から明治30年の間、立行司はこの二人だけである。
(c) 明治29年から明治30年の間、誠道と瀬平は草履格であり、熨斗目麻裃はまだ許されていない。三役格は当時、帯刀は許されていなかった。

明治30年、瀬平は第四席にあり、立行司ではなかった。すなわち、草履を許された朱房の「三役格」だった。したがって、熨斗目麻裃を許されているはずがないし、帯刀もできなかったはずだ。瀬平が紫白房と熨斗目麻裃を正式に

---

23) 当時の幕下格行司は現在の十両格で、格足袋とも言っていた。格足袋の上は本足袋の「幕内格」である。
24) 明治時代の総紫と紫白に関しては、拙稿「明治43年以前の紫房は紫白だった」(『専修経営学論集』(2008))や『大相撲行司の伝統と変化』(2010)に詳しく扱っている。

授与されたのは、式守伊之助（9代）と同様に、明治31年1月である（『中央』(M31.1.17)）[25]。

瀬平より一枚上の誠道（初代）は16代庄之助を襲名し、明治31年1月に初めて「熨斗目麻裃」を許されている[26]。ということは、それまでそれを許されていなかったことになる。

(a) 『都』(M43.4.29) の「名門松翁の再興」[27]

「(誠道は：NH) 明治30年9月、15代目庄之助の没後、16代目之助と名乗り、翌年1月団扇紐紫白打交、熨斗目麻上下を免許され、越えて4月吉田司家より故実門人に推挙され（後略）」

誠道は明治29年3月、草履を許された三役格になった（上司子介編『相撲新書』(p.89)）が[28]、その地位にあったときは熨斗目麻裃を着用していなかった。免許状には帯刀のことは記されていないが、それは熨斗目麻裃に付随するものである。この16代木村庄之助の帯刀については、次の記事で確認できる。

---

25) 9代式守伊之助は明治31年春場所の番付では式守与太夫だった。8代伊之助は明治30年12月に亡くなったが、明治31年の春場所では死跡だった。9代式守伊之助が明治31年春場所に「立行司」になっているので、その一枚上だった瀬平も当然、その場所に「立行司」に昇格していたに違いない。
26) 正式な免許状は明治31年4月付である。因みに、誠道が吉田司家より朱房を許されたのは明治20年である（上司編『相撲新書』(p.88)）。『読売』(M30.12.18) の「16代目庄之助の履歴」には「明治18年中一旦式守鬼一郎の名跡を継続し緋房（軍扇の紐）を許されしが、21年中、都合ありて誠道の旧名に復し、同28年5月草履免許を得、今回遂に16代目木村庄之助となりしなり」とあるが、式守鬼一郎に改名したのは明治20年春場所である（『読売』(M20.1.30)）。また、草履を許されたのも明治29年3月である。本場所では夏場所からとなる。
27) この16代木村庄之助（誠道）は在任中も引退後も名誉称号としての「松翁」を授与されていない。
28) 誠道の草履免許は5月以前の地方巡業中である（『読売』(M29.5.24) の「行司木村瀬平大いに苦情を鳴らす」）。この記事によると、誠道は夏場所から草履を履いている。

第5章　草履の朱房行司と無草履の朱房行司

(b)『やまと』（M45.1.7）の「名行司十六代目木村庄之助逝く」

「(誠道は：NH)明治31年3月、肥後国熊本に到り吉田家の門に入り、角力行司秘術皆伝の免許を得、麻上下木剣紫総を許されたり」[29]

　16代木村庄之助は明治45年1月6日に亡くなったが、この記事は庄之助の略歴を簡単に紹介した記事の一部である。立行司は特別に「熨斗目」を許され、同時に帯刀も許された。庄之助を襲名したとき、紫房も許されている。
　庄三郎（6代）は明治38年5月に「立行司」になり、熨斗目麻上下と短刀を許された。

(c)『時事』（M38.5.15）の「新立行司木村庄三郎」

「(庄三郎は：NH)今度相撲司吉田追風より麻上下を許されて、遂に立行司とはなりたるなり」

　庄三郎はそれまで「三役格」であったが、熨斗目麻裃を許されていなかった。短刀も許されていなかった。このように見てくると、明治初期から「熨斗目麻裃」は立行司か「立行司格」（つまり、「准立行司」）に許された装束である。それに付随して、帯刀も許されている。したがって、瀬平が草履を許されたとき、同時に「熨斗目麻裃と帯刀」も許されたと語っているのは、当時の「しきたり」とは合致しない。

---

29) 同じような表現は上司編『相撲新書』（p.89）にも見られる。この上司編『相撲新書』には明治29年3月、草履免許を授与された時、麻上下と木剣も許されたという記述はない。瀬平の言う「しきたり」は明治29年当時、すでに通用しなかった。そう解釈するのが自然だ。明治18年当時、そういう「しきたり」があったかどうかは必ずしも定かでない。

6. 三役格の短刀

　立行司は無条件に帯刀できるが、草履を許された「三役格」の帯刀は無条件ではない。先にも触れたように、三役格は立行司に支障があり、その代理を務める場合だけである。多くの文献で、三役格は「帯刀できる」とあるが、それは必ずしも正しくない。

　明治43年5月の装束改正時には、十両格以上も帯刀できるようになっているが、これもおそらく長続きしなかったに違いない。明治43年5月以降でも十両格以上の行司が帯刀していたことを示す文献は非常に少ない。すなわち、明治43年5月以降も実際は立行司以外の行司は帯刀しなかったようだ。大正9年には十両格行司が帯刀できたという雑誌記事がいくらか見られるが、それまでも継続して帯刀していたかどうか疑わしい[30]。

(a)『無名通信』(T4.5) の「行司の給料と呼出の修業」

「脇差しは足袋以上にならぬと佩用する事ができないもので、以前裃を着けていた時代には、紫白染め分けの房すなわち大関格以上でなければ佩用する事ができなかったが、裃が鎧下の直垂に改められてから足袋以上、すなわち十両から幕の内格の行司ならその佩用を許されるようになった。」(p. 69)

(b) 小泉葵南著『おすもうさん物語』(T6) の「行司と呼出し」

---

30) 行司の帯刀に関しては拙稿「行司の帯刀」(2009)(『専修人文論集』)と『大相撲行司の伝統と変化』(2010) にも扱っている。大正4,5年の文献では十両格が帯刀できたとしているが、実際に帯刀していたかどうかは不明である。また、いつから十両格が帯刀しなくなったかを示す文献も見たことがない。

第5章　草履の朱房行司と無草履の朱房行司

「脇差は足袋すなわち十両（以上：NH）でなければ佩用を許されない」（p. 227）

(c)『春場所相撲号』（T9.1）の「行司になるには、呼出しになるには」

「脇差しも十両格以下の行司には許されないのである。要するに力士と同じく、十両格から行司も足袋は履けるし脇差しは差せるし貫目がついてくるのである」（p.48）

(d)『相撲画報』（夏場所号、T10.5）の「行司の階級」の項

「十両格からは足袋も穿けるし、脇差も許されるのである」（p.98）

　これらの記事だけを見ると、十両格以上の行司は大正10年頃まで帯刀していたことになるが、事実はこれに反するはずだ。たとえば、次のような雑誌記事がある。

・『夏場所相撲号』（T10.5）の「行司さん物語」

「（前略）関脇格になりますと、いよいよ土俵で草履が許され、軍扇には朱房を用いますが、格式は一段上がってきまして、本来なれば土俵で帯刀するのが正当なのでありますが、いろいろの都合上略しております。」（p. 105）

　草履格さえ帯刀を遠慮しているのに、それより地位の低い行司が帯刀するはずがない。明治43年5月以降、いつの時点で立行司以外の行司が帯刀しなくなったかは分からないが、おそらく明治末期には事実上帯刀しなくなっていたはずだ。なぜ帯刀しなくなったかも分からない。『夏場所相撲号』（T10.5）には「いろいろの都合上」とあるだけである。明治9年の廃刀令後、帯刀が立行司だけの特権として理解されていたために、その伝統を尊重したためかもしれない。つまり、下位行司の帯刀は威厳を高めるのに役立たなかったので、自然

149

に帯刀しなくなったのではないだろうか

　19代伊之助は大正2年春場所に十両格に昇進しているが、自伝『軍配六十年』(S36) には彼自身の帯刀について何も言及していない。帯刀は立行司だけに許されたと述べている。おそらく、19代伊之助は十両格時代、帯刀していなかったのではないか。つまり、大正2年当時でさえ、帯刀は立行司だけではなかっただろうか。本章ではそのように判断しているが、それを確認できる確かな証拠は、残念ながら、持ち合わせていない[31]。

　これらの文献を考慮すれば、明治43年5月以降も三役格は帯刀していないはずだ。これが正しければ、三役格行司は「朱房で、草履を履き、短刀を差せる」と述べている文献はすべて、事実に反することになる[32]。少なくとも大正末期までは、草履格の朱房行司は短刀を差していなかった。ましてや、朱房行司はすべて「草履で、短刀を差せた」はずがない。もちろん、無草履の朱房行司は草履も履けなかったし、短刀も差せなかったのである。

　昭和2年春場所から昭和34年11月までを見ると、三役格は確かに「朱房」だが、草履も履いていないし、短刀も差していない。昭和22年6月に朱房の木村庄三郎と木村正直が特例として草履を許されているが、短刀は許されなかった。他の三役格行司は依然として足袋だけだった。これを裏付ける証拠は、資料(3)として本章の末尾に掲載されている。

---

31) 明治43年5月から大正10年あたりまでの間、十両格以上の帯刀がどのような状況にあったかは必ずしも分からない。帯刀が立行司だけに許されたとしても、それがいつのように決まったのかが分からないのである。また、うやむやのうちにいつの間にか立行司だけに許されたとしても、それがいつ頃から始まったかも分からない。明治43年5月以降の帯刀に関しては、今後の研究を俟ちたい。

32) 昭和時代になっても三役格は朱房で、草履を履き、帯刀できるという文献が非常に多いので、そのような事実があったかもしれないと思いたくなる。つまり、それが事実でなかったことを証明しようとする試みは実りないものかもしれない。しかし、本章末尾の資料(3)で見るように、昭和2年以降昭和34年11月まで、三役格は足袋だけであり、草履を履いていなかった。いわんや、帯刀はしていない。あまりにも不思議なので、映像でも三役格の足元を注意深く調べてみたが、やはり足袋だけだった。多くの文献は何を根拠に三役格が草履を履き、帯刀していたと記述しているのだろうか。

第5章　草履の朱房行司と無草履の朱房行司

7. 木村瀬平の帯刀

木村瀬平の主な行司歴は、次のようになっている。
弘化3年（？）	足袋（現在の十両格）[33]
慶応元年11月	紅白紐（現在の幕内格）[34]
明治15年7月	紅紐足袋（現在の幕内上位格）[35]
明治18年7月	上草履（現在の三役格）[36]
明治24年1月	木村庄五郎を木村瀬平に改名（『読売』（M24.1.11））
明治26年1月	場所後に行司を引退し、年寄になった。草履は剥奪された
明治28年1月	行司に復帰。席順は誠道の次に据え置かれた。草履は履いていない
明治29年6月	再び上草履

---

33) これは『毎日』（M38.2.6）に基づいている。行司入門が弘化3年という文献もある（小島著『大相撲人物史』（p.167））。年齢を考慮すると、弘化3年の足袋格はかなり疑わしい。『木村瀬平』（M31）によると、木村瀬平は「天保8年出生し相撲道に入りしは嘉永2年の歳なりき」（p.1）とある。木村瀬平の出生、行司入門、昇格年月などはもっと他の資料でも確認する必要がある。本章との関連では草履が許された明治18年以降が重要である。
34) 小池「年寄名跡の代々（89）」の「伊勢の海代々の巻き（上）」（p.159）に基づく。他方、小島著『大相撲人物史』（p.167）では明治4年3月となっている。どちらが正しいかは確認していない。
35) 小島著『大相撲人物史』（p.167）では明治14年1月となっている。どちらが正しいかは確認していない。
36) 明治18年6月の日付がある錦絵があり、庄五郎は草履を履いている。また、明治17年3月の天覧相撲を描いた錦絵では庄五郎は足袋である。このことは天覧相撲の後で、庄五郎は草履を許されたことになる。これらの錦絵から瀬平の草履は天覧相撲の後で授与されたことが分かる。錦絵は6月となっているが、実際の使用は免許の日付より先になるのが普通であり、日付の相違は問題でない。

151

明治31年1月	立行司（『毎日』(M38.2.16)）[37]。協会から熨斗目麻上下と帯刀が許された
明治32年3月	紫白房（『時事』(M32.5.18)）[38]。吉田司家から熨斗目麻上下と帯刀が許された
明治38年2月	死亡

　木村瀬平は明治26年春場所後に一旦行司を辞め、年寄専務になっている。その時、草履も剥奪されている。しかし、明治28年春場所、行司に復帰し、明治29年6月、草履を許されている。明治30年春場所、瀬平は草履の「三役格」だったにもかかわらず、帯刀して土俵に登場している。その帯刀について取締や親方たちが不審に思い、どうして帯刀しているのかと瀬平に尋ねている。それに対し、瀬平が語ったことが当時の新聞で出ている。

・『読売』(M30.2.15)の「木村瀬平の土俵上麻上下及び木刀帯用の事」

　「行司木村瀬平は今春大場所より突然土俵上刀を帯用し初めたるを以って、取締雷権太夫初め検査役等大いにこれを怪しみ、古来木刀を帯用することは庄之助伊之助と雖も、肥後の司家吉田追風の允許を経るにあらざればみだりに帯用すること能わざる例規なるに瀬平の挙動こそ心得ぬと、協議の上彼にその故を詰問したりしに、さらに恐れる気色もなく、拙者義は昨年29年の夏場所土俵上福草履を用いることをすでに協会より許されたれば、これに伴って麻上下縮熨斗目着用木刀帯用するは当然のことにして旧来のしきたりなり。尤も木村誠道が麻上下木刀等を帯用せざるは、本人の都合

---

37) 式守伊之助も1月に草履を許されている（『中央』(M31.1.17)）。しかし、明治31年1月当時、房の色は木村瀬平も式守伊之助も朱である。
38) 紫白房が明治32年に許されたことは『読売』(M32.3.16)でも確認できる。小池謙一著「年寄名跡の代々 (89)」(『相撲』(H9.2, p.159))では明治32年4月、「紫白紐、上草履、熨斗目麻裃（立行司）」とある。これはおそらく免許の日付であろう。瀬平の上草履と熨斗目麻裃は明治31年1月、協会から許されていたに違いない。式守伊之助も明治31年1月に「立行司」になっているからである。伊之助は明治37年に紫白房を授与された。

第5章　草履の朱房行司と無草履の朱房行司

なるべし。もし拙者が木刀帯用の一事につきて司家より故障あるときは、瀬平一身に引受けて如何様にも申し開き致すべければ、心配ご無用たるべしとの答えに、協会においても瀬平の言を尤もなりと思いしにや、そのまま黙許することになりしという。」

この記事で瀬平が語っていることは、次のようにまとめることができる。
(a) 草履の朱房行司は「立行司」と同様に、熨斗目麻裃を着用し、短刀も帯用できる。
(b) 草履の朱房行司は横綱土俵入りを引くことができる。しかし、「立行司」との違いは席次だけである。すなわち、「准立行司」である。

他方、協会の年寄は次のように捉えていたようだ。
(a) 草履の朱房行司は「立行司」と違い、熨斗目麻裃を着用できず、短刀も帯用できない。
(b) 草履の朱房行司は横綱土俵入りを引くことができる。「立行司」より下位の「准立行司」である。

瀬平の言い分が正しければ、次の三つのうち、いずれかであろう。
(a) 瀬平が一度目の草履を許された当時は、草履の朱房行司はそういう「しきたり」だった[39]。
(b) 瀬平は当時の「しきたり」を誤解していた。つまり、草履の朱房行司は、立行司と違い、帯刀できなかったのに、瀬平は帯刀できると勘違いしていた。
(c) 瀬平は吉田司家から個人的に紫房と熨斗目麻裃も口頭で許しを受けていた[40]。

---

39) 瀬平が一回目の草履を許されたのは明治18年7月である（小池 (89)、p.159）。それは正式な許可で、明治17年3月の天覧相撲の後にはすでに決まっていたようだ（小池 (88)、p.103）。明治17年3月の天覧相撲を描いた錦絵では、瀬平は足袋を履いている。
40) 吉田司家から「紫房」が授与されたのは明治32年3月（『読売』(M32.3.16)）なので、それより以前に「許し」があったとすれば、口頭での許ししかない。明治31年春場所

153

今のところ、瀬平の言い分が正しいのかどうかは定かでない。というのは、明治29年以前、そのような「しきたり」があったのかどうかがはっきりしないからである。瀬平が一度目の草履を許された頃[41]、立行司、准立行司、草履の朱房行司の間で、装束が同じだったのか、それとも違っていたのかがはっきりしない。もし同じであったなら、瀬平の言い分は正しい[42]。また、もし違っていたなら、その言い分は正しくない。明治30年当時、瀬平が語っている「しきたり」は本当にあったのだろうか。本章では、なかったはずだという推測をしている。というのは、年寄たちが瀬平の短刀に疑念を持っているし、誠道（初代）も短刀を差していないからである[43]。
　ところが、木村庄五郎（瀬平の前名）が草履を履き、帯刀して取組を裁いている錦絵がある。この錦絵の届け日は明治18年6月7日である。庄五郎は草履を明治18年7月に許されているので、その直後だと言ってもよい。

- 「大相撲取組之図」、御届明治18年6月17日、国明画、山本与市（出版人）、私蔵

　伊勢ヶ浜と増位山の取組を描いた錦絵で、行司木村庄五郎は草履を履き、帯刀している。房の色は朱房である[44]。木村庄五郎が草履を履いているので、少

には立行司として「熨斗目麻裃」が協会から許されていたはずだ（『中央』(M31.1.17)）。しかし、「紫房」はまだ許されていなかった。すなわち、瀬平はそれまで朱房だったことになる。

41) 明治30年以前、瀬平以外に草履を許された行司が同時に帯刀もしていたことが確認できれば、そのような「しきたり」があったことが判明する。残念ながら、私はそのような行司を調べなかった。明治30年以前の草履格行司については資料が乏しいからである。その意味においては、瀬平の言い分にある「しきたり」についてはもっと掘り下げて調べ直す必要がある。

42) 塩入編『相撲秘鑑』(M19)に「土俵上草履を用いることを許さるるに及びて熨斗目麻裃を着用す。すなわち相撲大関の格なれば大関の他は行司を勤めず」(p.19) とある。明治19年当時の大関は明治30年の「横綱」に相当する。明治30年当時の「草履を許された朱房」が同時に「熨斗目麻裃」を許されたのかどうかは定かでないが、本章では「許されていない」という解釈をしている。熨斗目麻裃を許された行司は「立行司」だけである。

43) 誠道は明治29年5月場所後に草履を許されている（『時事』(M29.5.21)）。

第5章　草履の朱房行司と無草履の朱房行司

なくとも「三役格」になっていた。この錦絵が描かれた明治18年6月当時、瀬平は第三席だった。その時の身分について、次の二通りが考えられる。

(a) 瀬平は草履を許されたが、「准立行司」ではなかった。
(b) 瀬平は草履を許され、かつ「准立行司」だった。

もし「准立行司」でもないのに、短刀を差していたなら、瀬平が『読売』(M30.2.15)の「木村瀬平の土俵上麻上下及び木刀帯用の事」で語ったことは正しいことになる。というのは、草履を許されるだけで、帯刀しているからである。また、もし瀬平がすでに「准立行司」であったなら、帯刀していても自然である。准立行司は熨斗目麻上下を許されるので、それに伴って帯刀も許されるからである。瀬平が明治18年6月、どの身分だったかが必ずしも明白でない。それがはっきりすれば、瀬平の言い分が正しいかどうかも判明するはずだ。

小冊子『木村瀬平』(M31)にも[45]、瀬平は草履を許されたとき、同時に熨斗目麻裃や木剣が許されたと記されている[46]。

「(瀬平は明治29年：NH)相撲司より麻上下熨斗目織の衣服、木剣、上草履等の免許を得たり」(p.5)

---

44) この錦絵に描かれている伊勢ヶ浜と増位山の取組は明治17年から18年の本場所ではない。巡業にはあったかもしれない。この時、誠道は帯刀していない。帯刀するのが「しきたり」だったのに、「個人の都合」で帯刀しなかったのだろうか。それとも、そのような「しきたり」はもうなかったのだろうか。もし個人の都合であったならば、瀬平の言い分が正しい。もしそうでなかったなら、明治29年当時はそういう「しきたり」はなかったことになる。
45) 瀬平は明治31年5月場所で勧進元の一人となっているので、小冊子『木村瀬平』は明治31年5月場所前に出版されている。口絵の中には小錦の横綱土俵入りの写真があり、行司は木村瀬平である。明治31年1月にはすでに「立行司」になっている。問題は明治29年、草履を許された時、同時に「麻裃」も許されていたかどうかである。
46) 先の新聞記事（『読売』(M30.2.15)）の中では、「熨斗目麻裃着用」の免許は吉田司家から許されているとは述べていない。しかし、この小冊子『木村瀬平』(M31)では、それが吉田司家より免許されていると述べている。

155

実際、瀬平が横綱土俵入りを引いている記念写真もある。この写真は、たとえば池田編『相撲百年の歴史』でも見ることができる。
・「小錦の横綱土俵入りの写真」（p.110）
　太刀持ち・大見崎、露払い・逆鉾、行司・木村瀬平

　小錦は明治29年3月に横綱免許を授与されているので、この写真は、おそらく、明治29年3月（横綱免許授与）から明治31年5月（出版年）までの間に撮影したものであろう。瀬平が横綱土俵入りを引いているが、これには2つのことが考えられる。
　(a) 瀬平は草履格なので、立行司の代理として横綱土俵入りを引いた。
　(b) 瀬平は草履格だが、「熨斗目麻裃」を着用できると誤解していた。

　瀬平の上には庄之助（15代）、伊之助（8代）、誠道（初代）がいたので、瀬平は明治29年当時、「立行司」ではない。少なくとも吉田司家から「立行司」としての免許は受けていない。したがって、熨斗目麻裃を着用しているのは、協会や吉田司家の黙認ということになる。誠道と瀬平は「三役格」なので、熨斗目麻裃も帯刀も許されていない。しかし、瀬平は実際に「立行司」として振舞い、熨斗目麻裃を着用し、帯刀している。横綱土俵入りを引くには草履を履いていればよいが、瀬平はその熨斗目麻裃を着用し、帯刀しているのである。
　瀬平は吉田司家から草履を許されたが、それと同時に協会から特別に「熨斗目麻裃」を許されていない[47]。瀬平の帯刀について協会が不審に思っていることがその証拠である。草履の許可は協会も認めている。当時でも、草履を許された行司がすべて、同時に木剣も許されるということはなかったはずだ。しかし、瀬平は草履を許されたら、「しきたり」として「熨斗目麻裃と帯刀」も共に許されると語っている。さらに、誠道が帯刀しないのは「個人の都合」だとも語っている。

---

47) 草履を許されたとき、同時に帯刀も許されたのではなく、草履を許された後、しばらくして帯刀は許されたかもしれない。問題は、瀬平が明治31年1月以前、熨斗目麻裃を許されていないにもかかわらず、帯刀できたかどうかである。

第5章　草履の朱房行司と無草履の朱房行司

　瀬平は草履を許されたら、帯刀も許されると語っているが、それは当時、一般に受け入れられていない「しきたり」だったはずだ[48]。瀬平が語っている「しきたり」は、おそらく瀬平の勘違いに違いない。しかし、理由がどうであれ、結果的には協会は瀬平の言い分を黙認し、その帯刀を認めている。なぜ協会は瀬平の帯刀を黙認したのだろうか。これには次の二つのことが考えられる。
　(a) 瀬平は年長者で、経験豊富なので、協会はおかしいと知りつつ、それを黙認した。
　(b) 瀬平は立行司ではないが、吉田司家が非公式に瀬平の帯刀を認めていた。

　このうち、いずれが正しいかは分からないが、瀬平は正式な「立行司」の免許を受けることなく、帯刀を続けている。協会も暗黙に認めているように、瀬平は明治29年6月以降、草履だけでなく「熨斗目麻裃」も着用している。小冊子『木村瀬平』(M31)でも、それを認めている。そうなると、二つの疑問が生じる。
　(a) 上位にいた誠道も瀬平にならって帯刀すべきだったのではないか。
　(b) 誠道は庄之助を襲名する以前、熨斗目麻裃を許されていたのだろうか。

　誠道は明治31年1月に庄之助を襲名するまで、熨斗目麻裃を許されていないはずだ[49]。したがって、帯刀もしていないはずである[50]。そうなると、もし瀬

---

48) 明治16年頃すでに、「熨斗目麻裃と短刀」は庄之助や伊之助のような「立行司」クラスの行司にしか許されていなかった。また、草履免許と「熨斗目麻裃着用」の免許は別々だった。「草履」免許を授与された行司は「三役格」であり、横綱土俵入りを引くことができた。その際は、短刀を差すこともできた。もし瀬平の言い分が正しければ、最初の草履免許を授与された頃、「熨斗目麻裃と帯刀」も「しきたり」として許されていたかもしれない。しかし、明治29年の頃はすでにそのしきたりは通用しなくなっていたはずだ。
49) 誠道が木村庄之助を襲名する以前、「立行司」に昇格したという資料はない。当時は、庄之助と伊之助より下位の行司も「立行司」になることがあった。しかし、誠道がそのような「立行司」になったという資料はまだ見たことがない。

157

平が明治30年春場所以降も実際に帯刀していたとなると、それは本当に例外的だったことになる。瀬平が上位の誠道を差し置いて帯刀を続けているからである。

瀬平が語っているように、草履格の行司が同時に帯刀もできたとするならば、瀬平より一枚上の誠道が帯刀しなかったのは「個人の都合」である。しかし、事実はやはり違うのではないだろうか。行司は着用具に関してはいつの時代でも敏感なはずだ。帯刀ができるのに、それをあえてやらないということは、まず考えられないことである。実際は、誠道が帯刀しなかったのは、伝統を尊重したからではないだろうか。つまり、帯刀は熨斗目麻裃の立行司だけに許されるという伝統である。残念なことに、瀬平の言い分に対して誠道がどのような反応をしたのか、まったく分からない[51]。

瀬平が正式に「一代限りの」立行司として熨斗目麻裃を免許されたのは、先にも触れたように、明治34年4月である[52]。これは、次の記事でも確認できる。

・『読売』（M34.4.8）の「木村瀬平以下行司の名誉」

「大相撲組熊本興行中、吉田追風は木村瀬平に対し一代限り麻上下熨斗目並びに紫色の免許を与え、式守伊之助には麻上下熨斗目赤房免許を、（中略）

---

50) 上司編『相撲新書』（M32）には「（木村誠道は：NH）明治31年3月肥後国熊本に到り、吉田家の門に入りて、角力行司秘術皆伝の免許を得、麻上下、木剣、紫房を許されたり」（p.89）とある。つまり、立行司を襲名したとき、熨斗目麻上下も木剣も許されている。誠道は明治29年3月に草履を許されているが、その時は短刀を許されていないはずだ。熨斗目麻上下を許されて初めて、無条件に帯刀できたはずだ。もしそうでない行司が帯刀することがあったなら、おそらく何らかの条件が付いていたに違いない。木村瀬平が条件付きで帯刀が許されていたかどうかは定かでない。
51) 帯刀や熨斗目麻裃に関することは上位の行司にとっては重大なことなので、上位行司の中では何か議論があったはずだ。しかし、その議論は新聞報道でまったく取り上げられていない。協会が瀬平の言い分を黙認していたとなっているだけである。
52) 瀬平は明治32年3月に紫房を授与されたが、伊之助は明治34年4月でも「朱房」だった。ということは、当時、立行司の房の色は「朱房」でもよかった。伊之助が紫房を許されたのは明治37年夏場所である（『都』（M37.5.29））。立行司のシンボルは「熨斗目麻裃」である。

第5章　草履の朱房行司と無草履の朱房行司

免許したり」

　瀬平が立行司を協会から許されたのは、おそらく、明治31年1月である。すなわち、瀬平はそれ以前、草履格であっても、立行司ではなかったはずだ。瀬平が行司界の慣例を遵守したならば、誠道より早く立行司になることはない。誠道は明治31年春場所に16代庄之助を襲名しているからである。瀬平が立行司になったのは、それ以降ということになる。与太夫が式守伊之助を襲名したのは、実質的に明治31年春場所である[53]。番付では、夏場所で襲名したことになっている。

　瀬平が明治30年春場所後にも帯刀を続けたのか、それとも慣例を尊重し一旦帯刀を断念したのかは必ずしもはっきりしない。上司編『相撲新書』(M32.1)の「木村瀬平」の項(pp.89–90)では、瀬平の「紫房、木剣、熨斗目麻裃」について何も触れていない。これは不思議である。紫房は明治32年夏場所に許されているが、木剣や熨斗目麻裃は当時、房の色とは関係ない。つまり、朱房でも立行司になった。小冊子『木村瀬平』(M31)によれば、瀬平は帯刀している。それを考慮に入れると、瀬平の帯刀が疑問視される期間は、結局、明治29年6月から明治31年1月までの間ということになる。瀬平が語るところによれば、瀬平はその間ずっと帯刀していたはずだ。その帯刀は当時「しきたり」として認められていたかどうかである。

　瀬平は一風変わっていて、押しの強い行司である。自分の主張を押し通す性格で、協会も手を焼いていたに違いない。そうでなければ、草履を許された時点で帯刀も許されるという言い分を認めるはずがない。しかし、結果的に、瀬平の言い分が通り、協会は黙認している。瀬平が瀬平より年上であり、経験豊富だったとしても、序列やしきたりを重んじる行司界である。上位の誠道が熨斗目麻裃を着用せず、したがって帯刀していないのに、瀬平はそれを「個人の

---

53) 8代式守伊之助は明治30年12月に亡くなったので、9代伊之助は夏場所に襲名した。実質的には春場所から9代伊之助として処遇されていた(『中央』(M31.1.17))。春場所に草履と共に熨斗目麻裃も許されていたに違いない。従って、同時に、帯刀も許されたことになる。

都合」であると語り、帯刀を正当化している。

　本章で瀬平の帯刀が例外的だと解釈しているのは、次のような理由からである。

(a) 帯刀は立行司だけに許される。草履を許されただけでは、帯刀できない。立行司のシンボルは「熨斗目麻裃」である。瀬平は明治29年6月に草履を許されたとき、熨斗目麻裃を許されていない。
(b) 協会は瀬平の帯刀を黙認している。それは、おそらく、瀬平の年齢や経験を考慮したためであろう。瀬平は誠道より下位だが、10歳ほど年上である。行司としての経験が豊かである。

　協会は瀬平の帯刀に関しては、吉田司家に内々に打診した可能性もある。吉田司家は誠道や伊之助（前名：与太夫）の立場を考慮しながら、瀬平の帯刀を黙認したかもしれない。立行司としての熨斗目麻裃を誠道や伊之助に早急に許すことも話し合われたかもしれない。そうでなければ、慣例やしきたりが崩壊するからである。それにしても、疑問がいくつか残る。たとえば、瀬平は本当に誠道や伊之助よりも先に「熨斗目麻裃」を許されたのだろうか。瀬平は「熨斗目麻裃」を許されることなく、帯刀したのだろうか。誠道が帯刀しなかったのは、瀬平が語っているように、本当に「個人の都合」によるものだろうか。瀬平の帯刀を巡っては、現時点でもまだ分からない点がたくさん残っている。これらの疑問に関しては、今後の研究を俟つことにしたい。

　本章では熨斗目麻上下を許された立行司や准立行司だけが帯刀を許されたという解釈をしているが、その解釈そのものが間違っている可能性もある。また、その解釈が正しいとしても、それは歴史的に一貫したものではなく、ある時点を境にして変化しているかもしれない。たとえば、瀬平が語っているように、以前は、草履を許されると同時に帯刀も許されたかもしれない。もしそのような変化があったならば、それはいつ変化したかを見極めなければならない。これに関しては、本章ではほとんど触れなかった。したがって、瀬平が語っている「しきたり」がいつ始まり、いつ終わったかはまったく不明である。本章では、少なくとも明治30年ごろにはそのような「しきたり」は存在

していなかったと解釈しているが、その解釈が正しいか否かは今後もさらに検討しなければならない。

8. 三役格と相撲規定

　行司は階級に応じて草履、帯刀、房の色などに一定の変化があるが、三役格行司はこれまでの規約でどのように規定されているだろうか。大正末期までの規約では、三役格は「朱房で、草履を履き、帯刀できる」と記されているだろうか。それとも、朱房には草履を履ける「草履格」とそうでない行司がいると記されているだろうか。それから、昭和以降の規定では、三役格はどのように記されているだろうか。三役格行司に焦点を当て、これまでの規約を調べてみよう。

　行司の階級と房の色には密接な関係がある。それを規定で明記するようになったのは、実は、昭和3年5月になってからである。それまでは、どの規定を見ても階級に応じた房の色は述べられていない[54]。「規定」では明記されていないが、「内規」としてはあったかもしれない。相撲の規約では、本章の関心事である草履と短刀について何も規定されていない。内規としては、「草履」に関する規定がある。たとえば、昭和34年11月には三役格に草履が許されたが、それは規約ではなく、「申し合わせ事項」として規定されている。しかし、「短刀」に関しては、規約はもちろん、「申し合わせ事項」にもない。慣例として受け継がれているだけである。したがって、短刀の扱いがどうなっているかを規約や内規で調べても、どこにも記載がない。

---

54) 昭和3年以前に、行司の三役格について何らかの規定があるかもしれないが、公式になっている規約には房の色や対応する力士が分かるようなものはまだ見当たらない。房の色や対応する力士は長い間「しきたり」として存続しているので、規定や内規としてどこかにありそうである。

(1) 昭和3年5月、「寄附行為施行細則」第25条

　　「紫総は横綱に、紫白総は大関に、紅白および朱総の行司は幕内より関脇までの力士に対等し、足袋格の行司は十両格の力士に対等するものとする」

　この規定の「紅白および朱房の行司は幕内より関脇までの力士」という表現では、紅白房が幕内だけなのか、朱房が小結と関脇だけなのかが分からない。朱房の中に幕内力士もいるかもしれない。また、小結に対応する房の色が紅白房と朱房のうち、いずれなのかも分からない。要するに、この規定の問題点は幕内力士、小結、関脇に対応する行司の房の色があいまいなことである。
　行司の階級が力士の階級に対応していれば、房の色で力士の階級も分かる。しかし、「小結」に対応する房の色が明確でない。つまり、小結は紅白なのか、それとも朱なのか不明確である。小結は関脇と同様に、「三役力士」である。その基準を適用すれば、特に小結に対応する房の色は「朱」である。
　昭和11年5月にも寄附行為は改正されているが、その改正は部分的である。行司の階級や房の色について明記してある第24条は、昭和3年のものと何も変わっていない。しかし、昭和14年5月改正の寄附行為では、房の色と対応する力士の関係が明確に規定されている。

(2) 昭和14年5月改正の第24条

　　「紫総は横綱に、紫白総は大関に、緋総は三役に、紅白総は幕内力士に対等するものとする。」

　この規定では、昭和3年5月と昭和14年5月の規定であいまいだった朱房と紅白房が明確に分離されている。すなわち、朱房は三役力士に、そして紅白房が幕内力士になっている。小結は「朱房」に対応している。昭和3年5月の規定では、足袋格が十両力士に対応しているが、この昭和14年5月の規定では「足袋格」に関する記述が削除されている。なぜ「足袋格」を規定から削除し

第5章　草履の朱房行司と無草履の朱房行司

たのかは分からない。十両力士も存在していたし、足袋格の行司も存在していた。しかし、規約の他の箇所では、足袋格に関する規定がある。第69条で「養老金」の支払いについて規定しているが、そこでは次のようになっている。

「紅白以上の行司は幕内力士に、足袋格の行司は十両格力士に準じ、……」

　規定の中では朱房が力士の三役に、紅白房が力士の幕内に、それぞれ、対応しているが、朱房を「三役（格）行司」、紅白房を「幕内（格）行司」として表現していない。
　昭和22年6月に三役格の庄三郎と正直に草履が特別に許されているが、これは例外扱いである。他の三役格は依然として草履を許されていない。なぜ二人だけに草履が許されたのかもはっきりしないが、正直は次のように述べている。
　・『大相撲』(S38.1)の「土俵一途の55年」(23代木村庄之助)。

「記者：三役格になったのは？
庄之助：昭和13年、40でなったのですが、だいぶ長くなったので、やめたヒゲの伊之助（当時庄三郎）といっしょに、ぞうりぐらいはかしてやれといわれて、それで格ぞうりというのが初めてできたわけです。それが22年の6月で50のときでした。」(p.46)

　規定では三役格の草履については何も明記されていないので、草履を特別に許すかどうかは理事会の判断による。長い間務めていたから許すというのも不思議である[55]。なぜなら、それには一貫性がないからである。実際、長い間務めていたにもかかわらず、草履を履かずに辞めた三役行司は何名もいる。昭和34年11月で定年退職した三役格行司は、草履を履くことなく辞めている。

---

55) 当時は地方巡業を組合別に行なっていたので、横綱土俵入りを引く行司が必要だった。そのために、年長の朱房行司に草履を許した可能性もある。29代木村庄之助はこのように語っていた。

(3) 昭和25年10月の第24条

「紫総は横綱・紫白総は大関に、緋総は三役に、紅白は幕内力士に対等し、足袋格の行司は十両格の力士に対等するものとする」

　この規定では、昭和14年5月に削除されていた足袋格が復帰している。この足袋格の条文は、昭和3年5月のものと同じである。幕内格以上の房の色については記されているのに、どういうわけか、この規定でも足袋格の房の色については触れていない。なぜそれについて触れていないかは分からない。
　これまでの規定ではどれも、幕下格以下については触れていないし、したがってその房の色についても触れていない。しかし、幕下以下の行司はずっと存在していたし、房の色にも決まりがあった。その色は黒色か青色であった。
　昭和26年6月には副立行司が制度的に設けられている。この副立行司は立行司と三役格の間に位置する。これは規定の変更である。

(4) 昭和30年5月の第20条

　木村庄三郎が昭和26年6月に、そして木村正直が昭和26年9月に、それぞれ、副立行司になった。

「行司は、その階級に応じて左のごとき色を使用する。

立行司	庄之助	総紫
	伊之助	紫白
副立行司	玉之助	紫白
	正直	紫白
三役行司		朱
幕内行司		紅白
十枚目行司		青白
幕下2段目以下		黒または青」

第5章　草履の朱房行司と無草履の朱房行司

　この規定と従来の規定との大きな違いは、三つある。その一つは、副立行司が新しく設けられていることである。房の色は紫白である。副立行司を設けるには理由があったはずだが、本章ではそれについて深く入らないことにする。その二つは、十枚目格以下について明確に階級を示し、同時にその色も記してあることである。十枚目は「青白」、幕下格以下は「黒または青」である。その三つは、行司の階級を力士の階級に対応して規定していないことである。たとえば、「立行司」や「副立行司」が新しく使われているが、それが横綱や大関に対応するという表現にはなっていない。力士と対応した階級ではなく、行司の中で独立して階級を設けたことになる。

　「三役行司」という用語を規定の中に明確に使っていることも、この規定の一つの特徴である。これまでも朱房は「三役行司」と同様に使っていたが、規定の中でそれを明確に表現している。実際は、昭和14年5月の規定で朱房が「三役」力士に対応するとなっているが、「三役行司」という表現にはなっていなかった。

　昭和34年11月に副立行司が廃止された。これも規定の変更になる。三役行司はこれまで草履が履けなかったが、昭和35年1月以降は履けるようになった。草履や短刀に関する着用具については規定で明記してこなかったが、変更された規定でもそれについては何も言及されていない。草履に関しては、『近世日本相撲史(5)』に次のように述べている。

・『近世日本相撲史(5)』(S35.1)

「三役行司にも草履を許可の特例を設けた。これは行司の定年制、定員制が今場所から実施されて、副立行司木村玉之助が定年退職したのを機に、大阪相撲の立行司木村玉之助の名跡および副立行司を廃止し、立行司は木村庄之助、式守伊之助の二人となった。しかし、立行司が病気で休場した場合、横綱の土俵入りに支障を来すおそれがあるので、立行司のみに許されていた草履を、三役行司にも許可したものである」(pp.3-4)

　現在、立行司は木村庄之助と式守伊之助がいる。実際、横綱が二人以上いる場合、立行司の一人に支障があると、三役格の出番が回ってくる。三役格に草

履を許しておくのは賢明な処置である。なぜなら、横綱土俵入りでは昔から草履が最低条件だからである。

(5) 昭和35年2月、審判規定の「行司」の項（第20条）

「行司は、その階級に応じて左のごとき色を使用する。
　　　立行司　　　　　庄之助　　　　総紫
　　　　　　　　　　　伊之助　　　　紫白
　　三役行司　　　　　　　　　　　　朱
　　幕内行司　　　　　　　　　　　　紅白
　　十枚目行司　　　　　　　　　　　青白
　　幕下2段目以下　　　　　　　　　黒または青」

　この規定では、昭和30年5月の規定にあった「副立行司」がそっくり無くなっている。つまり、副立行司を排している。それ以外はすべて、同じである。これが現在も続いている。
　この規定でも、行司の階級は力士の階級に対応していない。しかし、実質的には、力士の階級に対応している。立行司の庄之助が横綱、伊之助が大関、三役格が関脇と小結、幕内格が幕内力士にそれぞれ対応しているからである。取組を裁くときでも、その階級意識ははっきりしている。例えば、行司は同じ階級と下位力士の取組を裁くが、上位力士の取組は裁けない。規定にはそのようなことは明記されていないが、行司の階級と対応する力士の階級はやはり生きている。行司仲間だけであれば、房の色で階級は区別できる。
　なお、行司の階級や房の色はこの規定で明確に記されているが、装束に関しては別の条文の中で記されている。たとえば、次のようになっている。
・　昭和30年5月の第1条

「行司が審判に際しては、規定の装束（直垂、烏帽子）を着用し、軍配を使用する。」

行司の装束、草履、短刀、印籠など、階級によって違いがあるが、どのような違いがあるかは規定では明記していない。着用具の細かいことについて知りたければ、規定以外のもので調べなければならない。

9. 結　び

本章では、草履の朱房行司と無草履の朱房行司を中心にその対応する力士や「三役格」の短刀などについて調べた。まとめると、大体、次のようになる。

(a) 昭和14年5月の相撲規定まで、無草履の朱房行司は「幕内格」だった。しかし、明治以降はずっと、無草履の朱房行司は実質的に「三役力士」に対応していた。それは大正3, 4年の取組に表れている。無草履の朱房行司が三役力士の取組を裁いている。『夏場所相撲号』（T10.5）でも、無草履の朱房行司は「小結」に対応するものとして行司が語っている。

(b) 木村瀬平は二度目の草履を許されたとき、同時に「熨斗目麻裃と帯刀」も許されたと語っているが、これに関する問題点をいくつか指摘した。瀬平が語っているように、当時それが「しきたり」だったのかどうかは必ずしもはっきりしない。しかし、本章では、少なくとも明治30年頃にはその「しきたり」はなかったという立場である。瀬平の言い分を協会が黙認したのは、瀬平の言い分が正しいからではなく、彼が年長者で、経験豊富だったからである。それに、吉田司家が口頭で近々瀬平を立行司にするという口約束があったかもしれない。

(c) 瀬平が明治29年春場所後に「熨斗目麻裃と帯刀」を許されたなら、一枚上の誠道の装束や短刀もそれに倣っただろうか。本章では、誠道は庄之助を襲名するまで、熨斗目麻裃を着用しなかったし、帯刀もしなかったとしている。熨斗目麻裃は「立行司」と「准立行司」だけに許されたはずだが、それが真実かどうかは必ずしも定かでない。瀬平が熨斗目麻裃を着用

していたのは事実なので、本章の解釈が正しいかどうかはやはり吟味する必要がある。

(d) 瀬平は9代伊之助と同様に、明治31年春場所からは「立行司」として処遇されたに違いない（『中央』(M31.1.17)）。つまり、その時、熨斗目麻裃と短刀を正式に協会から許されているはずだ。というのは、伊之助（9代）も実質的には春場所から「立行司」として処遇されているからである。したがって、明治31年1月以前、瀬平が熨斗目麻裃を着用したのは、瀬平の勇み足である。しかし、協会や吉田追風はそれを黙認している。黙認するからには何か理由があるはずだが、今のところ、はっきりしたことは分からない。

(e) 明治43年5月の装束改正で、十両格以上は短刀を差すことができたが、それは名目上だけで、実際に実施した証拠がない。確かに、大正初期の雑誌記事の中には十両格以上は短刀を差すことができると記述してあるものもある。しかし、それを実際に差していた可能性は極めて低い。大正10年頃の雑誌記事によると、草履の朱房行司は帯刀を遠慮している。残念ながら、いつから遠慮したかが分からない。

(f) 昭和2年春場所から朱房行司は「三役格」になったが、草履を履かなくなっている。これは基本的に昭和34年11月まで続いている。昭和22年6月には木村庄三郎と木村正直に草履が許されている。これは例外的な扱いで、他の朱房行司は昭和34年11月まで足袋だけだった。昭和35年1月から朱房行司は草履を許された。これが現在も続いている。したがって、昭和34年11月まで朱房行司が草履を許され、帯刀していたと記述してある文献はすべて、事実に反する。

このように、朱房行司に関しては分かっている部分もあれば、そうでない部分もある。分かっているつもりでも、深く調べていけば、実は、不明な箇所もある。本章では、不明な箇所を解明したかったが、資料不足と力量不足で迷路

第5章　草履の朱房行司と無草履の朱房行司

に入ってしまった感もある。本章の結論は必ずしも正しくないかもしれない。不明な点の解明は、今後の研究課題としておく。

資料（1）：用語の説明

本章に出てくる用語をいくつか簡単に説明する。行司に関する歴史的経過に触れると、これらの用語がどのように使われているかを知る必要がある。

(a) 朱房行司：軍配房の色が「朱」である行司。「紅」、「赤」、「緋」も同じ。

(b) 草履の朱房行司：草履を許された朱房行司。三役格以上であれば、草履の行司である。草履の朱房行司を特別に「草履格」ということもある。

(c) 無草履の朱房行司：草履を履かない朱房行司。この朱房行司は、草履を許された「三役格行司」と異なる。

(d) 三役格（行司）：草履を許された朱房行司。ときには、草履を許された朱房行司以上の行司を「三役格」と呼ぶこともある。

(e) 立行司：明治43年5月以前は、「熨斗目麻裃」（すなわち、麻裃の下に着る礼服）を許された行司。短刀を自動的に許される。明治38年以前であれば、房の色は「朱」でもよかったが、それ以降は「紫白」と「紫」である。したがって、明治38年以降であれば、「紫白」か「紫」が立行司であり、短刀も許された。明治43年5月の行司装束改正前は、「熨斗目麻裃」が立行司のシンボルだった。それ以降は装束に関係なく、紫白房や紫房が立行司のシンボルである。

(f) 立行司格：「准立行司」と呼ぶこともある。「真の」立行司でないが、それとほぼ同等の地位にある行司。明治38年以降は紫白房で、「熨斗目麻裃」を許されていた。したがって、短刀も許されていた。しかし、それ以前の「立行司格」の装束に関しては必ずしもはっきりしない。すなわち、立行司と立行司格の装束がまったく同じだったか、それとも違っていたかは必ずしもはっきりしない。本章では、基本的に同じだったと解釈している。

(g) 格足袋：十両格行司と同じ。十両力士に対応する。

(h) 本足袋：「幕内格」以上の行司はすべて本足袋だが、一般的に、「幕内格行司」を指す。しかし、ときには草履の朱房行司と区別し、無草履の朱房

第5章　草履の朱房行司と無草履の朱房行司

行司を「本足袋」に加えることがある。したがって、本足袋に対応する力士は「幕内力士」だが、ときには「小結」や「関脇」に対応する。立行司、准立行司、三役格以上の行司は、普通、その地位で呼ぶ。これらの行司を「本足袋」と呼ぶのは非常に少ない。

(i) 三役力士：関脇と小結。ときには「大関」を加えることもある。横綱を加えることは稀である。

資料（2）：大正末期までに朱房と草履が許された年月

朱房と草履が許された年月は同じではない。それは次のリストを見れば、明らかである。

	朱房	草履	紫白房／紫房
（1）誠道	明治20年	明治29年夏	明治31年1月（紫白）
・朱房授与の年月は明治20春場所である（上司編『相撲新書』(p.88)）。 ・木村庄之助を襲名する前に、熨斗目麻裃を許されたのかどうかは定かでない。			
（2）瀬平	明治17年	明治29年夏	明治32年3月（紫白）
・明治26春場所後に行司を辞めているが、明治28春場所に復帰している。 ・明治31年春場所から立行司になった。 ・明治29年夏の草履許可は二回目である。			
（3）伊之助	明治30年春	明治31年春	明治37年夏（紫白）
・4代与太夫。明治31春場所で伊之助を襲名したが、朱房だった。 ・明治31年春場所から熨斗目麻裃を許された。			
（4）庄三郎	明治34年4月	明治37年夏	明治38年夏（紫白）
・明治44夏（伊之助）。朱房がいつ授与されたか定かでないが、明治32年頃のようだ。			
（5）庄太郎	明治34年4月	明治38年夏	
・明治38年10月、死亡した。 ・紫白房は許されていない。			
（6）進	明治34年夏	明治39年春	明治44年夏（紫白）
・明治45夏（伊之助）。			
（7）小市	明治34年夏	明治30年春	大正2年春（紫白）
・大正3年5月（伊之助）。 ・誠道（2代目）。			

172

第5章　草履の朱房行司と無草履の朱房行司

	朱房	草履	紫白房／紫房
(8) 朝之助	明治35年夏	明治44年6月	大正3年夏（紫白）

・紫白房はT3夏場所までには許されているが、授与年月ははっきりしない。

	朱房	草履	紫白房／紫房
(9) 与太夫	明治40年春	明治45春場所	大正10年5月（紫白）

・T10夏、臨時に紫白房を許された。

	朱房	草履	紫白房／紫房
(10) 勘太夫	明治40年春	大正2年春	大正11年春（紫白）

・第三席で紫白になった。大正時代に第三席で紫白房を授与されたのは、この勘太夫が最後らしい。

	朱房	草履	紫白房／紫房
(11) 錦太夫	明治42年夏	大正3年春	大正15年春場所

・先代伊之助急死のため、実質的には大正15年春場所から伊之助だった。
・大正11年夏場所、与太夫（6代）に改名している。

	朱房	草履	紫白房／紫房
(12) 大蔵	明治43年夏	大正3年春	

・大正10年夏、辞職した。紫白房は授与されていない。

	朱房	草履	紫白房／紫房
(13) 角治郎	明治43年春場所		

・のちの庄三郎。大正14年4月、死亡。紫白房は授与されていない。

	朱房	草履	紫白房／紫房
(14) 庄吾	明治44年夏場所		

・大正11年1月、行司を辞め、年寄となった。紫白房は授与されていない。

	朱房	草履	紫白房／紫房
(15) 左門	大正2年夏場所		

・大正12年1月、行司を辞職し、年寄となった。紫白房は授与されていない。

	朱房	草履	紫白房／紫房
(16) 清治郎	大正2年夏場所。		

・大正9年2月、死亡。

	朱房	草履	紫白房／紫房
(17) 留吉	大正3年夏場所。		

・大正7年1月、死亡。紫白房は授与されていない。

	朱房	草履	紫白房／紫房
(18) 錦之助	大正7年夏場所／昭和2年春場所		

　大蔵に続いて、朱房を授与された行司には角治郎（のちの庄三郎）、庄吾（のちの瀬平）、左門、清治郎、留吉、錦之助等がいるが、いずれも大正15年夏場所までには草履を許されていない[56]。つまり、朱房であったが、草履を許され

173

ていない。このように見てくると、大正時代、朱房で草履を許された最後の行司は、錦太夫と大蔵の二人である。二人に草履が許されたのは、大正3年春場所である。大蔵は大正10年夏場所で辞職しているので、大正末期まで草履を許された朱房行司は、錦太夫（のちの6代与太夫、20代庄之助）だけとなる。

56）この錦之助（4代）は、のちの錦太夫（4代）、与太夫（7代）、伊之助（16代）である。

資料（3）：昭和2年春場所から昭和34年秋場所までの三役格行司

　昭和2年春場所以降も、三役格は「草履を履き、短刀を差す」と記した文献が数多く見られるが、それはすべて誤りである。昭和の三役格は草履を履いていない。したがって、短刀も差していない。それを証明する証拠を示す。写真なので、真の姿がそのまま写っている[57]。

A．昭和2年春場所から昭和29年秋場所まで
　(1) 昭和2年春場所、『近世日本相撲史 (1)』
　　・小野川対出羽ヶ嶽、清之助は足袋だけ。
　(2) 昭和2年夏場所、『夏場所相撲号』(S2.5)
　　・能代潟対山錦（8日目）、清之助は足袋だけ。
　(3) 昭和2年は夏場所、『近世日本相撲史 (1)』
　　・玉錦対小野川、清之助は足袋だけ。
　(4) 昭和3年春場所、『夏場所相撲号』(S3.5)
　　・大蛇山対錦城山（5日目）、勘太夫は足袋だけ。
　　・剣岳対常陸岳（6日目）、勘太夫は足袋だけ。
　　・能代潟対大の里（11日目）、勘太夫は足袋だけ。
　　・朝響対常陸岳（9日目）、清之助は足袋だけ。
　　・真鶴対玉錦（10日目）、与太夫は足袋だけ。
　(5) 昭和4年春場所、『夏場所相撲号』(S4.5)
　　・信夫山対幡瀬川、勘太夫は足袋だけ。
　(6) 昭和4年夏場所、『春場所相撲号』(S5.1)
　　・武蔵山対男女ノ川、勘太夫は足袋だけ[58]。

---

57) 写真は真の姿であり、足袋を履いていないことは確かである。ただ、写真の行司が誰であるかは、取組の力士や開催場所などを考慮して判断しなければならない。間違いがあるとすれば、行司の見間違えである。

・武蔵山対朝潮（10日目）、勘太夫は足袋だけ。
　・信夫山対幡瀬川、勘太夫は足袋だけ。
　・武蔵山対錦洋、与太夫は足袋だけ。
　・玉錦対錦洋、与太夫は足袋だけ。
　・清瀬川対天竜、清之助は足袋だけ。
　・和歌島対宝川（5日目）、清之助は足袋だけ。
（7）昭和5年夏場所、『春場所相撲号』（S6.1）
　・出羽ヶ嶽対朝汐、勘太夫は足袋だけ。
　・玉碇対錦洋、与太夫は足袋だけ。
　・雷之峰対武蔵山、勘太夫は足袋だけ。
（8）昭和6年夏場所、『春場所相撲号』（S7.1）
　・清水川対武蔵山、与太夫は足袋だけ。
　・出羽ヶ嶽対若瀬川、勘太夫は足袋だけ。
（9）昭和7年夏場所、『近世日本相撲史（1）』
　・双葉山対武蔵山、与太夫は足袋だけ[59]。
（10）昭和8年春場所、『夏場所相撲号』（S8.5）
　・双葉山対男女ノ川、勘太夫は足袋だけ。
（11）昭和8年5月、『近世日本相撲史（1）』
　・男女ノ川対出羽ヶ嶽、勘太夫は足袋だけ。
（12）昭和14年夏場所、『大相撲夏場所総決算号』（S14.6）
　・両国と旭川、庄三郎は足袋だけ。
（13）昭和14年夏場所、『昭和の大相撲史』（毎日新聞社、S54.10、p.140）[60]
　・安芸ノ海対玉の海、清之助は足袋だけ。
（14）昭和16年春場所、『大相撲夏場所総決算号』（S16.2）
　・照国と綾昇、庄三郎は足袋だけ。

---

58)『昭和の大相撲60年』（S61.1、p.30）にも同じ写真が掲載されている。
59)『昭和の大相撲60年』（p.34）にも同じ写真が掲載されている。
60) この写真は昭和16年春場所の写真（『相撲画報（春場所総評号）』（S16.2））とよく似ているが、同じものではない。力士、行司、審判員は同じだが、土俵の周りに映っている人物やその配置が異なる。

(15) 昭和16年春場所、『相撲画報（春場所総評号）』(S16.2)
・玉ノ海対安芸ノ海、清之助は足袋だけ。
(16) 昭和16年春場所、『大相撲春場所（総決算号）』(S16.2)
・笠置山対照国、庄三郎は足袋だけ。
(17) 昭和17年5月場所（5日目）、DVD「昭和の名力士（7）」
・名寄岩対九州山、庄三郎は足袋だけ。
(18) 昭和18年夏場所（3日目）、『昭和の名横綱シリーズ（10）』(p.54)
・東富士対豊島、正直は足袋だけ。
(19) 昭和19年春場所（10日目）、『昭和の名横綱シリーズ（10）』(p.59)
・東富士対増位山、正直は足袋だけ。

B. 昭和20年春場所から昭和29年秋場所まで
 (1) 昭和20年11月場所（初日）、DVD「昭和の名力士（7）」
・汐ノ海対海山（神風）、正直は足袋だけ。
 (2) 昭和20年11月場所（千秋楽）、DVD「昭和の名力士（7）」
・汐ノ海対柏戸（藤ノ川）、庄三郎は足袋だけ。
 (3) 昭和22年6月場所（初日）、DVD「昭和の名力士（7）」
・汐ノ海対柏戸（藤ノ川）、庄三郎は草履を履いている[61]。
 (4) 昭和23年夏場所、『相撲』(S23.10)
・藤田山対緑島（千秋楽）、今朝三は足袋だけ。
 (5) 昭和24年秋場所、『連続写真でみる戦後大相撲名勝負集』(『相撲』別冊、S32.7、pp.10-1)
・吉葉山対栃錦、鬼一郎は足袋だけ。
・琴ヶ浜対時津山、庄太郎は足袋だけ。
 (6) 昭和26年春場所、『近世日本相撲史（3）』(p.161)
・信夫山対二瀬山、鬼一郎は足袋だけ。

---

61) 木村庄三郎と木村正直はこの場所から草履を許された。草履を履かない三役格と区別して「格草履」と称することもある。

(7) 昭和27年秋場所、DVD「昭和の名力士（7）」
　・名寄岩対朝潮、与太夫は足袋だけ。
(8) 昭和28年春場所、DVD「昭和の名力士（7）」
　・三根山対玉ノ海、与太夫は足袋だけ。
(9) 昭和29年夏場所、DVD「昭和の名力士（7）」
　・大内山対若瀬川、与太夫は足袋だけ。
(10)　昭和29年秋場所、『相撲　今と昔』（S29.12、p. 46）
　・清水川対松登、与太夫は足袋だけ。

C．昭和30年春場所から昭和35年初場所まで
　昭和30年から34年までの三役格は草履を履いていない。それを確認できる写真があるので、参考までに、次に示す。

(1) 昭和30年初場所、DVD「昭和の名力士（9）」
　・信夫山対朝汐（初日）、庄太郎は足袋だけ。
(2) 昭和30年春場所、『大相撲』（S32.4）
　・朝汐対出羽錦（5日目）、与太夫は足袋だけ。
(3) 昭和30年夏場所、『写真でみる相撲秘技解説』（『相撲』増刊、S31.2、p. 23）
　・信夫山対玉ノ海（4日目）、与太夫は足袋だけ。
(4) 昭和32年夏場所、『大相撲画報』（S32.6、p. 27）
　・双ツ竜対房錦（14日目）、錦太夫は足袋だけ。
(5) 昭和32年秋場所、『大相撲画報』（S32.11）
　・「勝負をさばく人たち――行司一覧」と題し、取組を裁いている姿をクローズアップしてある。三役格の与太夫、庄太郎、今朝三、鬼一郎、錦太夫、勘太夫は土俵上で足袋だけである。三役格の宋四郎は病気休養中なので、写真は掲載されていないが、足袋だったに違いない。
(6) 昭和33年秋場所、『大相撲画報』（S33.10、p. 23）
　・与太夫と庄太郎は足袋だけ。「軍配を構えたこの姿も見られなくなる」

第5章　草履の朱房行司と無草履の朱房行司

のキャプションがある。取組んでいる力士はカットされて、力士名は不明。この場所、すでに昭和34年11月の定年制が決定している。
(7) 昭和33年秋場所、『大相撲11月本場所号』（『サンデー毎日別冊』）
・若葉山対八染（千秋楽）、玉光は足袋だけ。
(8) 昭和34年夏場所、『大相撲』（S34.6)
・与太夫、庄太郎、鬼一郎、錦太夫、玉光、勘太夫は足袋だけ。「引退する行司たち」の題で、5名の行司がクローズアップされている。取組んでいる力士はカットされているので、力士名は不明。
(9) 昭和34年秋場所、『大相撲画報』（S34.10、p.29)
・与太夫、庄太郎は足袋だけ。土俵上の姿をクローズアップしてある。
(10)　昭和35年初場所、『大相撲』（S35.2)[62]
・この場所以降、三役格は草履を履いている。
・柏戸対大鵬（12日目）、玉光は草履を履いている。
・琴ヶ浜対栃錦（12日目）、鬼一郎はこの場所から伊之助になり、草履を履いている。
(11)　昭和35年初場所、『大相撲画報』（S35.2)
・北の洋対琴ヶ浜（3日目）、玉光は草履を履いている。
・岩風対若乃花（初日）、鬼一郎はこの場所から伊之助になり、草履を履いている。
・北の洋対朝汐（4日目）、鬼一郎はこの場所から伊之助になり、草履を履いている。

昭和2年春場所、与太夫が再び朱房の「三役格」になったが、草履は許されていない。この場所以降、「三役格」はすべて朱房だが、草履を許されなく

---

62) 昭和35年初場所で、上位5名（立行司2名と三役行司3名）が退職し、副立行司正直が23代庄之助に、鬼一郎が20代伊之助になった。三役格は錦太夫、玉光、勘太夫の3名となった。この場所から立行司が木村庄之助と式守伊之助の2名、三役格が基本的に3名となった。

なっている。これは、基本的には、昭和34年11月まで続いている。三役格が全員草履を許されたのは、昭和35年1月である。昭和22年6月、三役格の庄三郎と正直に草履が許されているが、これはあくまでも例外である。他の三役格は依然として草履を許されていない。

第6章　行司の木村姓と式守姓の名乗り

1. 本章の目的

　行司には木村姓と式守姓がある。どのように木村姓と式守姓を名乗るかに関しては、拙稿「行司の改姓」(『専修大学人文科学年報』(2004))にも扱ってある[1]。そこでは、結論として次のようにまとめてある (pp.33-4)。

(a) 入門時、兄弟子の付け人になるが、その兄弟子の「姓」を名乗る。姓名を決めるのは、師匠や先輩行司である。

(b) 入門後は、兄弟子の「姓」が変わるとき、それに歩調を合わせて「姓」を変える。たとえば、式守伊之助や木村庄之助に兄弟子が昇格すると、その「式守」や「木村」に姓を変える。

(c) 兄弟子の若い頃の名前を受け継ぐように兄弟子から勧められる。「木村」を名乗っていたが若い頃に「式守姓」を名乗っていたため、その「式守」に変える。ついでに「名前」も変える。

(d) 兄弟子から式守を名乗る行司が少ないため、「式守」に変えるように勧

---

[1] 本章をまとめるに際しては29代木村庄之助、35代木村庄之助、38代式守伊之助、三役格の式守錦太夫にお世話になった。また、平成23年1月場所中、入門時の兄弟子がどの行司であったかについて現役の行司全員にアンケート調査を実施した。当時、行司監督の一人であった十両筆頭（平成24年1月現在は幕内格）の木村元基がそのアンケートを収集し、さらに資料の中で不明な箇所があれば行司に直接確認もしてくれた。このように、幾人かの方々にお世話になっている。ここに改めて、これらの方々に感謝の意を表する。

められ、改姓した行司もいる。式守修はその例である。
(e) 式守系の名前を将来継がせる意図で、兄弟子が木村姓から式守姓へ変えることがある。いきなり位の高い名前を継がせるのではなく、まず低い位の「式守姓」の「名前」を継がせ、時期が来たら高い位の式守名を名乗らせる。
(f) 最近は見られなくなったが、昭和30年代以前は師匠と養子縁組をし、「姓」を世襲させることがよく行われた。師匠が「式守」であれば、「式守」を名乗るように変えた。

本章では、主として、次のような側面を重点的に扱う。

(a) 入門時の行司姓はどのように決まるか。
(b) 入門後の行司姓はどのように決まるか。
(c) 同一部屋には木村姓と式守姓はいないか。
(d) 同一部屋で木村姓と式守姓の行司がいなくなったのはいつ頃か[2]。
(e) 本場所の兄弟子と付人の関係はどうなっているか。

拙稿「行司の改姓」(2004)では入門時の行司姓の選択や入門後の行司姓の変更については詳しく扱ってあるが、同一部屋の木村姓と式守姓の存在についてはあまり深く扱わなかった。本章では、行司姓が部屋に所属していないことを指摘する[3]。一見、特定の部屋には行司姓が固定しているが、それはたまたまそうなっているだけである。昭和61年7月以降は同一部屋に異なる行司姓の

---

2) 立行司の式守伊之助と木村庄之助は考慮の対象外とする。この両行司の名乗りは部屋とは全く関係ないからである。以前は立行司の付人となった場合、その付人は式守姓や木村姓に変えることもあったが、変えないこともあった。いずれにしても、立行司の式守姓と木村姓は地位を表すもので、行司が自由に選択できるものではない。
3) 明治20年5月に木村誠道が式守鬼一郎に改名しているが、これは式守家（7代式守伊之助の未亡人）の養子となったからである。2年後（明治22年5月）には養子縁組を解消し、元の木村誠道に戻っている。当時は、木村家と式守家は異なる系統だった。本章で扱っているのは、大正以降に改姓した行司である。

行司がいなくなったが、それ以前はそのような部屋が意外なほどたくさんあった。

2. 木村姓と式守姓の選択

行司姓を決めるには、先にも引用したように、いくつか型がある。それを別の角度から次のようにまとめることもできる[4]。

(a) 部屋に兄弟子がいれば、その姓に合わせる。異なる姓の行司がいれば、兄弟子となる行司の姓を名乗る。特に兄弟子が十両以上であれば、間違いなくその姓を名乗る[5]。これがごく普通に見られる名乗りの型である。兄弟子が幕下以下の場合、一昔前はその姓を必ずしも名乗らないことがあった。たとえば、二所ノ関部屋の木村忠男（後の10代式守錦太夫）は部屋に式守慎之助（当時は幕下、後の29代木村庄之助）がいたにもかかわらず、入門当時は兄弟子・木村玉光（後の25代庄之助）の付人になり、木村姓を名乗っている。

(b) 部屋に行司がいない場合、別の部屋の兄弟子の付人となり、その姓に合わせる。たとえば、11代式守錦太夫（宮城野部屋）は入門当時、23代式守伊之助（立浪部屋）の付人となり、式守吉之輔を名乗っていた。この23代式守伊之助が27代木村庄之助を襲名したので、それに合わせて木村吉之輔となっている。

---

[4] この項で言及されている行司の改姓に関しては、拙稿「行司の改姓」（『専修大学人文科学年報』(2004)）で詳しく扱っている。
[5] 入門時だけでなく、三段目以下でも兄弟子の姓に合わせて改姓することはよく見られた。たとえば、井筒部屋の木村正（後の26代木村庄之助）は伊勢ノ海部屋から移籍してきた式守与之吉（後の21代木村庄之助）の付人になり、式守姓に改姓し式守正を名乗っている。

183

(c) 部屋に行司がいたが、別の部屋の姓が異なる行司の付人になり、部屋の行司と異なる姓を名乗る。その場合、兄弟子は、もちろん、格上である。二所ノ関には幕下の式守慎之助（後の29代木村庄之助）がいた。木村忠男は中村部屋の木村玉光（後の25代木村庄之助）の付人なり、「木村姓」を名乗っている。普通なら同部屋の「式守姓」を名乗るが、式守慎之助はまだ「幕下」だった。木村忠男は兄弟子の中村部屋に移籍したわけではない。二所ノ関部屋にいたまま、「木村姓」を名乗っている。因みに、木村忠男が式守慎之助を名乗ったのは、十両格になったときである。この改名は兄弟子・付人の関係ではなく、将来式守系の名前を継いでもらうことを期待してのものであった[6]。

(d) 部屋に行司がいるが、移籍してきた異なる行司の付人となり、その姓に合わせる。その場合、移籍してきた行司は格上である。
　① 26代木村庄之助の例：入門当時は木村正（井筒部屋）を名乗っていたが、伊勢ノ海部屋から移籍してきた式守与之吉の付人となり、木村正から式守正に変わった。
　② 29代木村庄之助の例：入門時は5代式守錦之助（後の7代式守錦太夫）の付人となり、式守春芳（二所ノ関部屋）を名乗っていた。その後、序ノ口時代には16代木村玉之助（中村部屋）の付人になり、木村春芳と改姓している。

(e) 同じ部屋で兄弟子が変わり、その兄弟子の姓に合わせる。これは異なる姓の行司が同じ部屋にいる場合にも起きる。たとえば、28代木村庄之助は入門当時、20代木村庄之助の付人だったので、木村松尾を名乗っていた。この20代木村庄之助が昭和15年に亡くなったため、兄弟子が同じ部

---

[6] この改名を勧めたのは、同じ部屋の式守錦太夫（9代、後の29代木村庄之助）である。これと似たようなケースとしては、木村修が式守修に改姓している。これらの改姓・改名の経緯は拙稿「行司の改姓」（『専修大学人文科学年報』(2004)）で詳しく扱っている。

屋の18代式守伊之助（後の22代木村庄之助）になった。木村松尾はその式守伊之助の姓に合わせ、式守松尾に改姓している。

3. 文献で見る行司姓

　行司の改姓について述べてある文献もある。その中から何人かピックアップし、それを紹介する。事実に即した記述をしてあるものもあるし、そうでなさそうな記述もある。後者の場合、なぜそうなのかを指摘する。

(1) 24代木村庄之助（阿武松部屋）

　除隊後の大正13年1月場所では幕下格に据え置かれているが、最後の日（つまり千秋楽）に十両に昇格している。そのとき、木村姓から式守姓に変わっている。『大相撲』(S39.7) の「行司生活55年—24代木村庄之助」で次のように語っている。

> 「（前略）幕下の頭で1月場所を務め、最後の日に十両格に昇格した。同時に木村系から式守系に移り、式守義と改名した。13年の1月は関東大震災のために、はじめて本場所が東京からはなれて名古屋で行われた。私は十両で土俵を務めていたのだが、この名古屋場所後に常の花が横綱になったのである。優勝は栃木山だった。私は初めて木村義から式守義になったのだが、この時は勘太夫を木村系から式守系に移している。」(pp.45-6)

　なぜ木村姓を式守姓に変えたかについては語っていないので、その経緯は分からない。十両での改姓なので、兄弟子との関係ではない。この記述にある「この時は勘太夫を木村系から式守系に移している」という表現を文字どおりに読むと、木村勘太夫が式守勘太夫に変わっている。しかし、番付を調べてみると、そのような形跡がない。式守勘太夫はずっと「式守勘太夫」のままである。この表現には改姓のことではなく、別の意味があるかもしれない。それが

185

どういう意味かは、今のところ、分からない。ここでは、そのような表現があることを指摘するのに留めておく。

(2) 26代木村庄之助（『大相撲』(S51.11) の「庄之助一代記：26代木村庄之助」)

(a) 「当時の井筒部屋の行司は兄弟子が3,4人おりましたね。」(p. 94)
(b) 「本場所の初土俵は大正8年5月場所でした。井筒部屋は木村の系統で、私は木村正を名乗ったのです。しかし、このあと、後の21代木村庄之助になる当時の式守与之吉が伊勢ノ海部屋から井筒部屋に変わってきて、伊勢ノ海が式守系なので、その弟子になった私は、大正10年5月に序ノ口格になり、式守正となりました。」(p. 95)

最初は、兄弟子の付人として「木村姓」を名乗っていたが、移籍してきた与之吉の付人になり「式守姓」に変わっている。自伝『ハッケヨイ人生』(S41) では、次のように述べている。

> 「私が所属していた伊勢ノ海部屋は、大きな部屋でした。やがて、9代目の伊勢ノ海、元八国山勇太郎さんが同じ在京年寄仲間の元西の海（2代目）の先々代井筒に行司を貸してくれないかといわれて、私は井筒部屋へ派遣されました。これは大正になってからのことです。いわば、これが私の行司として出世できるようになった発端だった、といまも考えています。
> 　井筒部屋——あそこには行司がいませんでした[7]。私が派遣されていくと、親方は私を見るなりすっかり気に入ってしまったのか、すごく親切にしてくれました。ずーっと井筒部屋に行っているうちに、あそこのお内儀さんの姪に当たる晴子という娘を私に紹介してくれました。

---

7) 21代庄之助が井筒部屋に来たときには、木村正がいた。井筒部屋に誰もいなかったとなると、26代庄之助が語っていることと違うことになる。これは、おそらく、21代木村庄之助の勘違いである。木村正を名乗った時には、兄弟子が木村姓を名乗っていたからである。因みに、井筒部屋の行司はこの21代木村庄之助以降、式守姓を名乗っている。

第6章　行司の木村姓と式守姓の名乗り

『どうです、この娘の養子ムコになってくれませんか』
ということで、私はその晴子の養子ムコになりました。いまも私の家内として、よく世話をしてくれています。
　私はよくよく養子向きにできていたんでしょう。また、それを機会に井筒部屋と親交をさらに深めていきました。」(p.26)

(3) 28代木村庄之助

『大相撲』(S64.9) の「わしの駆け出し時代―立行司式守伊之助（後藤悟）」で次のように述べている。

　「昭和13年4月、松翁20代木村庄之助のもとへ入門。15年3月、松翁の没後は22代庄之助泉林八さんの預かり弟子となった。」(p.140)

木村庄之助（松翁）の弟子だった時は木村松尾だったが、18代式守伊之助（後の22代木村庄之助）の弟子だった時に式守松男に改姓している。28代木村庄之助は20代木村庄之助の養子にもなっている。

　「私の入門2年後に松翁は亡くなったんですが、ほかの人の10年分ぐらい接して教えを受けましたね。亡くなる前に養子にもなりましたし…」(p.141)

この養子縁組は松翁の亡くなる前なので、入門時の名乗りとは関係ない。

(4) 29代木村庄之助（二所ノ関部屋）

昭和20年9月の入門時には式守春芳で、兄弟子は二所ノ関部屋の式守錦太夫（7代）だった。『一以貫之』(H14) では次のように述べている。

(a)「もともと錦太夫は陸奥部屋の行司でしたが、玉錦が二枚鑑札になったとき、当時の二所ノ関部屋に行司がいなかったため、錦太夫が移籍してき

187

たという経緯がありました。」(p. 67)
(b)「兄弟子の行司、7代目式守錦太夫（本名：櫻井福太郎）から養子縁組の話があったのは昭和31年、20歳のときでした。錦太夫には、昭和20年に入門した時から世話になっており、兄弟子の付き人として錦太夫の自宅へはいつも出入りしていましたから、養子話はすんなり受け入れることができました。」(p. 65)

式守春芳が付人の頃は、式守錦之助（5代）だった。この式守錦之助は後に式守錦太夫（7代）、式守与太夫（9代）となった。

(5) 27代木村庄之助

この行司は式守伊之助（23代）を襲名するまで一貫して木村姓だが、19代式守伊之助が師匠（つまり兄弟子）に当たる。『大相撲』(H3.1)の「27代木村庄之助―54年の軍配人生に幕…」で次のように述べている。

「(前略) 熊谷宋吉少年と大相撲との巡り合いは、昭和10年の夏、小学校4年生のときであった。玉錦、双葉山の一行が盛岡市に巡業で訪れ、当時、木村庄三郎を名乗っていたヒゲの伊之助が同旅館に宿泊、入門を勧められたのがきっかけだった。
　もちろん、両親は大反対であったが、伊之助さんの巧みなごちそう戦術に、すっかりその気になった宗吉少年は、そのまま巡業に合流、豆行司として土俵を務めた。」(p. 120)

木村宗吉の兄弟子は木村庄三郎だったので、木村姓を名乗っている。木村庄三郎は昭和2年春、友綱部屋から立浪部屋に移籍している（自伝『軍配六十年』(S36、p. 158)）。

4. 過去の事例

　木村姓と式守姓の行司が同一部屋にどのくらいいたかについては、大正10年から昭和61年7月までの資料を参考にしてある[8]。行司の有資格者（つまり十両以上）になると、辞める確率がかなり低くなるので、ある一定の年月の間隔をおいて調べることにした。木村家と式守家のトップが名義変更できるようになったのは、明治44年5月以降である。三役以下行司の場合はおそらく大正になってからである。三役以下行司の場合、どの行司が最初に行司姓を変更しただろうか。興味をそそる問題点である。しかし、大正10年以前は部屋名を記した資料が乏しいため、残念ながらそれを確認することができなかった[9]。なお、明治20年5月に木村誠道が式守鬼一郎に改名しているが、これは式守家（7代式守伊之助の未亡人）の養子となったからである。2年後（明治22年5月）には養子縁組を解消し、元の木村誠道に戻っている。当時は、木村家と式守家は異なる系統だった。

(1) 『相撲画報』（T10.1）／（T10.5）の「行司氏名及び所属部屋」（pp. 136-7）／（pp. 143-4）
   (a) 出羽海部屋
       式守錦之助、木村善太郎、木村喜市、木村常太郎、木村政夫（見習）
   (b) 井筒部屋
       式守与之吉、木村誠道、木村左右司、式守正（見習）
   (c) 友綱部屋

---

8) 大正元年から大正9年までは行司名は分かっていても、所属する部屋を確認できる資料が非常に乏しい。明治44年以降、木村家と式守家が流動的になってきたので、それ以降、同じ部屋で異姓の行司がいた可能性がある。

9) 行司名は番付を見れば分かるが、部屋名を記した資料が大正10年以前は見つからなかった。しかし、それはたまたま資料に恵まれなかっただけで、実際はそのような資料はどこかにあるかもしれない。

式守与太夫、木村大蔵、木村玉次郎、式守竹次郎、木村玉堂、木村肇（見習）

(2) 『夏場所相撲号』(S14.5) の「最新行司人別調一覧表」
   (a) 錦島部屋
      式守与太夫（幕内）、木村今朝三（幕内）、木村筆助（序二段目）

(3) 『相撲と野球』(S18.4) の「行司と行司の部屋別」(p.59)
   (a) 出羽海部屋
      木村善太郎（幕内格）、式守錦太夫（十両格）
   (b) 二所ノ関部屋
      式守錦之助（幕内格）、木村重清（幕下格）
   (c) 庄之助部屋
      木村庄之助（立行司）、式守友好（三段目）
   (d) 高砂部屋
      式守与太夫（三役格）、木村庄次（幕下格）、木村輝久（序ノ口）

(4) 『相撲』(S29.4) の「行司部屋別一覧表」(p.29)[10]
   (a) 錦島部屋
      式守与太夫（三役）、木村今朝三（三役）、木村筆之助（十両）
   (b) 出羽海部屋
      式守鬼一郎（三役）、木村宋四郎（幕内）、式守武司（序ノ口）
   (c) 時津風部屋
      木村誠助（十両）、式守金策（序ノ口）
   (d) 立浪部屋

---

10) 『大相撲』(S31.9) の「全力士部屋別一覧」(pp.58-62) にも行司の所属が確認できるが、まったく同じではなく、少し行司の入れ替えがある。なお、『新版相撲通になるまで』(『相撲』増刊、S28.11) の「行司部屋一覧表」(pp.53-4) にも2,3名の入れ替えを除いて、これとほとんど同じものがある。

第6章　行司の木村姓と式守姓の名乗り

木村玉治郎（十両）、式守清三郎（十両）、木村勇造（序二段）、式守金吾（序ノ口）
(e) 高砂部屋[11]
式守錦太夫（幕内）、木村朝之助（十両）、木村源之助（幕下）、木村昭彦（序二段）、木村富士雄（序ノ口）

(5) 『大相撲画報』（S32.11、pp. 24-7）
(a) 出羽海部屋
木村庄之助、式守鬼一郎（三役）、木村宗四郎（幕内）、木村林之助（十両）、木村徳男（序二段）、木村保之助（序ノ口）、木村郁也（序ノ口）
(b) 立浪部屋
式守伊之助、木村玉治郎（幕内）、式守清三郎（幕内）、式守正夫（序ノ口）
(c) 伊勢ノ海部屋
式守与太夫（三役）、木村筆之助（十両）[12]、式守義明（序ノ口）、式守勝治（序ノ口）
(d) 二所ノ関部屋
式守錦太夫（三役）、木村真之助（幕下）、木村玉蔵（序二段）、木村忠男（見習）

(6) 『大相撲』（S53.1）の「行司写真名鑑」

---

11) 29代木村庄之助によると（H22.4.27）、式守錦太夫は元々陸奥部屋に所属していた。途中から高砂部屋に移ったのは、巡業などで横綱東富士の横綱土俵入りを引くためである。高砂部屋には十両行司木村朝之助がいたが、十両行司は横綱土俵入りを引けない。高砂部屋の師匠と陸奥部屋の師匠の仲が良かったことから、他の部屋に属していた式守錦太夫（幕内）を借り受けることにしたようだ。式守錦太夫が部屋所属を正式に変えたかどうかは必ずしもはっきりしない。30年代までは巡業を一門別や部屋別に行っていたので、行司の貸し借りは普通のことだった。行司は協会所属という考えがあり、巡業などで行司が必要な場合、所属部屋にあまりこだわることもなかったそうだ。
12) 木村筆之助は錦島部屋から移籍している。伊勢ノ海部屋は元々式守姓である。

191

    (a) 二所ノ関部屋
        式守慎之助（幕内）、木村忠男（十両）
    (b) 出羽海部屋[13]
        式守錦太夫（三役）、木村林之助（十両）、木村咸喬（十両）
    (c) 立浪部屋
        式守与太夫（三役）、木村正三郎（十両）、木村旬一（幕下）、木村雅之助（序二段）
    (d) 伊勢ノ海部屋
        木村筆之助（幕内）[14]、式守勝治（十両）

(7) 『大相撲』（S58.2）の「全力士部屋別詳細一覧表」（pp. 154-8）
    (a) 出羽海部屋
        式守錦太夫（三役）、木村林之助（十両）、木村咸喬（十両）、式守晋一郎（序ノ口）
    (b) 立浪部屋
        木村庄之助、式守与太夫（三役）、木村正三郎（十両）、木村城之介（幕下）、木村雅之介（幕下）
    (c) 伊勢ノ海部屋
        木村筆之助（幕内）、式守勝治（十両）[15]
    (d) 二所ノ関部屋
        式守慎之助（幕内）、木村忠男（十両）
    (e) 朝日山部屋
        式守伊之助、木村正義（幕下）

---

13) 出羽の海部屋には昭和56年5月にも式守晋一郎（序ノ口）がいる。
14) 木村筆之助は一時、木村今朝三を名乗っていたこともある。
15) 式守勝治は錦島（幕内力士・有明）の養子で、その次の錦島が行司木村今朝三である。

5. 現在の行司の初土俵と入門時の付人

平成23年1月場所中、入門時にどの行司の付人だったかを行司全員にアンケート調査を行った[16]。それを見れば、兄弟子との関係が分かるからである。

- (1) 立行司　　35代木村庄之助（立浪）、初土俵：S37.5
  兄弟子：木村庄之助（朝日山、23代木村庄之助）
- (2) 立行司　　38代式守伊之助（井筒）、初土俵：S39.5
  兄弟子：木村筆之助（伊勢ノ海、木村筆之助）
- (3) 三役　　　木村玉光（放駒）、初土俵：S40.5
  兄弟子：木村玉光（花籠、木村玉光）
- (4) 三役　　　木村庄三郎（大島）、初土俵：S40.7
  兄弟子：木村玉治郎（立浪、27代木村庄之助）
- (5) 三役　　　木村正直（朝日山）、初土俵：S44.5
  兄弟子：木村正直（朝日山、24代式守伊之助）
- (6) 幕内　　　式守錦太夫（宮城野）[17]、初土俵：S50.3
  兄弟子：23式守伊之助（立浪、27代木村庄之助）
- (7) 幕内　　　木村和一郎（高田川）、初土俵：S50.5
  兄弟子：26代木村庄之助（君ヶ浜、26代木村庄之助）
- (8) 幕内　　　木村玉治郎（立浪）、初土俵：S51.3
  兄弟子：23代式守伊之助（立浪、27代木村庄之助）
- (9) 幕内　　　木村恵之助（九重）、初土俵：S52.11

---

16) このリストの整理をする際には、先にも記述したように、現役の十両筆頭（当時）・木村元基に大変お世話になった。お陰で申し分のないリストになっている。三役の木村正直は病気療養中だったが、木村元基が直接電話し、資料を完成している。

17) 式守錦太夫は入門時の頃、式守吉之輔と名乗っていた。この改名に関しては、拙稿「行司の改姓」（『専修大学人文科学年報』（2004））と「行司の改名」（『専修大学人文科学月報』（2005））で詳しく述べてある。

(10) 幕内　　木村庄太郎（春日野）、初土俵：S54.11
　　　　　　　兄弟子：木村庄二郎（春日野、26代式守伊之助）
  (11) 幕内　　木村晃之助（九重）、S56.3
　　　　　　　兄弟子：24代式守伊之助（朝日山、24代式守伊之助）
  (12) 幕内　　木村寿行（大島）、初土俵：S58.5
　　　　　　　兄弟子：27代木村庄之助（立浪、27代木村庄之助）
  (13) 幕内　　式守与太夫（高島）、初土俵：S59.5
　　　　　　　兄弟子：式守勘太夫（伊勢ヶ浜、26代木村庄之助）
  (14) 十両　　木村元基（湊）、初土俵：S59.5
　　　　　　　兄弟子：式守伊三郎（時津風、式守伊三郎）
  (15) 十両　　木村秋治郎（三保ヶ関）、初土俵：S62.1
　　　　　　　兄弟子：25代式守伊之助（出羽海、28代木村庄之助）
  (16) 十両　　式守慎之助（二所ノ関）、初土俵：H1.3
　　　　　　　兄弟子：式守錦太夫（二所ノ関、29代木村庄之助）
  (17) 十両　　木村堅二郎（峰崎）、初土俵：H2.3
　　　　　　　兄弟子：木村庄二郎（春日野、26代式守伊之助）
  (18) 十両　　木村要之助（東関）、初土俵：H2.3
　　　　　　　兄弟子：木村朝之助（高砂、33代木村庄之助）
  (19) 十両　　式守鬼一郎（追手風）[18]、初土俵：H2.5
　　　　　　　兄弟子：式守錦之助（伊勢ヶ浜、式守錦之助）
  (20) 十両　　木村朝之助（高砂）、初土俵：H3.3
　　　　　　　兄弟子：木村朝之助（高砂、33代木村庄之助）
  (21) 十両　　木村隆男（鳴戸）、初土俵：H3.3
　　　　　　　兄弟子：木村光彦（二子山、34代式守伊之助）
  (22) 十両　　木村光之助（花籠）、初土俵：H3.11

---

18) 式守鬼一郎は入門時、木村修を名乗っていたが、その後、式守修に改姓し、さらに式守修一郎、式守鬼一郎と改名している。この改名に関しては、拙稿「行司の改姓」（『専修大学人文科学月報』（2004））で詳しく述べてある。

第6章　行司の木村姓と式守姓の名乗り

　　　　　　　　兄弟子：木村光彦（二子山、34代式守伊之助）
(23) 幕下　　　木村行宏（玉ノ井）、初土俵：H4.1
　　　　　　　　兄弟子：26代式守伊之助（春日野、26代式守伊之助）
(24) 幕下　　　式守玉三郎（片男波）、初土俵：H4.11
　　　　　　　　兄弟子：式守錦太夫（二所ノ関、29代木村庄之助）
(25) 幕下　　　木村吉二郎（放駒）、初土俵：H5.5
　　　　　　　　兄弟子：木村玉光（放駒、現役）
(26) 幕下　　　木村勘九郎（北の湖）、初土俵：H5.5
　　　　　　　　兄弟子：木村善之輔（春日野、29代式守伊之助）
(27) 幕下　　　木村千鷲（出羽海）、初土俵：H5.11
　　　　　　　　兄弟子：28代木村庄之助（出羽海、28代木村庄之助）
(28) 幕下　　　木村将二（春日野）、初土俵：H6.5
　　　　　　　　兄弟子：木村春夫（春日野、現役・木村庄太郎）
(29) 幕下　　　木村亮輔（中村）、初土俵：H13.11
　　　　　　　　兄弟子：木村朝之助（高砂、33代木村庄之助）
(30) 幕下　　　木村秀朗（千賀ノ浦）、初土俵：H15.11
　　　　　　　　兄弟子：木村善之輔（春日野、現役・木村庄太郎）
(31) 三段目　　式守一輝（荒汐）、初土俵：H17.3
　　　　　　　　兄弟子：式守与之吉（井筒、現役・38代式守伊之助）
(32) 三段目　　式守正宏（伊勢ヶ浜）、初土俵：H18.5
　　　　　　　　兄弟子：式守勘太夫（伊勢ヶ浜、式守勘太夫）
(33) 三段目　　木村悟志（高砂）、初土俵：H18.5
　　　　　　　　兄弟子：木村恵之助（九重、現役）
(34) 序二段　　木村隆之助（鳴戸）、初土俵：H19.5
　　　　　　　　兄弟子：式守慎之助（二所ノ関、現役）
(35) 序二段　　木村達之助（境川）、初土俵：H19.7
　　　　　　　　兄弟子：木村庄太郎（春日野、現役）
(36) 序二段　　式守友和（友綱）、初土俵：H20.1
　　　　　　　　兄弟子：木村庄三郎（大島、現役）
(37) 序二段　　式守輝乃典（佐渡ヶ嶽）、初土俵：H20.3

195

		兄弟子：木村玉光（放駒、現役）
(38)	序二段	木村照一（北の湖）、初土俵：H20.5
		兄弟子：木村秋治郎（三保ヶ関、現役）
(39)	序二段	式守志豊（佐渡ヶ嶽）、初土俵：H20.5
		兄弟子：式守慎之助（二所ノ関、現役）
(40)	序ノ口	木村一馬（花籠）、初土俵：H21.5
		兄弟子：木村光之助（花籠、現役）
(41)	序ノ口	木村勝之助（高田川）、初土俵：H21.5
		兄弟子：木村和一郎（高田川、現役）
(42)	序ノ口	木村豊彦（立浪）、初土俵：H22.3
		兄弟子：木村玉治郎（立浪、現役）
(43)	序ノ口	式守直太郎（宮城野）、初土俵：H22.5
		兄弟子：式守錦太夫（宮城野、現役）

6. 同じ部屋で姓が変わっている例

　これまで見てきた例は同じ部屋で同時に木村姓と式守姓の行司がいたが、過去を振り返ると年月を隔てて木村姓と式守姓の行司がいた部屋もある。それをいくつか次に示す。これらの部屋でも行司姓が部屋所属でないことが分かる。
(1) 阿武松部屋
　　(a) 大正10年1月：　木村義松
　　(b) 昭和18年4月：　式守伊三郎（十両）
(2) 錦島部屋
　　(a) 大正10年1月：　式守勝己（青白房）
　　(b) 昭和29年4月：　木村今朝三（三役）、木村筆之助（十両）、木村義雄（三段目）
(3) 荒磯部屋
　　(a) 大正10年1月：　木村善之輔（青白房）
　　(b) 昭和29年4月：　式守善吉（幕内）、式守邦夫（序ノ口）

- (4) 立田川部屋
  - (a) 大正10年1月： 木村左門（緋房）
  - (b) 昭和18年4月： 式守徳則（序ノ口）
- (5) 時津風部屋
  - (a) 昭和29年4月： 木村誠助（十両）、式守金作（序ノ口）
  - (b) 昭和32年11月： 木村利雄（幕内）、木村金作（序二段）、木村弘行（序ノ口）、木村武夫（序ノ口）
  - (c) 昭和58年2月： 式守伊三郎
- (6) 宮城野部屋
  - (a) 大正10年1月： 式守一志
  - (b) 昭和58年2月： 木村吉之輔
- (7) 大鳴戸部屋
  - (a) 昭和61年1月： 木村英嗣
  - (b) 平成2年5月： 木村修
  - (c) 平成4年1月： 式守修一郎
- (8) 佐渡ヶ嶽部屋
  - (a) 昭和60年1月： 式守正男
  - (b) 平成6年1月： 木村秀之助
- (9) 片男波部屋
  - (a) 平成元年9月： 式守玉司
  - (b) 平成2年1月： 木村玉司
  - (c) 平成4年1月： 式守玉三郎
- (10) 安治川部屋
  - (a) 平成6年3月： 木村輝生
  - (b) 平成18年3月： 式守憲吾
  - (c) 平成18年5月： 式守正宏

ここで例示してある部屋は、行司の所属する部屋がかなり明確なものである。もっと丹念に調べれば、部屋数はもっと増えることは確かである。これらの部屋から分かるように、行司姓は部屋所属ではない。

7. 異なる行司姓が現れていない部屋

現在まで木村姓と式守姓の行司がいなかった部屋もわずかながらある。そのような部屋をいくつか次に示す[19]。

(a) 木村姓
春日野部屋、中村部屋、朝日山部屋、花籠部屋、粂川部屋
(b) 式守姓
伊勢ヶ浜部屋、浦風部屋、鏡山部屋、立田川部屋

異なる行司姓が現在まで一度もなかったのは、入門者が兄弟子の行司姓を途切れることなく受け継いできたからである。これは相撲部屋に行司が常にいたからかもしれないし、兄弟子が一門にいたからかもしれない。部屋に行司がいなかった場合でも、入門者の兄弟子は一門の部屋に所属していることもある。部屋に行司が途切れることがなければ、入門者は兄弟子の姓を名乗る確率がそれだけ高くなる。しかし、どの部屋にしてもこの状態がずっと続くという保証はない。行司がその部屋で途切れる可能性もあるし、他の部屋から異なる行司姓の行司が移籍する可能性もある。行司姓は部屋に所属するものではないので、現在の行司姓が特定の部屋で永続的に続くという保証はない。

もちろん、春日野部屋や木瀬部屋のように木村姓、また伊勢ノ海部屋や式秀部屋のように式守姓をそれぞれ伝統的に名乗り、それを維持する部屋もある。このように、特定の部屋と行司姓が密接な関係にあることは確かだが、部屋に行司姓が固定しているわけではない。もし部屋に行司姓が固定しているなら、異なる行司姓の部屋から移籍してきた行司はその姓を変えなくてはならないは

---

19) 部屋の行司をすべて、過去から現在まで調べたわけでないので、ここに記した部屋が正しいかどうかは必ずしも自信があるわけではない。また、この部屋の例も必ずしもすべてではない。もっと丹念に調べれば、例示すべき部屋は増えるかもしれない。

ずだ。

8. 昭和61年7月以降

　全場所の行司を調べたわけではないが、昭和61年7月以降、同部屋で異姓の行司はいないはずだ。昭和61年7月の2,3年前までは、次に示すように、異姓の行司がいる部屋がわずかながらあった。

(a) 昭和59年3月には、伊勢ノ海部屋に式守姓の行司と共に木村筆之助（当時は幕内）がいた。また、出羽海部屋でも木村姓の行司と共に式守錦太夫（当時は三役、後の28代木村庄之助）がいた。
(b) 昭和60年9月には二所ノ関部屋で式守慎之助（当時は幕内）と共に木村忠男（当時は十両）がいた。
(c) 昭和61年5月には出羽海部屋に木村姓と共に式守晋一郎がいた。式守晋一郎は昭和61年5月場所後に辞めている。

　昭和58年以前に関しては、先に示したように、同部屋で異姓の行司がいたのは珍しいことではなかった。

9. 入門順の行司姓

　行司部屋が独立してあった頃（S33.1～S48.5）は、入門順に木村姓と式守姓を名乗らせるようにしたという話を時々聞く。その話は噂ではなく、実際にあったかもしれない。というのは、次に見るように、立行司が雑誌対談でそのようなことがあったことを語っているからである。

・『大相撲画報』（S35.2）の「行司生活五十年―23代庄之助・20代伊之助氏にきく」[20]

「記者　一度木村と名乗った行司さんは式守にかえられないのですか？
伊之助　式守という名は、昔は伊勢ノ海部屋系統の部屋に所属する行司だけで、その外はみな木村で、9代目伊之助の時までは木村はずうっと木村、式守は式守で通すことになっていましたが、10代目伊之助が17代庄之助を襲名したときからこのおきてがくずれ、今では都合で木村から式守、式守から木村にかわることができるようになりました。
記者　木村とか式守になるのは最初師事した人によってきまるのですか
庄之助　そうです。たいてい誰かを頼って入門するわけですから、その頼ってきた兄弟子が木村なら木村になるわけです。しかし一昨年（S33：NH）行司部屋が独立したので入門順に、たとえば3人入門したら最初は木村、次は式守、その次はまた木村と名乗らせるようにしました。
記者　今度、副立行司がなくなりましたが….」
庄之助　副立行司は私の正直時代、私と玉之助さん2人だけで、その以前はありませんでしたし、行司も立行司2人、三役格3人、幕内格7人、十両格7人、総定員もたぶん45人（現在員は43人）に落ち着くので、今後もでないとおもいます。」(p.18)

　それでは、どの行司がそのような名乗りをさせられただろうか。これを確認するために、昭和33年から34年の頃の行司に関する資料を調べたり、その頃の行司にも何人か尋ねてみたりした[21]。しかし、それを裏付けるような確証はまったく得られなかった。むしろ、そのような事実はないという話ばかりだった。
　29代木村庄之助によると、そのような話があったことは確かにあったが、一人も実施されていないという[22]。式守姓が当時極端に少なかったために、解決策として入門順にしたらどうかということが話題として論議されたことは

---

20) この20式守代伊之助は後の24代木村庄之助である。
21) 当時行司をしていたのは現在の式守伊之助（38代）と木村庄之助（35代）である。元行司は29代木村庄之助と33代木村庄之助である。
22) この具体的な話は29代木村庄之助に基づいている。

第6章　行司の木村姓と式守姓の名乗り

あったそうだ。しかし、兄弟子を慕ってきたり、兄弟子が連れてきたりした入門者の行司姓を兄弟子の行司姓と異なるものにするのはおかしいということで、入門者順に行司姓を名乗らせることはしなかったという[23]。昭和35年2月の雑誌対談で語っていることはあたかも実施されたかのようになっているが、当時論議されている最中の話であったかもしれない[24]。

　それでは、現在はどうだろうか。木村姓より式守姓は少ないが、極端に少ないということはない。何人かの立行司に尋ねてみたが、昭和35年以降も入門順に木村姓と式守姓に名乗らせるということはやっていない。ただ、式守姓が極端に少なくならないように、兄弟子や部屋の過去の傾向などを考慮し、入門者の行司姓を決めていることは確からしい。今後も、数のバランスが極端に偏らないようにするために、入門者の行司姓は決めるはずだ。たとえば、行司のいない部屋に入門者がいると、特に異論がなければ、式守姓を名乗るように仕向けることもできる。部屋に行司姓が必ずしも所属しているわけでないし、過去には多くの部屋で異なる行司姓の行司がいたことも事実だからである。行司姓のバランスを維持しようと思えば、それほど苦労しなくても済むはずだ。

　少し話題が逸れるが、たとえ木村姓と式守姓のバランスが崩れても、特別に問題はない。異なる行司姓を維持しているのは、伝統を崩さなければよいというだけである。異なる行司姓を名乗っても、行司の仕事で特別に支障があるわけではない。三役以下の行司が木村姓か式守姓だけになったとしても、立行司として式守伊之助と木村庄之助が残っているかぎり、行司姓の伝統は維持できているということもできる。

---

23) 同一部屋でも異なる姓の行司がいるのは不自然でないので、入門者に異なる行司姓を名乗らせるのは不自然ではない。しかし、入門者の行司姓を兄弟子のそれと異なることにすることに関しては強い抵抗感があったに違いない。
24) 昭和33年1月（行司部屋の独立）から昭和35年2月（『大相撲画報』の発行日）までに入門した行司には、木村玉治（二所ノ関）、式守健一郎（出羽海）、木村克之（朝日山）等がいる。ほとんどが初めは「見習」として採用されている。木村庄之助（24代）が対談の記事で語っていることが正しければ、式守姓行司の内の一人が有力候補である。しかし、それが誰なのかが分からない。因みに、昭和32年秋場所の行司は全員（病気休養中の木村正信を除く）、『大相撲画報』（S32.11、pp. 24-27）に写真と共に初土俵が紹介されている。

10. 平成23年1月場所の兄弟子・付人

　三役の木村正直は病気のため休場しているが、立行司には付人が二人ずつついている。立行司の組み合わせを2組ずつと考慮すると、全体としては23組となる。

(1) 木村庄之助（立浪部屋、立浪一門）：木村悟（高砂部屋、高砂一門）、木村隆之助（鳴戸部屋、二所ノ関一門）

(2) 式守伊之助（井筒部屋、時津風一門）：式守一輝（荒汐部屋、時津風一門）、木村達之助（境川部屋、出羽海一門）

(3) 木村玉光（放駒部屋、二所ノ関一門）：式守輝乃典（佐渡ヶ嶽部屋、二所ノ関一門）

(4) 木村庄三郎（大島部屋、立浪一門）：式守正宏（伊勢ヶ濱部屋、立浪一門）

(5) 木村正直（朝日山部屋、立浪一門）：休場

(6) 式守錦太夫（宮城野部屋、立浪一門）：式守直太郎（宮城野部屋、立浪一門）

(7) 木村和一郎（高田川部屋、二所ノ関一門）：木村勝之助（高田川部屋、二所ノ関一門）

(8) 木村玉治郎（立浪部屋、立浪一門）：木村豊彦（立浪部屋、立浪一門）

(9) 木村恵之助（九重部屋、高砂一門）：木村照一（北の湖部屋、出羽海一門）

(10) 木村庄太郎（春日野部屋、出羽海一門）：木村達之助（堺川部屋、出羽海一門）

(11) 木村晃之助（九重部屋、高砂一門）：木村一馬（花籠部屋、二所ノ関一門）

(12) 木村寿行（大島部屋、立浪一門）：式守友和（友綱部屋、立浪一門）

(13) 式守与太夫（高島部屋、立浪一門）：式守直太郎（宮城野部屋、立浪一門）

(14) 木村元基（時津風部屋、時津風一門）：式守志豊（佐渡ヶ嶽部屋、二所ノ関一門）

(15) 木村秋治郎（三保ヶ関部屋、出羽海一門）：木村照一（北の湖部屋、出羽海一門）

第6章　行司の木村姓と式守姓の名乗り

(16) 式守慎之助（二所ノ関部屋、二所ノ関一門）：式守輝乃典（佐渡ヶ嶽部屋、二所ノ関一門）
(17) 木村堅治郎（峰崎部屋、二所ノ関一門）：式守友和（友綱部屋、立浪一門）
(18) 木村要之助（東関部屋、高砂一門）：木村勝之助（高田川部屋、高砂一門）
(19) 木村鬼一郎（桐山部屋、立浪一門）：木村豊彦（立浪部屋、立浪一門）
(20) 木村朝之助（高砂部屋、高砂一門）：式守志豊（佐渡ヶ嶽部屋、二所ノ関一門）
(21) 木村隆男（鳴戸部屋、二所ノ関一門）：木村隆之助（鳴戸部屋、二所ノ関一門）
(22) 木村光之助（花籠部屋、二所ノ関一門）：木村一馬（花籠部屋、二所ノ関一門）

これは付人の観点からすると、次のようになる[25]。

(1) 三段目　　式守一輝（荒汐部屋、時津風一門）：式守伊之助（井筒部屋、時津風一門）
(2) 三段目　　式守正宏（伊勢ヶ濱部屋、立浪一門）：木村庄三郎（大島部屋、立浪一門）
(3) 三段目　　木村悟志（高砂部屋、高砂一門）：木村庄之助（立浪部屋、立浪一門）
(4) 序二段　　木村隆之助（鳴戸部屋、二所ノ関一門）：木村庄之助（立浪部屋、立浪一門）／木村隆男（鳴戸部屋、二所ノ関一門）
(5) 序二段　　木村達之助（境川部屋、出羽海一門）：式守伊之助（井筒部屋、時津風一門）／木村庄太郎（春日野部屋、出羽海一門）
(6) 序二段　　式守友和（友綱部屋、立浪一門）：木村寿行（大島部屋、立浪一門）／木村堅治郎（峰崎部屋、二所ノ関一門）
(7) 序二段　　式守輝乃典（佐渡ヶ嶽部屋、二所ノ関一門）：木村玉光（放

---

25) この中には平成23年3月以降、行司を辞めたものもいる。たとえば、木村達之助、木村勝之助はすでに辞めている。

駒部屋、二所ノ関一門）／式守慎之助（二所ノ関部屋、二所ノ関一門）

(8) 序二段　　木村照一（北の湖部屋、出羽海一門）：木村恵之助（九重部屋、高砂一門）／木村秋治郎（三保ヶ関部屋、出羽海一門）

(9) 序二段　　式守志豊（佐渡ヶ嶽部屋、二所ノ関一門）：木村元基（時津風部屋、時津風一門）／木村元基（時津風部屋、時津風一門）

(10) 序ノ口　　木村一馬（花籠部屋、二所ノ関一門）：木村晃之助（九重部屋、高砂一門）／木村光之助（花籠部屋、二所ノ関一門）

(11) 序ノ口　　木村勝之助（高田川部屋、二所ノ関一門）：木村和一郎（高田川部屋、二所ノ関一門）／木村要之助（東関部屋、高砂一門）

(12) 序ノ口　　式守志豊（佐渡ヶ嶽部屋、二所ノ関一門）：木村朝之助（高砂部屋、高砂一門）

(13) 序ノ口　　木村豊彦（立浪部屋、立浪一門）：木村玉治郎（立浪部屋、立浪一門）／木村鬼一郎（桐山部屋、立浪一門）

(14) 序ノ口　　式守直太郎（宮城野部屋、立浪一門）：式守錦太夫（宮城野部屋、立浪一門）／式守与太夫（高島部屋、立浪一門）

　幕下行司は付人にも兄弟子にもならないので、結局、三段目以下の14人で有資格者（つまり十両以上）22人の付人となる。立行司には二人ずつ付人がついている。従って、一人の行司が二人の兄弟子の付人にならざるを得ない。1月場所では三段目行司は一人の兄弟子、それから二段目以下行司は二人の兄弟子の付人に配属されている。

　行司姓の観点からは、この1月場所は、次のような組み合わせになっている。

(1) 一門同士：15組
　　(a) 同姓：10組
　　(b) 異姓：5組
(2) 一門以外同士：7組
　　(a) 同姓：3組
　　(b) 異姓：3組

第6章　行司の木村姓と式守姓の名乗り

　同姓の兄弟子・付人が13組である。異姓の兄弟子・付人が8組もある。これは本場所の付人と兄弟子の関係が一体でないことを示している。実際、本場所の付人と兄弟子は常に一定ではない。場所ごとに若干の違いがある。

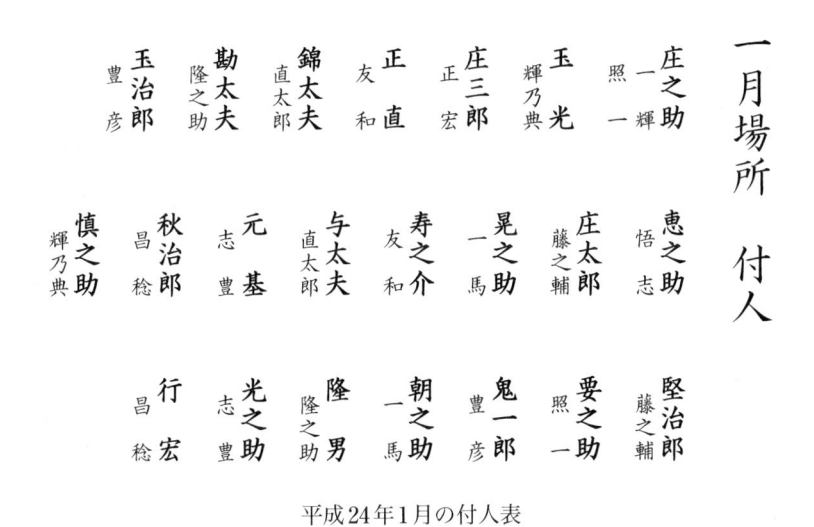

一月場所　付人

庄之助 照一輝	玉光 輝乃典	庄三郎 正宏	正直 友和	錦太夫 直太郎	勘太夫 隆之助	玉治郎 豊彦	
恵之助 悟志	庄太郎 藤之輔	晃之助 一馬	寿之介 友和	与太夫 直太郎	元基 志豊	秋治郎 昌稔	慎之助 輝乃典
堅治郎 藤之輔	要之助 照一	鬼一郎 豊彦	朝之助 一馬	隆男 隆之助	光之助 志豊	行宏 昌稔	

平成24年1月の付人表

11．結　び

本章で扱ったことをまとめると、大体、次のようになる。

(a) 入門時の行司姓は兄弟子の行司姓を名乗るのが普通である。入門した部屋に行司がいなければ、同門の兄弟子の行司姓を名乗る。

(b) 入門後で行司姓を変える場合には二つの型が一般的である。一つは、付人をした兄弟子の行司姓に合わせるものである。もう一つは先輩の行司から改姓の誘いを受けるものである。

(c) 同一部屋でも木村姓と式守姓の行司が昭和61年5月まであった。しかもそれは普通のことであった。このことは行司姓が部屋に所属していないこ

とを示している。

(d) 同一部屋で木村姓と式守姓がいなくなったのは昭和61年7月以降である。そのため、それ以降、行司姓は部屋所属のような印象を受けるが、実際は木村姓と式守姓は部屋所属ではない。

(e) 入門した際に名乗る行司姓の行司が本場所でも同じ行司姓の兄弟子の付人になるとは限らない。木村姓の行司が式守姓の兄弟子の付人になったり、その逆もあったりする。有資格者の数と付人の数は違うし、行司姓にこだわる必要もないからである。

今後、同一部屋で木村姓と式守姓の行司がありうるとすれば、部屋の異動がある場合であろう。相撲部屋は長い目で見れば合併や廃止などがある。その際、廃止された部屋の行司は他の部屋に移籍しなければならない。移籍する部屋に行司がいて、その行司姓がたまたま異なっていたら、その部屋で異なる行司姓の行司が生まれることになる。行司は新しい部屋に移籍しても、行司姓を変えないのが普通だからである。
　(最近、ここで予測したことが実現した。平成24年4月、同じ部屋で式守姓と木村姓の行司が誕生したのである。友綱部屋が大島部屋を吸収合併したためである。友綱部屋には序二段格・式守友和がいるが、大島部屋の三役格・木村庄三郎と幕内格・木村寿之介がその友綱部屋に移籍したからである。大島部屋の師匠・元大関旭国が平成24年4月に定年を迎え、部屋を閉鎖することになり、大島部屋にいた行司も力士と共に友綱部屋に吸収合併されたのである。)

12. 追記：式守勘太夫（11代）の名乗り

　平成24年1月場所、二所ノ関一門の高田川部屋の幕内行司木村和一郎が式守勘太夫（11代）に改名した。この改名は行司姓や行司名が部屋所属でないことを端的に表している。式守勘太夫は式守姓の行司が襲名していた[26]。実際、2

第6章　行司の木村姓と式守姓の名乗り

代目から10代式守勘太夫までその前の行司名はすべて式守与之吉を名乗っていた。木村姓の行司が式守勘太夫を襲名したのは、今回が初めてである。これは珍しい改名だったので、平成24年1月場所の初日、行司部屋で11代式守勘太夫に会い、その改名についてそのいきさつを直接尋ねてみた。勘太夫は次のように語っていた。

　9代式守勘太夫（三浦国男氏）から襲名を受け継ぐよう要請されたという。木村和一郎も由緒ある行司名を絶やさないほうがよいと同意し、その要請に応じたそうだ。これまでは、式守系の行司が式守勘太夫は襲名してきたが、現在、その行司名を襲名する適当な行司がいない。襲名する行司がいなければ、「式守勘太夫」という名は絶えてしまう。絶やさないためには、誰かが名乗らなければならない。錦太夫と与太夫はすでに名乗っている行司がいるし、最も可能性のある式守鬼一郎は式守勘太夫を襲名する気がないという。そのような事情があって、これまで式守姓を名乗ったことのない木村和一郎に要請があったそうだ。この襲名には式守姓の行司たちも同意しているという。木村和一郎が式守勘太夫を名乗ることに関し、36代式守庄之助（10代式守勘太夫）にも異論がないかを尋ねてみると、式守系の行司が襲名しない以上、特に問題はないと語っていた。

　11代式守勘太夫が所属する高田川部屋に新しい行司がこれから入門した場合、その行司は「木村姓」を名乗るだろうか、それとも「式守姓」を名乗るだろうか。普通なら、兄弟子が式守姓なので、式守姓を名乗るはずだが、これも一般的傾向であって、必ずそうすべきという決まりはない。同じ部屋に異なる姓の行司がいても不思議ではない。このように、行司の木村姓・式守姓の名乗

---

26) これは式守勘太夫を名乗る前は「式守姓」だったという意味である。実際、かつて木村姓だった行司が後で式守勘太夫を名乗ったケースがある。たとえば、26代木村庄之助は木村姓を名乗ったことがあるが、後で式守姓に改名し、式守与之吉から式守勘太夫になった。式守勘太夫を名乗る前に木村姓だった行司はこれまでなかった。木村和一郎も一旦式守与之吉に改名し、しばらくして再度式守勘太夫に改名すれば、与之吉から勘太夫というこれまでの伝統は維持できたはずだが、今回はその順序を踏まなかった。改名の伝統は不文律みたいなものなので、遵守されることもあれば、そうでないこともある。将来、その伝統が復活するかもしれない。

りには予測がなかなか難しいところがある。伝統に基づいて行司姓を予測しても、その伝統は必ずしも守られないからである。木村和一郎が式守勘太夫に改姓・改名したが、これはこれまでの「伝統」を見事に破った一例である。しかし、結果的に式守勘太夫の名は絶えることなく受け継がれることになった。式守錦太夫や式守与太夫が受け継がれるのであれば、やはり式守勘太夫も由緒ある行司名として受け継がれてほしい行司名である。

　ところで、高田川部屋の木村和一郎が平成24年1月、式守勘太夫に改名したとき、同じ部屋には他に行司がいなかった。木村勝之助（序ノ口）は平成23年6月に行司を辞めていたからである。もし木村勝之助が行司を辞めていなかったなら、その姓をそのまま継続しただろうか、それとも式守姓に変えただろうか。興味をそそる問題である。

第7章　行司の改名に関する研究

1. 本章の目的

　最近、十両格以上の行司が何名か改名している[1]。本章では、主として、その行司がどういう理由で改名したのか、またどのような経緯で改名したのかについて調べてある。改名の理由や経緯について文献資料で調べることはほとんど不可能なので、各行司から「生の」声を聞くことにした。三役格行司や幕内格上位の場合、改名やその経緯について断片的な情報が得られることもあるが、最近幕内格や十両格に昇進した行司の場合は、必要な情報がまったく得られない。そういう状況なので、最近改名した行司を10名ピックアップし、それぞれの行司に協力をお願いすることにした。

　まず、平成21年1月場所の初日、質問事項を書いた用紙を各行司に配布し、その日に回収した。回収した用紙を基に5月場所の初日、各行司にインタビューした。用紙の回収とインタビューは両国国技館の行司控室で行った。細かい点を確認するために、5月場所中には何回か行司控室に通った。

　行司控室では、特に立行司の庄之助（35代）と伊之助（38代）、3名の行司監督、それに幕内筆頭行司（平成23年11月から三役格）の錦太夫に大変お世話になった。もちろん、調査のためには10名の行司の協力が必要であり、一人一人の行司にずいぶんお世話になった。行司控室には他にも多くの行司がいるが、調査している最中など自分では気づかないが、隣の行司にご迷惑をかけた

---

1) 特に昭和以降の行司については、29代庄之助にお世話になった。ここに改めて感謝の意を表する。

かもしれない。本章をまとめるには、実際、立行司を始め、行司控室の行司から多大な協力を得ている。ここに改めて、すべての行司に感謝の意を表しておきたい。

　行司の改姓や改名については、拙稿「行司の改姓」(『専修大学人文科学年報』(2004))、「行司の改名」(『専修大学人文科学月報』(2005))、「由緒ある行司名」(『専修人文論集』(2005))でもすでに発表しているが、本章の研究も内容的にはほとんど同じである。本章は同じ内容を異なる視点で調べてあると言ってもよい。異なる点と言えば、本章は行司の「生の」声を直に聞くことができたことである。将来、平成21年頃の行司の改名を調べるとき、本章の研究は貴重な資料となるはずだ。そう思いながら、本章はまとめてある。

2. 各行司の改名経緯

　配布した質問用紙には15個の質問事項があったが、ほとんどの行司がその半分くらいの項目にだけ記入してあった。回答を引き出せるように、質問の仕方を工夫しておくべきだった。しかし、改名の理由や経緯についてはほとんど全員が回答してあり、それだけでも調査の目的は達成できている。

　ここでは、なぜ改名したか、誰が改名を勧めたか、誰と改名の相談をしたか、いつ頃改名を意識し始めたかなどにポイントを絞り、質問用紙に記入してあるものをまとめることにした。基本的には、行司が書いたものをそのまま記すように努めたが、中には表現を少し変えたものもある。

(1) 勘太夫（井筒部屋、時津風一門）
　　(a) 初土俵：S39.4　　　　(b) 地位：三役格（現在は伊之助）
　　(c) 改名年月：H19.9　　　(d) 前名：与之吉
　　(e) 名前の所属：全体所属　(f) 代数：10代目
　　(g) 改名の理由：師匠が勘太夫（6代、後の26代庄之助、井筒部屋）だった。
　　(h) 改名を勧めた方：三役格昇進後、8代勘太夫（後の30代伊之助、井

筒部屋)。
(i) その他：幕内格昇進の頃から、師匠26代庄之助が入門当時、三役格で勘太夫を名乗っていた。

コメント：
(a) 現在は勘太夫ではなく、式守伊之助（38代）になっている。最近まで、勘太夫を名乗っていたので、与之吉から勘太夫への改名について尋ねることにした。
(b) これまでは与之吉が勘太夫を継いできたが、現在、与之吉を名乗る行司がいない。このままでは、しばらく勘太夫が消えてしまう。勘太夫にしても与之吉にしても全体所属なので、与之吉でなくても別の名前を名乗っている行司が名乗る可能性がある。いったん与之吉に改名し、その後で勘太夫を継ぐという可能性もある。どちらになるかは分からない[2]。
(c) 井筒部屋や伊勢ノ海部屋に行司がいたら、その行司がいつか与之吉や勘太夫を継ぐはずだが、現在、そのいずれの部屋にも行司がいない。勘太夫の名を早く受け継がすためには、別の部屋の行司が候補者になる。しかし、その行司が勘太夫を名乗るかどうかは、本人が判断することである。
(d) 式守姓の行司を見渡して見ても、その名を継ぐ可能性のある行司は少ない。というのは、錦太夫や与太夫はすでに名乗っている行司がいるからである。勘太夫は幕内格上位が継ぐというのが暗黙の了解なので、その地位にいる式守姓の行司が候補者になる。そのような候補者としては桐山部屋の式守鬼一郎がいるが、本人は今のところ鬼一郎を変える意思がない。考えを改めて勘太夫を継ぐかもしれないが、しばらくは鬼一郎で行きたいようだ。いずれにしても、将来、誰が式守勘太夫を名乗るか注意して見守りたい。

---

[2] 平成24年1月場所から高田川部屋の木村和一郎が式守勘太夫（11代）に改名した。この改名については第6章の末尾にやや詳しい説明がある。

(2) 玉光（放駒部屋、二所ノ関一門）
 (a) 初土俵：S40.7　　　　　　(b) 地位：三役格
 (c) 改名年月：H18.5　　　　　(d) 前名：信孝
 (e) 名前の所属：一門所属　　　(f) 代数：5代目
 (g) 改名の理由：三役格になったら改名したほうがよいという話があった。
 (h) 改名を勧めた方：平成19年3月ごろ、29代庄之助親方より。
 (i) その他：先代と語ったこともあり、名前をよく知っている。しかし、それに改名しようとは思っていなかった。

コメント：：
 (a) 信孝から玉光に改名したのは、本人の希望ではなく、先輩行司の29代庄之助の勧めによるものである。前名信孝は気に入っていて、三役格でもそれで行きたかったが、先輩行司から三役格に相応しい名前にしたほうがよいと言われ、それに従ったという。29代庄之助は玉光と重政の2つを推薦したが、先代玉光（4代）にお世話になっているので、玉光を選んだという。
 (b) 玉光は自分としては5代目だと思っているが、大阪相撲までさかのぼると、代数はもっと増える可能性があるという。大阪相撲には玉光を名乗っていた行司はもっといたらしい[3]。大阪相撲の番付を調べれば、玉光の代数をかなり正確に分かるはずだが、それは調べていないと語っていた。昭和2年を起点にすれば、現在の玉光は、確か、4代目である。昭和2年以降は16代玉之助（大阪行司、本名：清水）、25代庄之助、放駒部屋の行司（幕内格、本名：多田）が玉光を

---

3) 大阪相撲までさかのぼると、玉光の代数が多くなるのは確かだが、私もそれを調べる資料を持ち合わせていない。現在の玉光は相撲博物館でも調べたが、大阪相撲の資料が少なく、結局、調査を諦めたらしい。玉光は先輩の行司や力士たちから「5代目」だという噂を聞いて、現在は、そのように考えていると語っていた。いずれにしても、正確な代数の確認は今後の課題である。この「5代目」は不確かなので、そのように指摘しておいてほしいということを語っていたので、そのことをここに記しておく。

第7章 行司の改名に関する研究

名乗っていた[4]。昭和2年の玉光（後の16代玉之助）については、番付だけでなく、『大相撲』（S54.5）の「22代庄之助一代記（10）」(p.144) でも確認できる。

(c) 25代庄之助は玉光から庄九郎に改名し、伊之助を襲名しているが、現在の玉光はもう別の名前に改名する気はないという。なぜですかと尋ねると、玉光になじんでいるし、改名すると覚えてくれるのに時間がかかるからだと語っていた。三役格だし、伊之助になるのももうすぐなので、その気持は理解できる。伊之助を目の前にし、改名した三役格の例は記憶にない。

(d) 一門に行司がたくさんいるので、その内の誰かに「玉光」を継いでほしいが、意中の行司はいないという。確かに、一門には若い行司が何名かいる。どの部屋の行司が玉光を継ぐか、静かに見守りたい。

(3) 庄三郎（大島部屋、立浪一門）
　(a) 初土俵：S40.7　　　　　(b) 地位：三役格
　(c) 改名年月：H15.1　　　　(d) 前名：玉治郎
　(e) 名前の所属：一門所属　　(f) 代数：10代目
　(g) 改名の理由：幕内に昇進したから。
　(h) 改名を勧めた方：31代庄之助。
　(i) その他：玉治郎を名乗り、庄三郎を名乗るのは、自然な流れである。

コメント：

---

4) 昭和2年春場所番付2段目の左端に木村玉光の名前がある。これが後の16代玉之助である。花籠部屋の光彦（後の34代伊之助）が三役になったとき、玉光を名乗らなかったのは本人が断ったからである。これは先輩行司の29代庄之助から聞いた話である。光彦は、結局、光之助に改名している。なぜ断ったかは分からない。推測になるが、玉光が当時、「幕内格」の名前として理解されていたからかもしれない。いずれにしても、本人が名乗りを拒絶した例として面白い。

213

(a) 玉治郎を名乗っていたので、庄三郎に改名したのは順当である。庄三郎の前は必ずしも玉治郎でなくてもよいが、玉治郎を名乗れば、次は庄三郎である。その逆はない。つまり、庄三郎を先に名乗り、玉治郎に改名することはない。庄三郎の前は角治郎や正夫を名乗っていた行司もいる。

(b) ヒゲの伊之助が昭和26年9月、庄三郎から式守伊之助になってから、昭和49年7月まで「庄三郎」を名乗る行司はいないが、それはたまたまその名を継ぎたいという行司が現れなかったからである。由緒ある伝統のある行司名であっても、それを継いでもよいという行司がいなければ、その名は消えてしまう。

(c) 次に誰が庄三郎を名乗りそうかと尋ねると、そんなことは誰にも分からないと一蹴された。継ぐとすれば一門の若い行司だが、改名は義務ではないからだ。あくまでも改名する本人が決断するものである。これまでの流れから推測すれば、次に庄三郎を名乗る最有力候補は、現在の玉治郎である。改名する時期は、現在の庄三郎が伊之助に昇格する頃だと推測する。

(4) 錦太夫（宮城野部屋、立浪一門）
 (a) 初土俵：S50.3　　　　　(b) 地位：幕内格
 (c) 改名年月：H18.1　　　　(d) 前名：吉之輔
 (e) 名前の所属：他の一門所属[5]　(f) 代数：11代目
 (g) 改名の理由：幕内昇格。
 (h) 改名を勧めた方：29代庄之助。
 (i) その他：系統的には木村姓なので、式守姓の内でも代表格の三太夫の名前を名乗るには少し違和感がある。

コメント：

---

5) 宮城野部屋に属しているので、式守姓は「他の一門」として理解したようだ。錦太夫は特定の一門に所属するのではなく、全体に所属している。

(a) 宮城野部屋は元々木村姓だが、付け人になった兄弟子が式守姓であることから木村姓から式守姓を名乗るようになった。以前は、兄弟子が変わると、それに合わせて木村姓を式守姓に、また式守姓を木村姓に変えることがあった。最近は、兄弟子の名字が変わっても、最初に名乗った木村姓や式守姓を変えることはほとんどない。

(b) 錦太夫に改名したのは、29代木村庄之助の勧めによるものである。行司仲間として29代木村庄之助とは輸送係など指導を受けた関係で、幕内格になったとき錦太夫を継ぐように勧められた。錦太夫の名前を絶やさないために29代庄之助が働きかけたようだ。

(c) 錦太夫は全体所属の名前だが、それを名乗るには少しためらいがあったようだ。宮城野部屋は系統的に木村姓だからである。しかし、29代庄之助だけでなく、28代庄之助の承諾もあったことから、錦太夫を受け継ぐことにしたと語っていた。28代庄之助の同意を得たのは、錦太夫自身ではなく、29代庄之助である。29代庄之助が28代庄之助の同意を得たのは、28代庄之助が錦太夫を名乗っていたからである[6]。

(d) 錦太夫の後には与太夫を継ぐことも可能であるが、もうその名を継ぐことはない。というのは、与太夫を名乗る行司が既にいるからである。しかも、与太夫は最近、幕内格に昇進したばかりで、年齢もかなり若い。したがって、もし錦太夫が改名したければ、与太夫以外の名ということになる。

(5) 玉治郎（立浪部屋、立浪一門）
 (a) 初土俵：S51.3   (b) 地位：幕内格
 (c) 改名年月：H15.1   (d) 前名：雅之助
 (e) 名前の所属：一門所属 (f) 代数：6代目

---

[6] 28代庄之助の師匠は20代庄之助（松翁）で、この20代庄之助は長い間錦太夫（3代）を名乗っていた。28代庄之助は錦太夫（8代）を名乗り、29代庄之助も28代伊之助になる前、錦太夫（9代）を名乗っていた。10代錦太夫（つまり先代の錦太夫）は平成17年5月場所後に退職したが、2年後の平成19年2月に亡くなった。

(g) 改名の理由：師匠の27代庄之助親方の前名。
   (h) 改名を勧めた方：平成14年11月ごろ、27代庄之助と先代玉治郎。
   (i) その他：玉治郎は師弟関係で受け継がれている。

   コメント：
   (a) 兄弟子の行司名を継いでいるが、これも順当な改名である。玉治郎は一門所属の名前であり、先輩行司たちからもそれを名乗るように勧められているからである。
   (b) 次に改名するとなれば、第一候補は庄三郎である。三役格になるころには庄三郎に改名しているかもしれない。庄三郎を名乗っている先輩行司が大島部屋にいるので、その行司が伊之助になった後でなければ、庄三郎を名乗ることはできない。伊之助を待たずに改名したければ、庄三郎以外の名を名乗らなければならないが、このような例はまだない。

(6) 庄太郎（春日野部屋、出羽海一門）
   (a) 初土俵：S55.1　　　　　(b) 地位：幕内格
   (c) 改名年月：H19.1　　　　(d) 前名：善之輔
   (e) 名前の所属：自分の部屋所属　(f) 代数：15代目
   (g) 改名の理由：14代目より幕内昇進したら継いでもらいたいとの要望により。
   (h) 改名を勧めた方：14代目庄太郎および先代春日野親方の両師匠。自分が十枚目格のとき、14代目が定年を迎えており、その頃改名の話があった。
   (i) その他：改名の話があれば継ぎたいと思っていたし、春日野部屋である以上、継ぎたいと思っていた。

   コメント：
   (a) 改名について語り合っていた時、庄太郎代々のリストをいただいた。これは貴重な資料である。立行司以外に、代々受け継いできた

行司をまとめてある資料は初めてであった。庄太郎が春日野部屋所属で代々受け継いできたために、このような形で残されてきたに違いない。行司は昔から存在しているので、由緒ある部屋に代々の行司を記した「人別帳」のような記録が残っていないか、行司たちに尋ねてみたが、一人残らずそのようなものはないという返事だった。春日野部屋の「庄太郎代々リスト」は非常に珍しいケースである。

(b) 先輩行司から勧められて庄太郎に改名しているが、春日野部屋所属の名前なので、順当な改名だと言ってよい[7]。部屋の行司名を誇りにしている気風が感じられるし、伝統を大事にしていることも分かる。春日野部屋の行司はこれからも部屋の行司名を大事にしていくに違いない。

(c) 代々の庄太郎がすべて春日野部屋所属だったかどうかについては確信がないという。代々の庄太郎はその前に善之輔を名乗っていたわけではない。善之輔は13代庄太郎が最初に名乗っている。14代庄太郎も善之輔から改名している。

(d) 善之輔の名前は春日野部屋所属だが、部屋に所属する行司は必ずしもそれを継ぐ必要はない。継いでほしいが、それを継ぐかどうかは本人の決断次第である。このように、現在の庄太郎は語っていた。庄太郎は幕内格になってから名乗ってほしいが、善之輔の名乗りはあまり地位にこだわらない。一応、十両格あたりであれば名乗ってよいと思うが、庄太郎は十両格に昇進する1年ほど前から善之輔を名乗ったという。

(7) 与太夫（高島部屋、立浪一門）

---

7) 平成19年1月に庄太郎を継いでいるが、その1年ほど前にすでに決まっていたという。先代庄太郎（27代伊之助）が急に亡くなったので、名を継ぐのに1年ほど喪が明けるのを待ったという。名前を継ぐのに「喪」が明けるのを待っていたと聞いて、このような「遠慮」があることに驚きを覚えた。

(a) 初土俵：H59.7 　　　　(b) 地位：幕内格
(c) 改名年月：H21.1 　　　(d) 前名：錦之助
(e) 名前の所属：他の一門所属[8] (f) 代数：12代目
(g) 改名の理由：過去の文献を調べた。
(h) 改名を勧めた方：自分で判断し、先代与太夫の了承を受けた。
(i) その他：幕内格に昇格するのと同時に、与太夫を受け継ぎたいと思っていた。

コメント：
(a) 幕内格に上がったばかりで伝統ある与太夫を継いでいるが、名乗っていけないということはない。過去にも錦之助から与太夫を継いだ例があるし、錦太夫から与太夫に改名した例もある。与太夫を名乗る順序は固定したものではない。幕内格であれば、与太夫を名乗ってもおかしくない。
(b) 錦之助から与太夫に改名したとき、他の現役行司とは相談しなかったが、先代の与太夫とは相談した。先代の与太夫は健在なので、名前を継ぐ際は礼儀を尽くしている。どの行司でも、改名するとき、その名前を名乗った先代が健在であれば、その行司と相談をするなり、挨拶をしている。
(c) 与太夫は全体所属の名前である。したがって、式守姓を名乗っていれば、誰が名乗ってもよい。与太夫を受け継いだら、伊之助になるまで改名しないはずだ。与太夫も伊之助になるまで別の名前に改名することはないと語っていた。数年間は与太夫を名乗ることになる。与太夫は幕内格昇進と同時に改名しているからである。それまでの伝統ではそのとおりだが、改名の伝統は暗黙の了解であって、破っても罰則があるわけではない。したがって、現在の与太夫が心

---

[8] 与太夫は時津風一門の所属のように受け取られる節があるので、この選択肢を選んだようだ。実際は、式守姓であれば、誰でも与太夫を継げるので、全体所属に分類するのが正しい。

変りすれば、伊之助になる前にもう一度改名することもありうる。改名が本当にあり得ないかどうかは、今後を見守るしかない。

(8) 鬼一郎（桐山部屋、立浪一門）
 (a) 初土俵：H2.5 　　　　　 (b) 地位：十両格
 (c) 改名年月：H18.3 　　　　 (d) 前名：脩
 (e) 名前の所属：全体所属 　　 (f) 代数：6代目
 (g) 改名の理由：十両昇進の時。
 (h) 改名を勧めた方：9代式守勘太夫さん。
 (i) その他：十両昇進の時、改名の話があった。

コメント：
(a) 24代庄之助が鬼一郎を名乗っていたが、それ以来途絶えていた。久しぶりの復活である。鬼一郎は「鬼」が入っているため敬遠されるかもしれないと思っていたが、意外にも若い行司が名乗っている。この名前に違和感がなかったかを本人に直に尋ねてみたら、「まったくない」という返事が返ってきた。
(b) 鬼一郎に何か魅力があって復活したのかと尋ねてみたが、特に思い入れはないということだった。9代勘太夫に勧められて、名乗ることにしたという。私は行司控室で9代勘太夫と以前語り合ったことがあるが、彼自身が鬼一郎を名乗りたかったと言っていた。理由ははっきりしないが、先輩行司から「ダメ」と拒絶されたと言っていた。そのような記憶があったので、9代勘太夫はかなり「鬼一郎」に思い入れがあったことを再認識した。9代勘太夫の夢を現在の鬼一郎が果たしたことになる。
(c) 行司名には伝統がありながら、現在は使われていないものがいくつもある。しかし、鬼一郎のように、誰かが復活して名乗るかもしれない。これは否定できない。十両格や幕内格に昇進し、改名する場合は、昔の由緒ある行司名を復活させるのも悪くはない。行司に関心があれば、それに伝統の面白さを見出すはずだ。

(d) 鬼一郎は気に入っているので、もう改名するつもりはないと本人は言っていたが、これは実際、どうなるか分からない。鬼一郎を名乗った行司を見ると、立行司になるまでにその名前を名乗っていたものもいるし、改名したものもいる。現在の行司は十両格なので、改名に関しては本人を含め、誰にも分からない。変えたければ変えてもよいし、変えたくなければ変えなくてもよい。鬼一郎は固定した地位の名前ではないので、本人の決断次第である。

(9) 朝之助（高砂部屋、高砂一門）
 (a) 初土俵：H3.3　　　　　　　(b) 地位：十両格
 (c) 改名年月：H20.1　　　　　 (d) 前名：勝次郎
 (e) 名前の所属：自分の部屋所属　(f) 代数：4代目
 (g) 改名の理由：高砂部屋ゆかりの行司名を譲り受けた。
 (h) 改名を勧めた方：先代（33代庄之助親方）から話があり、部屋の師匠とも相談した。
 (i) その他：十両昇格の約1年前くらいに改名の話があった。改名は先代から言われるまで考えていませんでした。

コメント：
(a) 改名は先代の朝之助から勧められている。長い間、兄弟子の付け人だったので、兄弟子の名前を継ぐのは、この世界では自然である。
(b) 高砂部屋には誠道と朝之助という由緒名がある。朝之助を継いだのは、たまたま兄弟子が朝之助をずっと名乗っていたからである。
(c) 先代朝之助は伊之助になるまで、朝之助を名乗っていた。過去には、朝之助から誠道に改名した行司もいるので、現在の朝之助が改名したければ、次は誠道を名乗ることもありうる。しかし、先代朝之助が健在であるうちは、誠道に改名しないかもしれない。もし誠道に改名するとすれば、やはり朝之助にまず相談するに違いない。
(d) 私は先代の朝之助と『大相撲と歩んだ行司人生51年』（2006、英宝社）を共著で出版した。ある時、行司控室で誠道に改名するつもり

はないかと質問したことがある。誠道には「誠の道」を歩むという意味があるようで、それはどうも自分には相応しくない。それで、誠道に改名しないと語っていた。先代朝之助は誠道に改名する余地があることを知っていたが、あえてそれを選択しなかった。もし現在の朝之助がいつか誠道に改名したくなれば、そうしてもかまわないはずだ。

(e) 誠道という名の由来に関して、12代伊之助（前名：小市、2代目誠道）が『春場所相撲号』（大正12年1月号）の「46年間の土俵生活」(pp. 108-11) で次のように述べている。

「（前略）この誠道という名は初代の新助、後に16代目の木村庄之助、高砂親方唯一の旦那であった愛知県熱田の魚問屋石原三左衛門さんが、新助は正直者だ、高砂のために苦楽を共にする誠の道を踏む男だと言って、初めて誠道の名が高砂部屋へできたので、それを私が相続しまして、44年の5月場所に紫白の房を用いることが許されたのであります」(p. 111)

33代庄之助が「誠の道」を歩む意味があると言っていたが、その名の由来は代々高砂部屋では語り継がれてきたのかもしれない。

(10) 光之助（花籠部屋、二所ノ関一門）
    (a) 初土俵：H3.11   (b) 地位：十両格
    (c) 改名年月：H21.1   (d) 前名：誠二
    (e) 名前の所属：一門所属 (f) 代数：3代目
    (g) 改名の理由：　先代光之助の付け人を10年以上していて、3年ほど前からその名前を継ぎたいと思っていた。
    (h) 改名を勧めた方：　昨年（平成19年）の初めごろ、花籠親方（師匠）と先代光之助（34代伊之助）。
    (i) その他：初代光之助は高砂部屋の方で、幕内まで上がったと聞いています。

221

コメント：
(a) 先代光之助の名前を継いでいるが、この改名は自然である。光之助は兄弟子が名乗っていた名前だからである。光之助は一門所属の名前だが、それを名乗る行司が他にいない。
(b) 光之助は3代目らしく、比較的新しい名前である。光之助の代数が実際に3代目なのかどうかは、分からない。これから受け継ぐ行司が増えれば、伝統のある行司名となる。
(c) 伝統のある行司名とはまだ言えないので、その名前の「格」がはっきりしない。つまり、十両格以上で名乗るのか、それ以下の行司でも名乗るのか、分からない。これも今後、その名前を継ぐ行司が増えれば、自然にその名前に「格」が備わってくる。しかし、行司名の「格」は暗黙の了解であって、文書で規定した「格」というものはない。これまでも、暗黙の「格」に違反した行司は少なくないが、一旦番付に記載されたら、それがそのまま認められている。名前の「格」はあるようでもあり、ないようでもあるというのが、実情である。

3. 改名の要因

行司名には伝統があり、それを名乗るには考慮すべきことがいくつかある。そのような要素を次にいくつか示す。

(1) 行司名と所属
　(a) 部屋所属
　　・ 朝之助と誠道は高砂部屋所属である。
　　・ 善之輔と庄太郎は春日野部屋所属である。
　　これらの名前は伝統的に特定に部屋に所属した行司が名乗っているが、将来、ずっと不変という意味ではない。そのような規則もない。今までのところ、特定の行司名が特定の部屋と密接に結びつい

ている[9]。中には、将来、一門の行司が名乗る可能性もある。

(b) 一門所属
  ・玉治郎や庄三郎は一門所属である。
  ・式守姓には一門所属の行司名はない。

 出羽海一門と高砂一門には式守姓がいないが、これはたまたま式守姓がいないというだけである。行司は兄弟子の姓を名乗る傾向があるので、この二つの一門には、現在、式守姓の行司がいない。しかし、過去には、たとえば、出羽海部屋には式守姓の行司もいた。さらに、相撲協会には同時に入門する行司が複数いた場合、従来の部屋系統に関係なく、式守姓を名乗らせる可能性もある[10]。

(c) 全体所属
  ・式守姓の錦之助、錦太夫、与太夫、勘太夫は、基本的に、全体所属の名前である。
  ・木村姓の場合、全体所属の名前はない。部屋や一門以外の名前であれば、どの部屋の行司でもどの行司名でも名乗ることができる。そのような名前はある意味では全体に属する名前であるが、順序を踏まえて名乗る名前はない。伝統的な木村姓の名前は、基本的に、部屋所属か一門所属である。

 錦之助、与太夫、勘太夫の中には、特定の部屋の行司が長い間名乗っているものもあるが、それはたまたまその部屋に行司が途切れ

---

[9] 本章では扱わないが、木村正直は朝日山部屋所属である。他にも特定の部屋と結びついた行司名はあるかもしれない。

[10] 入門してきた行司を従来の部屋系統と関係なく、名乗らせたことが過去にあったかどうかははっきりしない。そのような話があったことは確かだが、実際に実施された例があるか確認していない。同じ部屋に式守姓と木村性を名乗る行司が二人以上いれば、確かな証拠となる。兄弟子が木村性であるにもかかわらず、付き人が式守姓を名乗っていても、それは必ずしも証拠にならない。というのは、他の部屋の兄弟子が式守姓の可能性もあるからである。

ることなくいたからである。この3つの行司名を名乗った行司を過去にさかのぼって調べてみると、部屋や一門とは関係ないことが分かる。つまり、式守姓を名乗っていれば、基本的に、誰でも名乗ることができる。

(d) その他：本人の自由。本名でもよいし、新しい名前を付けてもよい。

　行司は改名せず、基本的に、自由にどのような名前でも名乗ることができる。特定の部屋に所属し、その部屋に所属する特定の名前があっても、それは名乗ってもよいし、名乗らなくてもよい。実際、十両格以上になっても伝統的な行司名に改名しない行司もいる。改名する機会はあったが、本人が改名に同意しないのである。

(2) 行司名の順序

行司名の中には、名乗りの順序があるものもある。その例を次に示す。
(a) 善之輔より後に庄太郎は名乗る。
(b) 玉治郎より後に庄三郎は名乗る。
(c) 錦之助より後に錦太夫や与太夫は名乗る。
(d) 与之吉より後に勘太夫は名乗る

この順序は先に善之輔や玉治郎を名乗った場合であって、それを名乗らなければ後の名前を名乗れないというわけではない。実際、善之輔や玉治郎以外の名前を名乗っていたが、庄太郎か庄三郎を名乗っている行司もいる。

(3) 式守姓の行司名の順序

　錦之助、錦太夫、与太夫などには、名乗りに暗黙の順序があるが、この順序も状況次第で変わる。順序が変わる状況としては、次のようなケースがある。
(a) 錦之助、錦太夫、与太夫の場合、先に名乗った行司がいると、それを優先する。たとえば、錦太夫を名乗っている行司がいて、与太夫

第7章　行司の改名に関する研究

を名乗っている行司がいなければ、錦之助は与太夫を名乗ることもある。行司の間で話し合いを持ち、お互いに名前を同時に変えることができたら、暗黙の順序を守ることができる。しかし、そういう状況にない場合、順序にこだわらず、「空いた」行司を名乗るわけである。行司名の順序を規定した規則などないので、名乗りの順序は状況次第で変わることになる。

(b) 与之吉と勘太夫の名乗りにも順序があり、その逆の順序はない。たとえ与之吉を名乗らずに勘太夫を継いだとしても、勘太夫を名乗った後で与之吉を名乗ることはあり得ない。したがって、与之吉以外の行司が勘太夫を名乗ることがあるとすれば、二通りある。一つは、一旦与之吉に改名し、しばらくそれを名乗ってから、後で勘太夫に改名するものである。もう一つは、他の名前から直接勘太夫に改名することである。つまり、与之吉を名乗ることなく、勘太夫に名乗るわけである。たとえば、現在、与之吉と勘太夫を名乗る行司はいない。このままだと、勘太夫を名乗る行司はしばらく現れない。名前の存続を考えた場合、他の行司名を名乗っている行司に継いでもらわなくてはならない。現在「空きに」なっている勘太夫を誰が継ぐか興味のあるところだ。結果を見て、どのような方法を取ったか判断するしかない。

(4) 行司名の格

行司名には暗黙の格があるものもある。しかし、これはある程度の地位につかないと継がないという程度のもので、必ずしも厳格なものではない。一般的に言って、十両格くらいで継ぐものと幕内格くらいで継ぐものとがある。

(a) 与太夫や勘太夫は幕内上位が名乗る。しかし、それを名乗っている行司がいなければ、幕内下位でも名乗ることがある。与太夫や勘太夫は、過去には、幕内格に昇進すれば、名乗ることもあった。もちろん、一旦名乗ったら、伊之助になるまでそれを名乗るのが普通である。

225

(b) 錦之助を名乗っていた行司が後で与太夫を名乗っているので、錦之助は与太夫より格が落ちるかもしれない。しかし、錦之助の格がどの程度のものかははっきりしない。与太夫を継いでいる行司がいたら、幕内格でも錦之助を継がなければならないからである。
(c) 勘太夫も幕内格上位か三役格の行司名のような感じがするが、幕内格であれば継いでもおかしくない。与之吉と勘太夫がいたために、勘太夫が三役格でずっと名乗っていたというだけである。与之吉や勘太夫がいなければ、幕内格になったばかりの行司が勘太夫を継いでもおかしくないのである。

(5) 改名の時期

改名は、基本的に、いつでもできる。しかし、改名している時期を調べてみると、大体2つに分けられる。

(a) 昇進時の頃

多くの場合、昇進が節目になっている。昇進は転機になるからである。昇進と同時に改名することもあるし、その前後に改名することもある。昇進の時期は前もって決まるから、後は手続きの問題となる。

(b) 昇進時以外

これには、いろいろな要因がある。改名はいつでもできるので、なぜ変えたかは行司ごとに異なると言ってよい。拙稿「行司の改名」と「行司の改姓」(共に2007)でも行司の改名歴をいくらか扱っているが、理由はさまざまである。理由がどうであれ、改名はいつでも可能である。

(6) 改名を勧める人たち

改名は行司本人だけで決めるというより、周囲の人々に勧められて決めている。大体、次のような人々がかかわっている。

(a) 師弟関係や兄弟子
(b) 部屋の師匠や部屋付き親方

(c) 退職した先輩行司
(d) 自己判断
(e) その他：たとえば、現在は協会の一員でないが、元の力士が関係している場合があるかもしれないし、行司の親族が勧める場合もあるかもしれないし、行司が尊敬する先生や先輩の場合もあるかもしれない。中には、占い師の勧めで改名した行司がいるかもしれない。実際、過去にはそのような行司もいた。いずれにしても、改名には様々な人々が関与している。

4. 結 び

　本章では、最近、改名した行司を調べたが、これは「生の」声である。特に幕内格や十両格に昇進した行司の場合、相撲の文献では改名の理由や経緯に関するめぼしい記事はない。地位が低い行司は取り上げられないのが普通だからである。幕内格以上の場合、雑誌などで取り上げられた行司が少しはあるかもしれないが、改名に関してはあまり言及されていないはずだ。その意味において、本章で述べてあることは新鮮である。
　改名に関し、本章で述べてあることは、特別に珍しいことではない。本章の特徴は、一人一人の行司に当たって改名の理由や経緯を直に確認したことである。10名の行司であるが、ここで確認したことは基本的に他の行司にもほとんどそのまま適用できる。また、現役行司が退職し、数十年が経過すれば、本章のような資料は非常に貴重なものになるにちがいない。行司の改名についてまとめて述べてある資料はほとんどないからである。
　本章では、改名の実態を調査したが、なぜ改名する必要があるかという疑問についてはまったく触れていない。これは、非常に重要な疑問である。改名することで、どのようなメリットがあるのか、また、改名しないで、どのような問題があるのか、実ははっきりしない。行司名には伝統があるが、なぜその伝統を守る必要があるのか、そろそろ追究しても悪くはない。実は、これについても触れたいと思いながら、結局、触れなかった。

由緒ある行司名を継ぐことは「伝統の継続」であり、これまで大事に守ってきたことは確かである。しかし、そのような伝統に行司全員が理解を示しているとは言えないようだ。というのは、伝統のある行司名に変えない行司もいるし、改名を喜ばない行司もいるからである。行司の全員が伝統を大事にしているならば、改名に抵抗することなどないはずだし、むしろ、競って改名を申し出るはずである。もちろん、中には改名に誇りを持っている行司もいる。改名に疑問を抱いている行司もいるということは、改名の意義が理解されていないからである。伝統のある行司名を継続するのであれば、なぜそれを継続するべきか、再確認する必要がある。

資料：お願いと質問事項

(行司名) 様

根間弘海
平成21年1月場所

改名に関する調査

　最近、改名した行司が増えました。各行司がどのような考えで改名したのか、関心があります。それを記録として残しておきたいと思います。この用紙に記入した後で、それを参考にしながら、各行司の都合のよい時に、インタビューしたいと思います。5月場所中、この行司部屋で行います。調査結果は平成22年度中、専修大学の紀要に発表予定です。よろしくご協力のほどお願いします。

　なお、大変申し訳ないのですが、この調査には謝礼金をまったくお支払いできません。

1. あなたの直前の行司名（　　　　　　　　）
2. 受け継いだ名前は次のうち、どれですか。
    a　自分の部屋所属　b　一門所属　c　他の一門所属　d　全体に所属
3. 受け継いだ名前は何代目に当たると行司仲間や部屋関係者は言っていますか。（　　　　）代目
4. 受け継いだ名前と地位に違和感がありましたか。
    a　あった　　　b　なかった
5. どういう理由で改名しましたか。
6. 誰と相談して改名しましたか。あるいは、誰から話がありましたか。
7. いつ頃から改名の話がありましたか。
8. その名前についてどれくらい知っていましたか。

9. その名前はいつ頃から受け継ぎたいと思っていましたか。それはどうしてですか。
   できれば、現在の行司名以外の名前を受け継ぎたいと思っていましたか。それはどんな名前ですか。理由は何ですか。
10. 受け継いだ名前の代々の先輩について、どんな話を聞いていますか。それは誰から聞きましたか。
11. 次に改名する可能性はありますか（伊之助と庄之助を除く）。
    a　ある　　　　b　ない
12. 次の改名する可能性があれば、どんな名前にしますか。それにはどういう理由がありますか。
13. 次に改名する可能性がないとすれば、どういう理由からですか。
14. 改名に関し、何かつけ加えることがあれば、それを書いてください。

第8章　大正時代の番付と房の色

1. 本章の目的

　本章では、番付を中心にしながら、どの行司がどのような房の色だったかを調べる[1]。対象は主として十両格以上の行司である。十両格以上の行司は一人前として扱われ、調査が比較的容易である。参考にした資料は、主として、新聞記事、雑誌記事、書籍などである。番付に基づくそれぞれの行司の房の色を体系的に研究したのは、本書が初めてである。
　昇格年月を確認できた資料は、できるだけその出典を記述してある。その出典に当たれば、昇格年月を誰でも確認できる。資料で房の色が確認できない場合は、前後の行司の昇格年月から推測した。丹念に資料を調査し、万全を尽くしたつもりだが、調査結果にまったくミスがないとは言えない[2]。本書の研究は、いわば「中間報告」のようなものである。そのようなミスは、研究をさらに深めていけば、修正できるはずだ。
　大正期では朱房以下であれば、その位階を表していると判断してよいが、紫

---

1) 本章は内容的に拙稿「昭和初期の番付と行司」（2009）や「明治30年以降の番付と房の色」（2009）と同じである。対象となる行司を大正期に限定してあるだけである。番付を見るだけでは、房の色が分からないことは拙稿「番付の行司」（2009）にも扱っている。なお、「昭和初期の番付と行司」と「明治30年以降の番付と房の色」は一部修正し、拙著『大相撲行司の伝統と変化』（2010）に所収してある。
2) 大正時代は比較的簡単に資料が得られると思っていたが、房の色に関する限り、必ずしもそうではなかった。中には、いつ異なる軍配房を使い始めたかを確認できない行司も何人かいた。

白房と紫房は必ずしも位階と一致しない。木村庄之助は常に紫房であり、位階と一致するが、式守伊之助の位階は常に紫白房とは限らない。文献によれば、式守伊之助であっても、紫白から紫房に変わる場合があったからである。また、紫白房は常に式守伊之助というわけでもない。式守伊之助以外にも紫白房を許された行司がいた。たとえば、第三席の准立行司は紫白房だったが、その位置にある限り、軍配房はやはり紫白のままだった。

2. 明治45年夏場所

　　一段目：「紫」庄之助／「朱」誠道、朝之助、与太夫[3]
　　二段目：「紫白」伊之助／「朱」勘太夫、錦太夫、大蔵、角治郎、庄吾／「紅白」清治郎
　　三段目：「紅白」左門、善明、留吉／「青白」鶴之助、錦之助、竹治郎、啓治郎／「黒」金吾、藤太郎、喜三郎、喜太郎 ……

(a) 錦太夫は明治42年5月、三役格（朱房）に昇進している（『国技勧進相撲』）。
(b) 角治郎は明治44年春場所、朱房を許されている（『報知』／『毎日』(M43.5.31)）／『角力雑誌』(T10.5, p.47)）[4]。したがって、その上位行司は少なくとも「朱房」だったことが分かる。
(c) 庄吾は明治44年2月に朱房を許されている（『都』(M44.2.22)／小池(88)、p.103)）[5]。なお、庄吾は明治43年5月、本足袋（幕内格）だった（『読売』(M43.5.31)）。

---

3) 番付には「木村」と「式守」が記されているが、本章では省略することが多い。同様に、木村庄之助は「庄之助」、式守伊之助は「伊之助」と短縮して呼ぶことも多い。
4) 角治郎は明治43年1月に緋房に昇進したという記述もある（小池(106)、p.119）。どの年月が正しいかはまだ分からないが、本章では明治44年春場所としておく。
5) 『都』では、庄吉となっているが、庄吾のミスである。緋房の可能性のある行司は「庄吾」しかいない。

(d) 留吉は明治45年1月、本足袋（紅白房）に昇格している（『時事』(M45.1.18))。

(e) 鶴之助は明治44年1月、留吉と共に「青白房」になった（『中央』(M44.7.1)の「式守伊之助談」)。

(f) 竹治郎と啓治郎は明治45年1月、格足袋に昇進している（『時事』(M45.1.18))。

3．大正期の本場所

(1) 大正2年春場所
　一段目：「紫」庄之助／「朱」誠道、朝之助、与太夫
　二段目：「紫」伊之助／「朱」勘太夫、錦太夫、大蔵、角治郎、庄吾／「紅白」清治郎、左門
　三段目：「紅白」善明、留吉／「青白」鶴之助、錦之助[6]、竹二郎、啓二郎／「黒」金吾、藤太郎、喜三郎、喜太郎……

(a) 11代伊之助（前名：進）は明治44年4月に紫白房を許された（『東京日日』(M44.4.10))が、伊之助を襲名したのは明治45年5月である[7]。この伊之助は二日目より紫白房から「紫房」に変わっている（『東京日日』(T2.1.12))。進は3代伊之助時代（大正3年春場所まで）、「紫房」を使用していた可能性が高い。

　「式守伊之助は初日まで紫房に白が交じりおりしも二日目より真の紫房に昇進し、立派な立行司となれり」(『東京日日』(T2.1.12))

　本章では、伊之助は来場所の番付から「紫房」になったものとして扱う。もちろん、実際は今場所二日目から「紫房」を使用している。

---

6) 錦之助はこの後、土俵を離れたため、4月春場所まで番付から名前が消えている。
7) 木村進の紫白房は明治44年2月に許されたとする記事もある（『日日』／『都』(M44.2.22))。要するに、春場所後に許されている。

(b) 誠道は8日目より紫白房を授与された（『都』／『読売』／『東京日日』(T2.1.18)）。免許状が到達した日から「紫白房」を使用できるが、番付では一枚下の「朱房」ということになる[8]。誠道（前名：小市）と進は明治34年5月、朱房を許されている（『読売』(M34.5.22)／『都』(M34.5.23)）。

この誠道は『大相撲夏場所号』(T10.5) の雑誌対談にあるように、ある時点で紫白房から紫房に変わっている。しかし、その年月がまだ確認できない[9]。変わっているとすれば、もちろん、大正2年夏場所から大正10年春場所の間である。残念ながら、本章の執筆中、その年月を確認できなかった。それで、本章では、大正10年春場所まで「紫白房」として扱っている。事実が確認できれば、これは修正しなければならない。なお、誠道自身は明治44年5月場所で紫白の房を許されたと述べている（『春場所相撲号』(T12.1、p. 111)）[10]。

(c) 勘太夫は4日目より草履を許され、三役待遇となった（『東京日日』／『毎夕』／『日本』／『読売』(T2.1.14)）。したがって、一枚上の与太夫はすでに草履を許されていたことになる。朱房であっても、草履を許されていれば、横綱土俵入りを引くことができる。

(d) 清治郎と左門は7日目より本足袋から朱房に昇進した（『やまと』／『読

---

8) 『日日』(M45.1.18) に「誠道は朱房の草履という資格のある行司と認むるを得ず。草履を剥奪すべし」とある。春場所までは、朱房だったに違いない。春場所後に協会から紫白房を許された可能性もある。というのは、誠道自身が明治44年5月場所で紫白房を許されたと述べているからである（『春場所相撲号』(T12.1、p. 111)）。公式には、大正2年春場所の7日までは緋房だった。紫白房の免許状は大正3年10月20日付けになっている。免許状の文面は枡岡・花坂著『相撲講本』(p. 655) にも掲載されている。紫房の許可と免許状交付の年月にはときどきズレがある。
9) 誠道が紫白房から紫房に変更したことは間違いなさそうだ。上位行司3名が対談で語っているからである。大正2年1月、11代式守伊之助（前名：進）が紫白房から紫房に変わったという記事もある（『日日』(T2.1.12)）。『春場所相撲号』(T12.1) の「46年間の土俵生活」(pp.108-11) に12代伊之助の特集記事があるが、本人は「総紫房」について一言も語っていない。いずれにしても、大正時代には伊之助の中には「紫白房」から「総紫房」に変わっている例がある。
10) これは、『春場所相撲号』(T12.1) の「46年間の土俵生活」(pp.108-11) の中で確認できる。しかし、この記事の中でも、いつ紫房になったかについては記されていない。

第8章　大正時代の番付と房の色

売』／『朝日』／『日本』（T2.1.17））。吉田追風から授与された免許状は大正2年3月15日の日付になっている（『武州の力士』（p.67））[11]。

(e) 清治郎が春場所中（7日目）に「朱房」を許されているので、一枚上の庄吾はおそらく大正2年春場所はすでに「朱房」だったに違いない。したがって、誠道から庄吾までは「朱房」として判断してよいであろう。

(f) 鶴之助は格足袋から本足袋に出世した（『読売』／『毎夕』／『日本』（T2.1.14）／『やまと』（T2.1.15））[12]。

(g) 「木村錦之助は本足袋を中日より許された」（『やまと』（T2.1.15））。この「木村」は「式守」のミスである。『読売』（T2.1.15）には「格足袋に出世した」とあるが、「格足袋」は「本足袋」のミスである。

(h) 金吾は幕下から格足袋に昇進した（『読売』／『やまと』／『朝日』／『日本』（T2.1.17）／19代式守伊之助著『軍配六十年』（p.28、p.157）／『相撲』（S27.11）の「式守伊之助物語」（p.43））[13]。しかし、番付では夏場所である。

(i) 幕下格の与之吉、喜太郎、藤太郎が8日目より十両格（青白房）に昇進した（『都』／『読売』／『日本』（T2.1.18））[14]。与之吉の十両昇進は21代木村庄之助著『ハッケヨイ人生』（p.76）や竹森章編『相撲の史跡（3）』（p.151）でも確認できる。

(j) 番付4段目の政次郎と七之助（後の勝巳）は場所中7日目、幕下に昇格した（『朝日』／『やまと』（T2.1.17））。これにより、三段目の金吾から菊二

---

11) 清次郎は明治43年3月に格足袋（青白房）の免許状を授与されているが、その文面は中英夫著『武州の力士』（p.66）に掲載されている。
12) 『都』（T2.1.14）に「木村鶴次郎が本足袋に昇進」したとあるが、これは「鶴之助」の間違いである。青白房の上位に「鶴次郎」という名前はないし、他の新聞で「鶴之助」が当日、本足袋に昇進しているからである。
13) 『やまと』／『日本』（T2.1.17）には、序ノ口、序二段、本中（以前あった地位）から昇進した行司も10名以上記されている。三段目格以下行司の房の色を扱う時は参考になる。
14) 『やまと』（T2.1.18）には「与三吉」が喜太郎、藤太郎と共に幕下格から格足袋に昇進したとあるが、この「与三吉」という行司は番付に記載されていない。おそらく「与之吉」のミスであろう。

は「幕下格」(黒房)であることが分かる。
(k) 番付4段目、右から3番目に記載されている作太郎は場所中、幕下格に昇進した(『都』(T2.1.18))。

(2) 大正2年夏場所
　　一段目：「紫」庄之助／「紫白」誠道／「朱」朝之助、与太夫、勘太夫
　　二段目：「紫」伊之助／「朱」錦太夫、大蔵、(角治郎改)庄三郎、(庄吾改)庄五郎、左門、清治郎｜「紅白」善明、留吉
　　三段目：「紅白」鶴之助／「青白」竹治郎、啓治郎、(金吾改)玉治郎、与之吉、喜太郎、藤太郎／「黒」善二郎、左右治……

(a) 伊之助は前場所(つまり春場所)2日目から庄之助と同様に紫房になっている(『東京日日』(T2.1.12))。つまり、紫白房から白糸が混じらない「紫房」になった。
(b) 左門と清治郎は朱房を許された[15]。しかし、番付の位置は先場所と同じである。
(c) 与之吉、喜太郎、藤太郎は前場所中、青白房(十両格)へ昇進した。与之吉はこの場所、兵役を終えて復帰した。先場所は幕下格として処遇されたが、今場所は十両格となった(『読売』(T2.5.30))。21代木村庄之助著『ハッケヨイ人生』には次のように書いてある。

　　「私は三役行司から勘太夫になるまでは、(中略)ずっと与之吉で通していました。明治45年、すなわち大正元年に兵隊から帰ってきて、大正2年に十両格になりました。」(pp.76-7)

　　大正2年1月場所では幕下格の三枚目だったが、5月場所は十両格末尾から3枚目になった(『ハッケヨイ人生』(pp.71-2))。兵役から復帰したとき、処遇が一場所混乱している。

---

15) 左門の朱房は1月場所7日目に許されている(小池(40)、p.157)。8日目から朱房を使用したかもしれないが、番付では5月場所で「朱房」扱いになったという解釈をしている。ちなみに、この左門は明治40年1月限りで一時廃業し、明治43年5月行司として復帰している(小池(40)、p.157)。

(d) 錦之助は番付から消えているが、本足袋（紅白房）を中日より許されている（『やまと』(T2.1.15)）。大正4年1月まで兵役だった。
(e) 角治郎は庄三郎（7代）に、庄吾は庄五郎に[16]、金吾は玉治郎に、それぞれ、改名した（『朝日』(T2.5.8)／『福岡』(T2.5.9)）。

(3) 大正3年春場所
　　一段目：「紫」庄之助／「紫白」誠道／「朱」朝之助、「朱」与太夫、勘太夫
　　二段目：「紫」伊之助／「朱」錦太夫、大蔵、庄三郎、庄五郎、左門、善明、清治郎／「紅白」留吉
　　三段目：「紅白」鶴之助／「青白」竹治郎、与之吉、啓治郎、玉治郎、喜太郎、藤太郎、善治郎／「黒」左右治、光之助……

(a) 伊之助は大正3年3月15日、死去した（『報知』／『中央』(T4.3.16)／『都』(T3.5.21)／鳴戸政治著『大正時代の大相撲』(p.105)）。
(b) 朝之助がこの場所、紫白房だったのか、朱房のままだったのか、はっきりしない。この場所、紫白房が許されたとする資料はまだ確認できない。翌夏場所、土俵祭りで「紫白房」を使用しているので、この場所では「朱色」としておく（『やまと』(T3.5.31)）。
(c) 錦太夫と大蔵は8日目から草履を許されている（『毎夕』／『時事』／『日本』／『毎日』／『中央』(T3.1.18)／『夏場所相撲号』(S10.5, p.79)／『春場所相撲号』(S11.1, p.47)）[17]。この二人が大正時代、朱房で草履を許された最後の「三役行司」かもしれない[18]。

---

16) 庄五郎（前名：庄吾）は明治44年2月、朱房を許されている（『都』(M44.2.22)／『角力雑誌』(T10.5, p.47)）。大正8年5月、庄五郎から瀬平に改名した（『角力雑誌』(T10.5, p.47)）。
17) 拙稿「明治30年以降の番付と房の色」(2009)で、錦太夫は明治42年5月、朱房に昇格したと述べた。庄之助本人の筆跡による記録によると、明治42年に紅白房が許されている（『夏場所相撲号』(S10.5, p.79)）。興味深いことに、この記録には朱房に昇格した年月は記されていない。
18) 拙稿「緋房と草履」(2007, p.55)では、錦太夫だけについて記しているが、大蔵も大正3年春場所、同時に草履を許されている。大蔵の後には庄三郎、瀬平、左門が続く

(d) 清治郎と善明の席順が変わっている。降下しているが朱房のままだったに違いない[19]。清治郎が朱房であれば、善明も朱房に昇格していることになる。

(e) 竹治郎は8日目から格足袋より本足袋に昇進した(『時事』/『毎夕』/『日本』/『毎日』/『中央』(T3.1.18))。しかし、番付ではおそらく「青白房」だったと解釈してよい。場所中の昇進だからである。

(f) 幕下格の左右治は8日目から格足袋に出世した((『時事』/『毎夕』/『日本』/『毎日』/『中央』(T3.1.18)))[20]。

(4) 大正3年夏場所
　　一段目：「紫」庄之助／「紫白」朝之助／「朱」与太夫、勘太夫、錦太夫
　　二段目：「紫白」誠道／「朱」大蔵、庄三郎、庄五郎、左門、善明、清治郎、留吉／「紅白」鶴之助
　　三段目：「紅白」竹治郎／「青白」与之吉、啓治郎、玉治郎、喜太郎、藤太郎、左右治／「黒」光之助……

(a) 誠道は伊之助を大正3年5月に襲名している(『東京日日』(T3.5.21)/『読売』(T3.5.24))。そして5月29日、土俵上でその披露をしている(『大阪朝日』(T3.5.30))。夏場所の番付ではまだ「誠道」のままである[21]。『東京

が、この3人は草履を履かない朱房で行司生活を終えている。その後、朱房で草履を許された行司が現れるのは、昭和22年6月の庄三郎と正直である。つまり、大正の大蔵から昭和時代の庄三郎まで、朱房で草履を許された行司は出ていないはずだ。雑誌記事(『夏場所相撲号』(T10.5, p.105))によると、大正10年5月でも大蔵までが草履を履いている。大正11年から大正15年の間で、朱房で草履を許された三役格がいたかどうかを調べたが、そのような行司はいなかった。

19) 清治郎は脱走癖があった(『国技』(T5.5, p.25))。それが降下の理由かもしれない。
20) 新聞『毎夕』では「左右治」は「左右司」となっている。
21) 当時の新聞や雑誌によると、伊之助を襲名すると不幸なことが起きるという噂があり、誠道はしばらく躊躇したらしい。『毎夕』(T3.5.21)には若手の行司から、誠道が伊之助を襲名しなければ、別の行司に襲名させるべきだという声が上がっていたと伝えている。誠道は一場所後に伊之助を襲名した。「(前略)立行司の木村誠道がいよいよ勇気を奮って、怪談に囚われているが、式守伊之助を襲名したことである」(『日日』(T4.1.

第8章　大正時代の番付と房の色

日日』（T3.5.21）には、「立行司式守伊之助の名は怪談のために襲名するものがなく、遂に番付から取り除かれ、誠道はそのままで行司になった」と書いてある。誠道はすでに草履を許されていて、しかも紫白房だったので、横綱土俵入りを引くにはまったく問題ない。式守伊之助への免許状の月日は、大正3年10月20日となっている（古河三樹著『江戸時代大相撲』（p.168）や和歌森著『相撲今むかし』（p.52））。なお、この12代式守伊之助の行司歴に関しては、たとえば『春場所相撲号』（T12.1）の「46年間の土俵生活—12代目式守伊之助」（pp.108–11）にも詳しく述べられている。

(b) 朝之助は土俵祭の祭司で「紫房」を使用したという記事がある（『やまと』（T3.5.31））[22]。

「行司朝之助が紫の総長く垂れた軍扇を目八分に捧げて静々と三宝の前に進み出で（後略）」（『やまと』（T3.5.31））

この「紫房」は、実は、「紫白房」である。朝之助はこの場所、すでに紫白房を許されている。大正4年11月14日、鳳横綱の免許状授与式が吉田司家神前で行われたが、そのとき朝之助の紫白房免許の授与式も行われている（『角力世界』（T4.12））[23]。

「東京相撲行司木村朝之助に対し紫白の房を許可の免状授与式ありて（後略）」（p.1）

免許の授与式は、実際の使用より1，2年遅れることもあるので、朝之助が紫白房を大正3年夏場所以前に使用していなかったかどうかはやはり確認する必要がある。

(c) 留吉は場所中6日目、朱房に昇格した（『時事』（T3.6.5））。これが事実なら、一枚上の清治郎は「朱房」だったに違いない。

(d) 与之吉は大正3年5月場所九日目に本足袋に昇格している（小池（40）、

6））とある。
22）朝之助が土俵祭の祭司を務めたことは間違いない（『毎夕』／『読売』（T3.5.31））。朝之助がこの場所ですでに紫白房だったが、それをいつ許されたのかまだ分からない。つまり、夏場所以前に許されていたのかどうかがはっきりしない。
23）横綱鳳の仮免状授与式は大正4年2月14日、小石川の細川邸で行われている（『読売』（T4.2.15））。

p.157)。自伝『ハッケヨイ人生』(S41、p.72／p.76)では大正5年5月に幕内格(紅白房)になったと語っている。与之吉より二枚下の玉治郎は大正4年春場所に幕内格に昇格している。与之吉が玉治郎より後で幕内格に昇格することはあり得ない。

(5) 大正4年春場所
 一段目：「紫」庄之助／「紫白」朝之助／「朱」与太夫、勘太夫、錦太夫
 二段目：「紫白」(誠道改)伊之助／「朱」大蔵、庄三郎、庄五郎、左門、善明、(留吉改)福松清治郎／「紅白」鶴之助
 三段目：「紅白」竹治郎、与之吉／「青白」啓治郎、玉治郎、(喜太郎改)喜太雄、慶太郎、左右治、光之助／「黒」茂二郎……

(a) 留吉が福松に、喜太郎が喜太雄に、それぞれ、改名している(『萬』／『報知』(T4.1.6))。
(b) 光之助は春場所前、十両格(青白房)に昇進している(小池(68)、p.104)。
(c) 清治郎と福松の席順が変わっているが、その理由は脱走か休場のせいであろう(『春場所相撲号』(T7.1)の「今と昔　相撲物語」(p.63))。もし清治郎が降下しても朱房のままだったなら、福松はすでに「朱房」に昇格していたことになる。
(d) 啓治郎がこの場所「青白房」だったのか、それとも「紅白房」に昇進したのか、まだ資料で確認していない。今のところ、玉治郎と一緒に大正4年夏場所中、昇格したものと仮定し、この場所では「青白房」としておく。

(6) 大正4年夏場所
 一段目：「紫」庄之助／「紫白」朝之助／「朱」与太夫、勘太夫、錦太夫
 二段目：「紫白」伊之助／「朱」大蔵、庄三郎、庄五郎、左門、善明、福松、清治郎／「紅白」鶴之助

三段目:「紅白」錦之助、竹治郎、与之吉／「青白」啓治郎、玉治郎、慶太郎、喜三郎、左右治、光之助、茂二郎、喜久司／「黒」政二郎……

(a) 錦之助は兵役から復帰し、紅白房として記載された。紅白房は大正2年夏場所中に許されている(『やまと』(T2.1.15))[24]。

(b) 玉治郎は7日目(11日)、紅白房(幕内格)に昇進している(『やまと』(T4.6.11))／『軍配六十年』(p.157)／『近世日本相撲史(3)』(p.19))[25]。次のような新聞記事がある。

「行司玉治郎が出世したように伝えられたが、まだ願書ばかりで、協会から許しがないので、行司仲間では許される前に許されたように触れ廻した形になって大いに困ってゴタゴタしていた」(『時事』(T4.6.12))

結果的には、この夏場所中に昇格している。昇格したのが「7日目」でなければ、「千秋楽の日」である。『角力世界』(T4.7)では、本足袋(つまり幕内格、紅白)へ昇進したのは、「千秋楽の日」となっている。

「名行司金吾改め木村玉治郎(28)は此の場所千秋楽の日、本足袋に昇進しいよいよ幕内格に出世した」(p.27)

幕内格に昇進したのは5月場所中だが、免許状の日付は大正4年11月吉日となっている(『軍配六十年』の「伊之助思い出のアルバム」)。

(c) 啓治郎は大正5年春場所前も紅白房を許されていた。というのは、玉治郎が大正4年夏場所中に幕内格(紅白房)に昇進しているからである。

---

24) 本足袋に昇進したのは大正3年1月だったという記事もある(『読売』(S13.12.21))が、これは手続き的な問題によるものであろう。
25) 玉治郎は『大相撲人物大事典』(H13、p.695)と竹森編『相撲の史跡(1)』(p.85)によると大正7年5月、『大相撲春場所』(S16.1)の「行司紹介」(p.65)によると大正11年5月、それぞれ、幕内格に昇格したとある。また、水野尚文・京須利敏編著『大相撲力士名鑑(平成21年版)』(p.333)では、玉治郎が幕内格になったのは大正14年夏場所となっている。この幕内格が「紅白房」を意味しているなら、この年月はいずれも正しくない。玉治郎が朱房の幕内格になったのは、大正14年春場所である。なお、『大相撲春場所』(S16.1、p.65)によれば、玉治郎は大正5年1月、十両(青白房)に昇格したとしている。この年月も正しくない。玉治郎は昭和2年春場所、朱房から紅白房に格下げしている。

(d) 番付によると、茂二郎と喜久司は場所前に青白房を許されていたようだ。喜久司と政二郎との間に大きなスペースがある。しかし、二人が「青白房」に昇格したかどうかは、番付以外の資料では確認していない。

(7) 大正5年春場所
　　一段目：「紫」庄之助／「紫白」朝之助、与太夫、勘太夫、錦太夫
　　二段目：「紫白」伊之助／「朱」大蔵、庄三郎、庄五郎、左門、善明、福松、清治郎／「紅白」（鶴之助改）正
　　三段目：「紅白」錦之助、竹治郎、与之吉、啓治郎、玉治郎／「青白」藤太郎、喜三郎、喜太郎、左右司、光之助、茂治郎、喜久司／「黒」政二郎、喜久司……

(a) 朝之助は大正3年5月場所すでに紫白房だったが、今場所は特に大失策のため、その房の色が明白に記されている（『国民』／『東京日日』（T5.1.15）／『福岡』（T5.1.18））。『夕刊中央』（T5.1.16）にも「朝之助は大関格の行司である」とある。大関格は立行司で、「紫白房」である。

(b) 鶴之助は正に改名し、二段目の末端に記載されているが、一人だけ紅白である。次の場所では三段目に降下している。因みに、鶴之助が朱房に昇進したのは、大正7年夏場所中である（『報知』（T7.5.14））。

(8) 大正5年夏場所
　　一段目：「紫」庄之助／「紫白」朝之助／「朱」与太夫、勘太夫、錦太夫
　　二段目：「紫白」伊之助／「朱」大蔵、庄三郎、庄五郎、左門、善明、福松、清治郎
　　三段目：「紅白」正、錦之助、竹治郎、与之吉、啓治郎、玉治郎／「青白」藤太郎、喜三郎、喜太郎、善治郎、左右司、光之助、喜久司／「黒色」政二郎、勝見……

(a) 「（錦太夫は：NH）大正5年5月西ノ海、大錦、栃木山一行の巡業に際し立行司となり、（後略）」（『夏場所相撲号』（S10.5, p.79））とあることから、与太夫は確かに「紫白房」を使用している。しかし、これは地方巡業であ

り、格上げしたものである。本場所では依然として「朱房」だったに違いない。その証拠としては、大正10年5月場所中、一枚上の与太夫が臨時に紫白房を許されていることである。つまり、与太夫は紫白房を許されるまで、朱房だった。したがって、錦太夫が大正5年5月場所、紫白房ということはない。

(b) 与之吉本人はこの夏場所、幕内格（紅白房）に昇進したと語っている（『ハッケヨイ人生』（p.72／p.76））[26]。しかし、これは与之吉の勘違いに違いない。というのは、玉治郎が大正4年夏場所中に幕内格に昇格しているからである。

(c) 清治郎は朱房格として扱っているが、次のような雑誌記事もある。

「年輩から言えば行司中の年長者、本来を言えば庄之助たるべき程の古参なれど、しばしば脱走した報いで後進に追い越され、ヤッと幕内行司の尻ッポに付け出されている。」（『国技』（T5.5、p.25））

この「幕内行司」は「幕内格」（紅白房）という意味ではないようだ[27]。当時は制度上、草履を履かない朱房を「幕内（格）行司」と呼ぶことがあったので、清治郎は朱房の幕内格だったに違いない。もしこの「幕内行司」を文字通り「幕内格」だと捉えると、清治郎は「紅白房」となる[28]。そうなると、清治郎より上位や下位の行司も房の色を変更しなければならない。本章では、清治郎は場所ごとに少しずつ降下したが、房の色は依然として元の「朱」だったと解釈している。

(d) 『国技』（T5.5）の「行司総めくり」（pp.23-5）に木村庄之助から式守喜三郎までの各行司について個人情報が記されているが、残念ながら、地位

---

26) 与之吉は、『大相撲人物大事典』（H13、p.689）と『大相撲春場所』（S16.1、p.65）によると大正11年5月、「紅白房」に昇格しているが、これは「朱房」の間違いである。

27) 清治郎の脱走癖については『春場所相撲号』（T7.1）の「今と昔相撲物語」（pp.61-5）の中でも「（清二郎：NH）苦しいことがあると逃げ出したり、何かしたので、未だ幕内の中軸格にウロついている始末」（p.63）と記されている。

28) この清治郎が紅白房だったなら、いつ朱房から紅白房に降下したのかを調べなくてはならない。というのは、清治郎は少なくとも大正3年夏場所には朱房に昇格していたからである（『時事』（T3.6.5））。清治郎は脱走癖があり、そのために後輩に抜かれていった。しかし、抜かれても、房の色は変わらなかったはずだ。

や房の色については何も触れていない。しかし、これだけ多くの行司を地位順に取り上げた記事はあまりないので、各行司の行司振りや行司歴を知るには貴重な資料である。

(e) 朱房の善明が死去した（『ハッケヨイ人生』(p.41)）。

(9) 大正6年春場所
　　一段目：「紫」庄之助／「紫白」朝之助／「朱」与太夫、勘太夫、錦太夫
　　二段目：「紫白」伊之助／「朱」大蔵、庄三郎、庄五郎、左門、福松、清治郎／「紅白」正
　　三段目：「紅白」錦之助、竹治郎、与之吉、啓治郎、玉治郎／「青白」藤太郎、喜三郎、喜太郎、善治郎、左右司、光之助、喜久司、政治郎／「黒」勝見……

(a) 政治郎が三段目の左端に記載されているので、「青白房」に昇格したようだ。まだ他の資料では確認できていない。
(b) 勝見（前名：七之助）はまだ黒房（幕下格）である。『報知』(T6.1.10)によると[29]、勝巳が出世力士の披露をしている。この披露は、普通、格足袋以上の行司は行わない[30]。
(c) 『角力世界』(T6.2、p.38)に式守錦太夫が紫房の軍配を使用し、出羽海部屋で新横綱大錦の初土俵入りを引いたという記事がある。当時、本場所以外でも地位の高い行司は、特別に「紫白房」を使用することができた。したがって、これは錦太夫の紫房許可を意味しない。錦太夫が本場所で紫白房を使用したのは、おそらく、大正15年1月である。錦太夫は、もちろん、その時は与太夫となっていた。

---

29) 番付では「勝見」として記載されている。大正6年5月場所の番付では「勝巳」となっている。その後の番付記載では、「勝己」となることもあり、厳密に区別していたかどうかは定かでない。
30) 現在、新序出世披露は幕下格以下が行うが、大正のころもそうだったのかどうかは分からない。もしその慣習が違っていたなら、その理由で勝見が「黒房」だとするのは適切でないことになる。まだ他の資料では確認していない。

(10) 大正6年夏場所
　　一段目：「紫」庄之助／「紫白」朝之助／「朱」与太夫、勘太夫、錦太夫
　　二段目：「紫白」伊之助／「朱」大蔵、庄三郎、庄五郎、左門、福松、清治郎
　　三段目：「紅白」正、錦之助、竹治郎、与之吉、啓治郎、玉治郎／「青白」藤太郎、喜三郎、喜太郎、善治郎、左右司、光之助、政治郎、勝巳／「黒」作太郎……
(a) 正の番付記載が二段目から三段目になっている。なぜそのようになったのかは分からない。正が朱房に昇格したのは、大正7年夏場所（2日目）なので（『報知』(T7.5.14)）、この場所ではやはり「紅白房」である。
(b) 勝巳（のちの5代錦太夫）が三段目の左端に記載されている。政次郎と同じ段なので、青白房に昇格しているかもしれない[31]。しかし、まだ他の資料では確認していない。

(11) 大正7年春場所
　　一段目：「紫」庄之助／「紫白」朝之助／「朱」与太夫、勘太夫、錦太夫
　　二段目：「紫白」伊之助／「朱」大蔵、庄三郎、庄五郎、左門、福松、清治郎
　　三段目：「紅白」正、錦之助、竹治郎、与之吉、啓治郎、玉治郎、（藤太郎改）誠道／「青白」喜三郎、喜太郎、善治郎
　　四段目：（青白）左右司、光之助、政治郎、勝巳／（黒）作太郎……
(a) 藤太郎は誠道（3代、大正7.1〜昭和3.10）に改名している。ちなみに、2代誠道（明治41.5〜大正3.5）は小市である。
(b) 誠道と喜三郎の間に大きなスペースがあるし、字の大きさも明らかに違っている。

---

31) 番付の三段目は横列に平坦型で記載されている。政治郎と勝巳は一つのグループなので、同じ「青白房」と判断してよいはずだ。

(c) 福松（前名：留吉）は大正7年1月22日に亡くなっている（『角力世界』（T7.2、p.16））。朱房だった。

(12) 大正7年夏場所
　　一段目：「紫」庄之助／「紫白」朝之助／「朱」与太夫、勘太夫、錦太夫
　　二段目：「紫白」伊之助／「朱」大蔵、庄三郎、庄五郎、左門、清治郎
　　三段目：「紅白」正、錦之助、竹治郎、与之吉、啓治郎、玉治郎、誠道、喜三郎
　　四段目：「青白」喜太郎、善治郎、左右司、光之助、政治郎、勝巳、作太郎／「黒」延司……

(a) 玉治郎がこの場所、幕内格へ昇進した（『大相撲人物大事典』(H13、p.695)／『大相撲名鑑』(H13、p.268)）が、それは正しくない。玉治郎は自伝『軍配六十年』(p.157)でも大正4年11月、幕内格に昇格したと述べている。
(b) 正（前名：鶴之助）は夏場所2日目、朱房に昇格した（『報知』(T7.5.14)）。この場所から房の色が変わっていてもよさそうだが、番付ではそれが反映されていない。すなわち、位階に変動はない。
(c) 錦之助は夏場所2日目、朱房に昇格した（『報知』(T7.5.14)）[32]。
(d) 喜三郎は夏場所2日目、本足袋に昇格した（『報知』(T7.5.14)）。
(e) 作太郎は夏場所2日目、格足袋に昇格した（『報知』(T7.5.14)）[33]。この作太郎は番付にも反映されている。
(f) 作太郎と延司の間に大きなスペースがあり、字の大きさも明らかに異なる。

---

[32]「22代庄之助一代記（9）」(S54.3、p.147)に、錦之助は大正11年春に幕内格に昇進したとあるが、これは朱房になったことを意味しているようだ。錦之助は大正2年夏場所中に紅白房（幕内格）に昇進したからである（『やまと』(T2.1.15)）。
[33]『報知』(T7.5.14)には、今朝三が幕下に、善太郎と秀太郎が三段目に、それぞれ、昇進したことも記されている。

(13) 大正8年春場所
　　一段目：「紫」庄之助／「紫白」朝之助／「朱」与太夫、勘太夫、錦太夫
　　二段目：「紫白」伊之助／「朱」大蔵、庄三郎、庄五郎、左門、清治郎
　　三段目：「朱」正、錦之助／「紅白」竹治郎、与之吉、啓治郎、玉治郎、誠道、（喜三郎改）要人
　　四段目：「青白」（喜太郎改）善之輔、善治郎、左右司、光之助、政治郎、勝見、作太郎／「黒」延司……
(a) 正と錦之助は三段目に記載され、錦之助と一枚下の竹治郎との間には大きなスペースがある。
(b) 喜三郎は要人に、喜太郎は善之輔に、それぞれ、改名した。
(c) 番付では左右司と光之助との間にやや広いスペースがあるが、それが何を意味するのかは分からない。次の場所ではそのスペースがなくなっている。それで、この二人は同じ位階にあったと扱うことにする。

(14) 大正8年夏場所
　　一段目：「紫」庄之助／「紫白」朝之助／「朱」与太夫、勘太夫、錦太夫
　　二段目：「紫白」伊之助／「朱」大蔵、庄三郎、庄五郎、左門、清治郎
　　三段目：「朱」正、錦之助、竹治郎／「紅白」与之吉、啓治郎、玉治郎、誠道、要人
　　四段目：「青白」善之輔、善治郎、左右司、光之助、政治郎、勝巳、作太郎／「黒」延司……
(a) 錦之助と竹次郎との間で大きなスペースがなくなり、字のサイズも同じになっている。番付を見る限り、この二人は同じ地位である。残念ながら、竹次郎がいつ朱房に昇格したのかを確認できる資料はまだ見ていない。そのため、竹治郎はこの場所も「紅白房」として扱うことにする。
(b) 左右司と光之助との間で大きなスペースがなくなり、字のサイズも同じになっている。

(15) 大正9年春場所
　　一段目：「紫」庄之助／「紫白」朝之助／「朱」与太夫、勘太夫、錦太夫
　　二段目：「紫白」伊之助／「朱」大蔵、庄三郎、(庄五郎改)瀬平、左門、清治郎
　　三段目：「朱」(正改)鶴之助、錦之助／「紅白」竹治郎、与之吉、啓治郎、玉治郎、誠道、要人、善之輔
　　四段目：「青白」左右司、光之助、政治郎、勝巳、作太郎／「黒」治郎、信司……

(a) 伊之助はこの場所、「紫房」を使用していたかもしれない。『春場所相撲号』(T9.1)の記事「行司になるには、呼出しになるには」(pp. 48-50)によると、横綱格は「総紫」、三役格は「紫と白の染分け」となっている。この記事を裏付ける資料は他にない。伊之助がこの春場所、紫白房を使用していたかどうかは分からない。紫房の可能性も否定できないのである。

(b) 庄五郎は瀬平(7代)に改名した。この改名は春場所の番付に反映されているが、実際には、昨年5月にすでに行われていたようだ(『角力雑誌』(T.10.5)の「勧進元評判記」(p.47))。

(c) 善之輔は幕内格に昇進している。『大相撲相撲号』(S16.1)によると、善之輔は十両格に昇進したとなっているが、これは「幕内格」の誤りである。この善之輔は13代庄太郎で、三役格で終わっている。

(d) 正を再び鶴之助に改名した。

(e) 清治郎は大正9年2月21日に死去した(『武州の力士』(p.68))。

(16) 大正9年夏場所
　　一段目：「紫」庄之助／「紫白」朝之助／「朱」与太夫、勘太夫、錦太夫
　　二段目：「紫白」伊之助／「朱」大蔵、庄三郎、瀬平、左門
　　三段目：「朱」鶴之助、錦之助／「紅白」竹治郎、与之吉、啓治郎、玉治郎、誠道、要人、善之輔
　　四段目：「青白」左右司、光之助、政治郎、勝巳、作太郎／「黒」治郎、

第8章　大正時代の番付と房の色

　　信司……
　この夏場所は、基本的に、前場所と同じ。四段目の幕下格で新しく昇格したものがいる。

(17) 大正10年春場所
　　一段目：「紫」庄之助／「紫白」朝之助／「朱」与太夫、勘太夫、錦太夫
　　二段目：「紫」伊之助／「朱」大蔵、庄三郎、瀬平、左門
　　三段目：「朱」鶴之助、錦之助／「紅白」竹治郎、与之吉、啓治郎、玉治郎、誠道、要人、善之輔
　　四段目：「青白」左右司、光之助、政治郎、勝巳、作太郎／「黒」治郎……

　伊之助（誠道）はこの場所、すでに「総紫房」だった（『夏場所相撲号』（T10.5）の「行司さん物語」（p.104））[34]。それが事実なら、それ以前に紫白房から紫房に変わっていたはずだ。残念ながら、いつ変わったのかが分からない。

(18) 大正10年夏場所
　　一段目：「紫」庄之助／「紫白」朝之助／「朱」与太夫、勘太夫、錦太夫
　　二段目：「紫」伊之助／「朱」大蔵、庄三郎、瀬平、左門、鶴之助、錦之助

---

34)『夏場所相撲号』（T10.5）には「日本に紫総の行司は三名となります」（p.105）とはっきり記されている。すなわち、横綱格の「紫房」と大関格の「紫白房」を区別している。当時、総紫房の行司は庄之助、伊之助、玉之助（大阪相撲）の3名である。東京相撲の伊之助（すなわち前名：誠道）は最初、紫白房だった。しかし、大正10年5月時点では、すでに紫白房から紫房に変わっている。5月場所前に「紫房」だと述べているので、春場所では「紫房」を使用していたに違いない。この伊之助がいつ、紫白房から総紫房に変わったのかをいろいろな文献で調べたが、残念ながら、分からない。伊之助が本当に総紫房を使用したかどうかもこの『夏場所相撲号』（T10.5）以外には確認できない。

三段目：「紅白」竹治郎、与之吉、啓治郎、玉治郎、誠道、要人、善之輔／「青白」左右司、光之助
　　四段目：「青白」政治郎、勝巳、作太郎、治郎、玉堂／「黒」今朝造……

(a) 庄之助は夏場所中、判定ミスの責任を取って辞職した。
(b) 伊之助も夏場所後、辞職した。庄之助が場所中、引責辞職したので、伊之助は次の場所から庄之助を襲名するはずだったが、本人が「その器でない」として辞退している（『報知』(T10.5.20)）。正式な辞表の提出は11月25日である（『中央』(T10.11.26)／『角力雑誌』(T10.12)の「式守伊之助の引退」(p.20)）。
(c) 朝之助は7日目に失策し、8日目は一日だけ謹慎休場となった。
(d) 与太夫は8日目から紫白房を臨時に許された（『二六』／『読売』(T10.5.21)／鳴戸著『大正時代の大相撲』(p.332)）。つまり、与太夫はそれまで朱房だったことを示している[35]。与太夫は朱房で草履を履いていたから、横綱土俵入りを引くことができた。なぜ、わざわざ与太夫に紫白房を臨時に許す必要があったのかと不思議に思っていたが、それを説明する記事が見つかった[36]。

　「常陸山の土俵入りは立行司式守伊之助が合わせることになっているのに、6日目に伊之助が遅れて間に合わず、行司溜りに居合わせた朱総行司守錦太夫が合わせた。横綱の土俵入を朱総が合わせるなどという事は殆んど前例がない。」（『読売』(T2.2.27)）。

　明治時代には朱房でも横綱土俵入りが引けたが、これは大正初期にはすでに通じなかったことが分かる。与太夫が臨時に紫白房を許可されたのは

---

35) 与太夫より一枚下の勘太夫が当時、朱房だったことは『夏場所相撲号』(T10.5)の「行司さん物語」でも確認できる。その中に「勘太夫の如きは境川時代に斯界に身を投じたのですが、あの人でさえまだ大関格の紫白を用いることを許されていない」(p.103)とある。
36) この疑問は拙稿「緋房と草履」(2007)でも提示した。その理由について横綱土俵入りのことがあったかもしれないが、他にも理由があるようだと述べた。しかし、『読売』(T2.2.27)の記事から前者だけの理由であることが分かった。

大正10年5月場所である。このことは「立行司」であれば、大正期には「紫白房」だったことを意味していることにもなる。
(e) 大蔵は病気のため5月23日、朱房の草履格で辞職した（『やまと』（T10.5.24））。大蔵は明治44年春場所「朱房格」になり、大正3年1月には「草履」を許されている（『毎日』（T3.1.18））。
(f) 左右と光之助は三段目に記載されているが、まだ青白房の可能性が大きい。二人がこの場所で「紅白房」に昇格したことを示す資料はまだ見ていない。
(g) 番付によると、玉堂は青白房に昇進している。玉堂と今朝造との間にやや広めのスペースがあり、字の大きさも異なる。しかし、番付以外に玉堂の昇格を確認できる資料はまだ見ていない。
(h) 大阪相撲で、晴彦が立行司木村玉之助を襲名している（『角力雑誌』（T10.5、p.59））。東京相撲と大阪相撲が合併した昭和2年春場所、玉之助は第三席の立行司となり、総紫房から紫白房になった。他方、玉之助に次ぐ第二席の立行司は紫白房だったが、合併後は朱房に格下げされ、草履も剥奪された。これにより昭和2年春場所、朱房の三役格が草履を履けなかったことが分かる。

(19) 大正11年春場所
　　　一段目：「紫」（朝之助改）庄之助／「紫白」（与太夫改）伊之助／「紫白」勘太夫／「朱」錦太夫
　　　二段目：「朱」庄三郎、瀬平、左門、鶴之助、錦之助／「紅白」竹治郎、与之吉、啓治郎
　　　三段目：「紅白」玉治郎、誠道、要人、善之輔／「青白」光之助、政治郎、勝巳、作太郎、治郎、玉堂
　　　四段目：「黒」袈裟三……
(a) 朝之助が伊之助を経験することなく、18代庄之助を襲名した（『やまと』（T11.1.6）／『萬』（T11.1.14））。本来なら12代伊之助が庄之助を襲名するはずだが、伊之助本人がそれを辞退し、伊之助も空位になったからである。
(b) 与太夫が空位になった伊之助を襲名し、13代伊之助となった（『やまと』

(T11.1.6))[37]。

(c) 勘太夫が1月16日、紫白房を許された（『国民』／『報知』（T11.1.16）／『中央』（T11.1.18））。17日から紫白房に昇進している。なお、次のような記事もある。

「式守勘太夫亦立行司の列に加わった」（『国民』（T11.1.6））。

この「立行司」は、「紫白房」が許されていることを意味する。大正10年5月場所、与太夫が臨時の紫白房を許されて以来、大正時代に庄之助と伊之助以外に紫白房を許された行司は、おそらく勘太夫が最後かもしれない[38]。なお、勘太夫が大正10年5月場所まで朱房だったことは、『夏場所相撲号』（T10.5）の「行司さん物語」で確認できる。

「勘太夫の如きは境川時代に斯界に身を投じたのですが、あの人でさえまだ大関格の紫白の房を用いることを許されていない」（p.103）

一枚下の錦太夫は草履を許されているが、大正15年春場所に伊之助を襲名するまで房は「朱色」だった。

(d) 瀬平は今場所限りで行司を辞め、年寄専務となった（『毎夕』／『報知』（T11.1.23））。瀬平は草履を許された「三役格」にはなっていないようだ。

(e) 竹次郎、与之吉、啓治郎はこの春場所、朱房になったかもしれない。番付で二段目に記載されているからである[39]。しかし、番付以外の資料ではこの春場所から朱房だったことを確認できていない。そのため、春場所で

---

37) 『やまと』（T11.1.6）に新伊之助の行司歴を紹介し、22歳（明治23年）で格足袋になり、24歳（明治25年）で本足袋になったとあるが、これが事実かどうかははっきりしない。この行司は明治2年（1869）に生まれている。また、与太夫は「22歳で格足袋となり、24歳本足袋より昇進し緋房草履を許され」（『やまと』（T11.1.6））とある。昇進年月を年齢で表してあるので、その真偽を確認するのが難しい。なお、『22代庄之助一代記（9）』（p.146）や『大相撲人物大事典』（p.689）によると、与太夫が幕内格に昇進したのは明治33年（1900）1月である。

38) 勘太夫の次席だった与太夫（前名：錦太夫）は大正15年春場所まで朱房のままだった。大正10年春場所から大正15年夏場所まで紫白房の行司は庄之助、伊之助、勘太夫の3名だったことになる。

39) 番付だけで房の色を判断することはできない。しかし、参考になることもある。記載されている「段」が急に変わると、地位に変化があった可能性もある。房の色が実際に変わったかどうかは他の資料で確認するしかない。

は「紅白房」だったとして扱うことにする[40]。
(f) 善之輔と光之助との間に大きなスペースがあり、字の大きさも異なるので、二人の地位は同じでない。光之助はやはり「青白房」である。

(20) 大正11年夏場所
　　一段目：「紫」庄之助｜「紫白」伊之助／「紫白」勘太夫｜「朱」（錦太夫改）与太夫
　　二段目：「朱」庄三郎、左門、鶴之助、（錦之助改）錦太夫、竹治郎、与之吉、啓治郎
　　三段目：「紅白」玉治郎、誠道、要人、善之輔／「青白」光之助、政治郎、勝巳、作太郎、治郎
　　四段目：「黒」袈裟三……
(a) 『大相撲』(S54.3) の「22代庄之助一代記 (9)」(p.146)、『大相撲人物大事典』(H13、p.689)、『大相撲名鑑』(H13、p.267) などによると、与之吉はこの夏場所、幕内格に昇格しているが、この幕内格が「紅白房」を意味しているのであれば間違いである[41]。与之吉は大正5年春場所、幕内格（紅白房、つまり本足袋）に昇格しているからである（『ハッケヨイ人生』(p.76)）。しかし、この幕内格が「朱房」を意味しているのであれば、必ずしも間違いではない[42]。幕内格には紅白房も朱房も両方いたからである。

---

40) ほとんどの文献で与之吉、竹治郎、啓治郎は共に大正11年夏場所、朱房の幕内格になったとしている。これが正しいかもしれないが、残念ながら、当時の資料ではまだそれを確認できていない。この3名は大正10年5月場所番付では三段目に記載されていたが、11年春場所では二段目に記載されている。春場所に地位が一枚上がった可能性がある。つまり、春場所から朱房になった可能性がある。春場所か夏場所のうち、いずれかが正しいが、夏場所だと記述している文献もあることから、確実な「夏場所」を採用しておきたい。

41) 拙稿「大正時代の番付と房の色」(2010) では竹治郎と与之吉を大正13年夏場所まで「紅白房」として扱ったが、これは正しくなかったことを指摘しておきたい。文献で「幕内格」に上がったとあったため、それが確実に「朱房」の幕内格であることを確認できなかったからである。紅白房の幕内格と朱房の幕内格を明確に区別していたなら、そのようなミスは起きなかったかもしれない。

42) 本書では錦太夫、竹治郎、与之吉は大正11年夏場所、「朱房の幕内格」になったと扱っ

253

『大相撲春場所号』（S16.1）の「行司紹介」（p.65）には「大正11年5月紅白房幕内（本足袋）」になったと記されている[43]。これは明らかに間違いである。

(b) 錦太夫が与太夫を襲名した（『やまと』（T11.5.6））。

(c) 錦之助は錦太夫（4代）に改名した（『読売』（S13.12.21））[44]。新聞では、同時に、朱房に昇格したとあるが、これは何かのミスである。錦之助は大正7年夏場所2日目）、「朱房」に昇格していたからである（『報知』（T7.5.14）。『大相撲』（S54.3）の「22代庄之助一代記（9）」（p.147）にもこの夏場所で「幕内格」に上がったと記述されている。この「幕内格」が朱房になったことを意味しているのであれば、これもミスである。なお、この与太夫は昭和2年夏場所、三役格に昇進した（『大相撲』（S53.8）の「22代庄之助一代記（6）」（p.138））[45]。

(d) 竹森編『相撲の史跡(3)』に「式守啓次郎は幕内格に昇進したばかりの大正11年5月限りで現役死亡」（p.20）とあるが[46]、これも「幕内格」をどう捉えるかによって正しいとも言えるし、間違っているとも言える。この啓治郎は大正5年春場所に幕内格（紅白房）になっている。おそらく、

ているが、残念ながら、現時点では当時の新聞や雑誌記事で直接その年月を確認できていない。それで、年月を確認できる当時の資料が提示できない。

43) 『大相撲春場所号』（S16.1）の「行司紹介」（p.65）には他にも昇格年月のミスがある。たとえば、木村庄三郎（玉治郎）は「大正11年5月紅白幕内」になったとあるが、これはミスである。

44) 錦之助は大正11年1月、「幕内格」に昇進したという文献がある（小池（40）、p.157）／『大相撲人物大事典』（H13、p.695）が、これは「緋房」を巡る解釈の違いかもしれない。錦之助が幕内格に昇進したのは大正2年5月だからである（『やまと』（T2.1.15））。

45) 『大相撲』（S54.3）の「22代庄之助（9）」（p.141）では、錦之助（4代錦太夫、4代与太夫）が大正11年春場所、「幕内格」に上がったとの記述があるが、これはミスである。「朱房」になったのは大正7年夏場所だからである（『報知』（T7.5.14））。幕内格の紅白房は大正2年夏場所中に許されている（『やまと』（T2.1.15））。

46) 式守啓治郎がこの場所、「朱房の幕内格」に昇格したという当時の新聞や雑誌記事はまだ見ていない。しかし、竹森編『相撲の史跡(3)』で「幕内格」になったと記述してあることから、それは「朱房の幕内格」を指していると判断した。

第8章 大正時代の番付と房の色

大正11年5月には「朱房の幕内格」に昇格したに違いない。

(21) 大正12年春場所
　　一段目：「紫」庄之助／「紫白」勘太夫／「朱」与太夫
　　二段目：「紫白」伊之助／「朱」庄三郎、鶴之助、錦太夫、竹治郎、与之吉
　　三段目：「紅白」玉治郎、誠道、要人、善之輔、光之助、政治郎、勝巳／「青白」作太郎、治郎、袈裟三
　　四段目：「黒」真之助……

(a) 与太夫はこの場所、「朱房」だったはずだ。というのは、大正15年春場所、伊之助の代理を務めたとき、紫白房になったからである。与太夫が大正10年5月場所から大正15年春場所の間で紫白になったという資料は見たことがない。

(b) 光之助はこの春場所から紅白房になったようだ[47]。昭和11年5月場所では一枚上の善之輔との間に大きなスペースがあるが、12年春場所ではそのスペースがなくなっている[48]。

(c) 木村左門が行司を辞めて、年寄専務（立田川）となる（『夕刊やまと』(T12.1.6)）。大正6年1月から年寄立田川を兼ね、二枚鑑札だった。

(d) 政治郎と勝巳が「紅白房」になったようだ。番付では二人とも光之助と同じ大きさの字になっているし、勝巳と作太郎の間にも大きなスペースがある。すなわち、勝巳と作太郎は異なる地位である。

(e) 袈裟三は大正12年1月、格足袋に昇進している（『相撲』(S31.8、p.186)／小池 (73)、p.156／竹森編『相撲の史跡 (1)』(p.29))[49]。番付でも、この

---

47) 小池 ((68)、p.105) では、光之助は大正12年1月頃に本足袋（つまり幕内格）になったとしている。番付によれば、夏場所前にはすでに昇格している。残念ながら、他の資料では確認していない。

48) もしかすると、政治郎と勝巳も大正12年春場所で紅白房になっているかもしれない。勝巳と作太郎の間に大きなスペースがあるからである。

49) 袈裟三は大正11年5月に青白房に昇進したという記述もある（『大相撲春場所』(S16.1、p.65))。

春場所から「青白房」になっていることが確認できる。因みに、袈裟三が幕下格に昇進したのは、大正7年5月である（『相撲』(S31.8, p.186)）。

(22) 大正12年夏場所
　　一段目：「紫」庄之助／「紫白」勘太夫／「朱」与太夫
　　二段目：「紫白」伊之助／「朱」庄三郎、鶴之助、錦太夫／「紅白」竹治郎、与之吉
　　三段目：「紅白」玉治郎、誠道、要人、善之輔、光之助、政治郎、勝巳／「青白」作太郎、治郎、袈裟三
　　四段目：「黒」真之助……
(a) 番付の三段目までは前場所とまったく同じである。

(23) 大正13年春場所
　　一段目：「紫）庄之助／「紫白」勘太夫／「朱」与太夫
　　二段目：「紫白」伊之助／「朱」庄三郎、鶴之助、錦太夫、竹治郎、与之吉
　　三段目：「紅白」玉治郎、誠道、要人、善之輔、光之助、政治郎、勝巳、作太郎
　　四段目：「青白」次郎、袈裟三／「黒」真之助……
(a) 竹治郎と与之吉が前場所と同じ順序であれば、番付では普通、左端に記載される。奇数番だからである。しかし、どういうわけか与之吉は右端に、竹治郎は左端に記載されている。通常と違う書き方なので、何か理由があるはずだが、今のところ、その理由は分からない。
(b) 作太郎は、番付によると、「紅白房」を許されている。勝巳と同じ字の大きさになっている。作太郎が「紅白房」に昇格したことを示す資料は、番付以外はまだ見ていない。
(c) 作太郎が紅白房ならば、この場所の十両格（青白房）は次郎と袈裟三の二人だけとなる。袈裟三より一枚下の真之助は「黒房」だからである。袈裟三と真之助との間には大きなスペースがあるし、字の大きさも異なる。

第8章　大正時代の番付と房の色

(24) 大正13年夏場所
　　一段目：「紫」庄之助、「紫白」伊之助／「紫白」勘太夫／「朱」与太夫
　　二段目：「朱」庄三郎、鶴之助、錦太夫、竹治郎、与之吉
　　三段目：「紅白」玉治郎、誠道、要人、善之輔、光之助、政治郎、勝巳、作太郎、(治郎改) 銀次郎
　　四段目：「青白」今朝三、(義松改) 義、真之助、栄治郎／「黒」善太郎
　　……

(a) 治郎は銀次郎（2代）に改名した。銀治郎は番付三段目の左端に記載されていることから、作太郎と共に「紅白房」に昇格しているようだ。銀次郎が紅白房に昇格したことを示す資料は、番付以外はまだ見ていない。

(b) 義は大正13年夏場所、十両格に昇進した（『大相撲』(1972.5) の「その後の四庄之助」(p.58)）。

(c) 真之助と栄治郎は青白房に昇進した（『大相撲』(S36.7、p.106)）[50]。これは番付でも確認できる。栄治郎と善太郎との間に大きなスペースがあり、字の大きさも異なる。

(d) 木村林之助（大阪相撲出身）は大正13年夏場所、幕内格として付け出されたとなっているが、その場所の番付には記載されていない。これは手続き上の問題かもしれない。というのは、番付には記載されていないが、実際に取組を裁いているからである。これは『朝日新聞』(T13.5.18) の「行司に椅子をやれ」で確認できる。行司名を記した「取組表」があればそれを簡単に解決できるが、その当時、そのような取組表があったのかどうかが分からない。

(25) 大正14年春場所
　　一段目：「紫」庄之助／「紫白」伊之助／「紫白」勘太夫｜「朱」与太

---

50)『大相撲』(S36.7) の「行司の昇進と改名」(p.106) によると、真之助（のちの7代錦太夫）は大正13年春場所で十両格に昇進している。しかし、春場所の番付を見ると、袈裟三と真之助の間に明らかに大きなスペースがあり、真之助はまだ幕下格である。春場所と夏場所のうち、どれが正しいかははっきりしないが、真之助は夏場所で昇進したものとして扱うことにする。

夫

　　二段目：「朱」庄三郎、鶴之助、錦太夫、竹治郎、与之吉、林之助

　　三段目：「朱」玉治郎、誠道／「紅白」要人、善之輔、光之助、政治郎、勝巳、作太郎、銀次郎／「青白」今朝三

　　四段目：「青白」義、真之助、栄治郎／「黒」善太郎……

(a) 林之助は東京相撲ではこの春場所から「幕内格」（紅白房）として記載されたとする文献が多い（『大相撲』（S54.3）の「22代庄之助一代記（9）』（p.146））／木村庄之助（22代）・前原太郎　著『行司と呼出し』（p.49）／『大相撲画報』（S33.12）の「大相撲太平記（13）」（p.43））。しかし、幕内格であっても、房の色は「朱」だった[51]。『都』（T14.1.6）の『大男出羽嶽が入幕する―新番付の発表』では「行司に大阪より脱退した木村林之助が足袋行司につけ出された」とある。この「足袋行司」は「紅白房」ではなく、おそらく朱房の幕内行司という意味である[52]。

(b) 林之助は大阪相撲でも朱房の幕内格だったことが大阪相撲の番付で確認

---

51) 林之助は大阪では木村錦太夫を名乗っていたが、大阪相撲は大正11年春場所後に辞めている。しかし、大阪相撲の番付では大正12年1月場所まで記載されている。林之助は大阪相撲を辞めた時、朱房の幕内格だった。林之助自身が自伝『行司と呼出し』で東京相撲でも「幕内格」で付け出されたと述べているが、それは「朱房」の幕内格を指しているに違いない。

52) 拙稿「昭和初期の番付と行司」（2009）と拙著『大相撲行司の伝統と変化（第8章）』（2010）で林之助の「幕内格」を紅白房と捉えているのは大きなミスである。林之助は大阪相撲でも朱房だったが、やはり「幕内格」として認識していたことが後で判明した。つまり、林之助は東京相撲に移った時も「朱房」の幕内格だった。林之助は自伝『行司と呼出し』（S32）や雑誌対談記事等でも一貫して「幕内格」だったと述べている。房の色に関しては何も言及していない。そのために、幕内格だったので「紅白房」と誤解されてしまったのである。大正末期の文献にも紅白房の幕内格と朱房の幕内行司を区別せず、単に幕内格と記述してある場合がある。たとえば『大相撲画報』（S34）の「大相撲太平記（13）」（p.43）は林之助に直接尋ね、「幕内格」だったので「紅白房」だったと記述している。また、文献によっては朱房の行司を「幕内格」であるにもかかわらず「三役格」として記述してある場合もある（たとえば19代式守伊之助著『軍配六十年』（S36）や21代木村庄之助『ハッケヨイ人生』（S41））。幕内格は必ずしも「紅白房」とはかぎらないし、房の色が「朱」でも必ずしも「三役格」ではないのである。

できる。たとえば、大正12年1月場所、木村喜三郎は木村錦太夫（大阪の行司名）より4枚下だったが、大正12年5月場所に朱房になっている（小池（191）、p.135）。林之助は喜三郎より4枚も上位だったので、朱房だったことは間違いない。

(c) 玉治郎は春場所、三役格に昇進している（『軍配六十年』(p.28／p.158)／『相撲』(1952.11)の「式守伊之助物語」(p.43)／『相撲』(1958.2)の「伊之助回顧録（3）」(p.205)／『近世日本相撲史（3）』(p.19)）[53]。この「三役格」は草履を履いた「三役格」行司を意味しているのではない。これは「紅白房」から「朱房」に変わったことを意味し、地位はやはり「幕内格」である。

(d) 『大相撲』(S54.3)の「22代庄之助一代記（9）」に「私（つまり木村林之助、22代庄之助：NH）が幕内格のどんジリで、私のすぐ下が十両最上位の木村玉治郎だった」(p.148)とある。この「十両最上位」は文脈から判断すると、紅白房の筆頭格を意味しているようだ。というのは、玉治郎は大正14年春場所、朱房の幕内格に昇格していたからである。大正13年5月までは紅白房だった。その紅白房は大正4年夏（7日目）に授与されている（『やまと』(T4.6.11)／『軍配六十年』(p.157)）。大正14年当時、紅白房の幕内格行司（つまり本足袋）を「十両格」とも呼んでいたかどうかは定かでない。もしそういう呼び方もあったとすれば、青白房の十両格（つまり格足袋）とどのように区別していたのだろうか。いずれにしても、「22代庄之助一代記（9）」(S54.3、p.148)では玉治郎を「十両最上位」だったとしているが、これは玉治郎の昇進歴とは一致していないのである。林之助の語っていることが正しければ、私の理解に問題があることになる。

(e) 誠道はこの場所、朱房になった。その裏付けは朱房免許が2月に授与されていることである。誠道に授与された免許状の文面を参考までに示しておく。

---

53)『相撲』（山田著）で玉治郎は大正15年春に昇進したという記述がある。これは玉治郎の勘違いである。というのは、14年春場所に昇進しているからである。

「　　　　　　免許状
　　団扇紐紅色令免許畢／以来相用可申候依而／免許状如件
　　　　本朝相撲司御行司
　　　　第二十三世
　大正十四年二月吉日　　　吉田追風落款印／花押
　　　　木村誠道とのへ　　　　　」

　吉田司家の免許状の日付は2月になっているが、協会では春場所ですでに朱房の使用を許可していたに違いない（『夏場所相撲号』(T13.5、pp. 109-10)）。誠道は玉治郎と共に朱房になった。

(f) 庄三郎（前名：角治郎）は大正14年4月18日に亡くなった（小池（106）、p. 119）。

(g) 今朝三は番付三段目の左端に記載されているが、おそらく「青白房」である。今朝三は大正12年春場所で格足袋に昇進している（『相撲』(S31.8、p. 186)）。

(26) 大正14年夏場所
　　一段目：「紫」庄之助／「紫白」伊之助／「紫白」　勘太夫／「朱」与太夫
　　二段目：「朱」鶴之助、錦太夫／「紅白」竹治郎、与之吉、林之助、玉治郎、誠道
　　三段目：「紅白」要人、善之輔、光之助、政治郎、勝巳、作太郎、銀次郎／「青白」今朝三
　　四段目：「青白」義、真之助、栄治郎／「黒」善太郎……

(a) この場所は、基本的に、前場所と同じである。番付記載は何も変わらない。

(b) 玉治郎はこの場所、三役格に昇進したという文献もある（竹森編『相撲の史跡（1）』(p. 85)）。しかし、玉治郎は先場所、朱房になっている。この「三役格」は、先に述べたように、朱房になったことを指しているようだ。地位は「幕内格」ということになる。

第8章　大正時代の番付と房の色

(27) 大正15年春場所
　　一段目：「紫」(伊之助改)庄之助／「紫白」(勘太夫改)伊之助／「朱」与太夫
　　二段目：「朱」鶴之助、錦太夫、竹治郎、(与之吉改)勘太夫、林之助、(玉治郎改)庄三郎、誠道
　　三段目：「紅白」要人、善之輔、光之助、政治郎、勝巳／「青白」作太郎、銀次郎、今朝三
　　四段目：「青白」義、真之助、栄二郎、善太郎、喜市／「黒」慶太郎……

(a) 伊之助が庄之助を襲名し、勘太夫が伊之助を襲名した(『時事』／『都』(T15.1.6)／『春場所相撲号』(T15.1)の「立行司の運盛」(p.97))[54]。しかし、伊之助は場所前(12月27日)、死亡している。番付には記載されており、「位牌行司」と呼ばれている。

(b) 6代与太夫はこの春場所、15代伊之助(紫白房)になったと語っている(『夏場所相撲号』(S10.5)の「行司生活51年」(p.79)[55]／『野球界』(S14.9)の「松翁と一問一答」(pp.217-21)／『野球界春場所相撲号』(S11.1)の「松翁土俵生活五十有二年」(p.47))[56]。

　「(私は：NH)大正15年1月に15代の式守伊之助を襲いだ」(『野球界』(S14.9、p.220)

　番付ではまだ与太夫で、夏場所から15代伊之助として記載された。番付では夏場所から伊之助を襲名しているが、紫白房は春場所から許されていたに違いない[57]。板橋雄三郎・青柳文雄　著『探訪　栃木の名力士』

---

54) 伊之助が木村庄之助を襲名するのは昨年(T14)6月には決まっていた(『中央』(T14.6.16))。
55) 『夏場所相撲号』(S10.5)の「行司生活51年」(p.79)には、庄之助(松翁)自筆の略歴が掲載されている。それにも、大正15年1月に式守伊之助を襲名したことが記されている。この自筆の略歴は庄之助の昇格年月を確認する上で非常に貴重な資料である。
56) 『萬』(T15.1.6)でも与太夫が伊之助を襲名することになったと書いてある。正式には5月場所になるが、実質的には春場所から伊之助の代理を務めていた。
57) 『野球界』(S13.6)の「行司生活50年—松翁木村庄之助」でも「私が15代伊之助の名を許されたのは大正15年1月です。その前、幕内の行司に昇進したのは明治35年1月の事

(p.350）や『横綱栃山守也―生誕100年』(p.75）でも伊之助襲名は大正15年5月だと記している。

　与太夫が（15代）式守伊之助として公式に5月番付に掲載される前に、春場所から実質的にその役割を果たしていたことは当時の新聞記事でも確認できる。

　　「立行司18代木村庄之助が急に死去したので、(13代）式守伊之助が19代庄之助となり、与太夫が15代伊之助となり、与之吉が勘太夫となった。」
　　（『都』(T15.1.6)）

立行司が本場所前に死去し、番付には記載されていながら、その代理を後継者が実質的な役割を演じた例は少なくない。たとえば、明治31年春場所でも、8代式守伊之助の代わりに後継者の4代式守与太夫が務めている[58]。

(c)　錦太夫はこの場所、与太夫に改名している（『萬』(T15.1.6)）。先代の与太夫が伊之助を襲名しているので、その名を継いだことになる。しかし、番付では昭和2年春場所で与太夫に改名したことになっている。先代の勘太夫が急死したために、与太夫の伊之助襲名や錦太夫の改名などが番付記載と一致していない。

(d)　与之吉は本場所から勘太夫に改名した（『都』／『時事』／『名古屋』(T15.1.6)／自伝『ハッケヨイ人生』）。後に21代木村庄之助となっている。自伝『ハッケヨイ人生』では「大正15年1月に三役となり、勘太夫と名前も変わって朱房の軍配を持つことになりました」(p.77）と語っている。この「三役」と「朱房」をどう解釈すればよいかが分からない。朱房は大

でした」(p.108）とある。また、『相撲』（加藤著、S17、p.154）でも15代式守伊之助を襲名したのは大正15年1月だったと本人が語っている。番付では確かに大正15年5月場所で伊之助として記載されているが、襲名が決まったのは大正15年1月である。なお、式守与之吉改め勘太夫、木村林之助、木村玉治郎の朱房については拙稿「大正末期の三名の朱房行司」（『専修人文論集』第91号、2012）に詳しく扱っている。

58）明治31年当時、立行司の式守伊之助は必ずしも紫白房と決まっていたわけでないので、伊之助を襲名しても朱房のままだった。この9代式守伊之助が紫白房を許されたのは明治37年夏場所である（『都』(M37.5.29)）。

第8章　大正時代の番付と房の色

正11年の春場所か夏場所に授与されているからである。幕内格の朱房から「三役格」になったことを裏付ける資料も見たことがない。与之吉（すなわち勘太夫）より上位にいる鶴之助、錦太夫、竹治郎らも「三役格」にはなっていない。与之吉は大正15年春場所、草履を許されているわけでもない。勘太夫がどういう意味で「三役格」になったと語ったのか、今のところ、不明である。勘太夫が三役になったのは、昭和2年夏場所だとする文献がいくつかある（たとえば『近世日本相撲史 (3)』(p.19)、『大相撲春場所』(S16.1) の「行司紹介」(p.65)、『大相撲』(S54.3) の『22代庄之助一代記』(p.149) など)）[59]。

(e)　玉治郎は庄三郎に改名した（『時事』／『読売』(T15.1.6)）[60]。
(f)　4代錦太夫は7代与太夫を襲名した（『萬』(T15.1.6)）。
(g)　善太郎と喜市が幕下格（黒房）に昇格している。
(h)　竹治郎は春場所後、行司を辞めている。

---

[59] 勘太夫が昭和2年夏場所、三役格になったとすれば、春場所は三役格でなかったことになる。大正15年夏場所まで朱房だったが、昭和2年春場所ではどの房色を使用していたかが気になるところだ。昭和2年春場所では幕内格に降格されたわけだから、その場所は紅白房に降格されたことになる。「22代庄之助一代記 (10)」(S54.5、p.144) では勘太夫は幕内格筆頭として記述されている。これが正しければ、勘太夫は朱房から紅白房に格下げされていたはずだ。春場所中あるいは春場所直後に、夏場所から三役に内定したとしても、春場所は規定通りであれば、やはり幕内格として紅白房だったはずだ。しかし、この春場所、勘太夫が紅白房を使用していたとする文献を見たことがない。むしろ朱房だったことを示唆する文献さえある（たとえば『大相撲春場所後』(S2.5) の「相撲界秘記」(p.123)）。この記事によれば、春巡業で朱房の勘太夫が紫白房を使用している。もしこの記事が事実を正しく記述しているのであれば、勘太夫はこの春場所、紅白房を使用していなかったことになる。それでは、勘太夫の地位は幕内格だが、例外的に朱房を使用していたのだろうか。それとも、その記事は事実を正しく伝えていないだろうか。昭和2年春場所では地位を格下げされた行司は何人かあり、房の色だけでなく足袋から素足になっている者もいる。大阪相撲の木村清之助が紫白房から朱房に降格され、実際に朱房を使用していたことを考慮すれば、勘太夫は規定通り「紅白房」を使用し、夏場所から朱房を許されたことになる。東京相撲と大阪相撲の合併で行司の間でも多少の混乱があり（『大相撲画報』の「大相撲太平記 (21)」(p.41) や『ハッケヨイ人生』(S41、p.95)）、房の色を規定通りに遵守できなかった可能性もある。いずれに

263

(28) 大正15年夏場所
　　一段目：「紫」庄之助／「紫白」（与太夫改）伊之助／「朱」錦太夫
　　二段目：「朱」勘太夫、鶴之助、林之助、庄三郎、誠道
　　三段目：「紅白」要人、善之輔、光之助、政治郎、勝巳／「青白」作太郎、銀次郎、今朝三
　　四段目：「青白」義、真之助、（栄二郎改）庄吾、善太郎、喜市／「黒」慶太郎……

(a) 与太夫が正式に伊之助になった（『東京日日』（T15.5.6）／『都』（T15.5.13））。番付に式守伊之助として記載されたのはこの夏場所だが、紫白房は春場所から使用していた。

(b) 錦太夫は昭和2年春場所、与太夫（7代目）に改名した。これは手続き上、番付記載でそうなっているだけで、大正15年春場所か夏場所には与太夫を継ぐことは決まっていたに違いない。実際、大正15年夏場所の番付では与太夫（7代）の名前は記載されていない。夏場所の番付では与太夫（6代）が伊之助を襲名したことだけが記載されている。

(c) 義から喜市までの5名は青白房である（『都』S2.1.8）。

4. 結　び

大正期の十枚目以上の行司についてその房の色を調べてきたが、まだ解明できない行司が何人かいる。その主なものを参考までに記しておきたい。

(a) 朝之助が紫白房を許された正確な年月はいつだろうか。本章では、一

　　しても、昭和2年春場所、勘太夫がどの色の房を使用していたかに関してはまだはっきりしない。

60) 玉治郎の改名は春場所である。『大相撲』（S54.3）の「22代庄之助一代記（9）」に「大正15年春、木村庄三郎は襲名して幕内格に上がり、（後略）」（p.148）とあるが、「幕内格昇格」（朱房）の年月は大正14年春で、庄三郎への改名は大正15年春である。因みに、玉治郎は大正4年夏場所、幕内格（紅白房）に昇進している。

応、大正3年夏場所としているが、土俵祭で紫房を使用していたからである。いつの時点で紫房を授与されたかはまだ分からない。
(b) 誠道が紫白房から紫房へ変わった年月はいつだろうか。『大相撲夏場所号』(T10.5)の行司対談記事に式守伊之助（誠道のこと）が総紫を使用しているという記事がある。この記事は事実を正しく語っているかもしれない。誠道は大正2年5月場所8日目に紫白房が授与されているので、その後、ある時点で総紫房に変わったことになる。総紫に変わったというのが事実なら、いつ変わったのだろうか。
(c) 6代与太夫（後の20代木村庄之助）が15代式守伊之助を襲名したのは、番付では大正15年5月場所である。しかし、紫白房を許されたのは大正15年1月場所である。それ以前に紫白房を授与された可能性はまったくないだろうか。

　その他にも、房の色が資料で確認できなかった行司が何名かいる。参考までに、いくつか列挙しておきたい。
(a) 誠道（12代式守伊之助）はいつ、紫白房から紫房になったか。そもそも伊之助が「紫房」を授与されたのは本当か。
(b) 朝之助（18代木村庄之助）は大正3年夏場所、紫白房を使用しているが、いつ紫白房を許されたか。
(c) 清治郎は大正2年夏場所、朱房に昇格しているが、大正9年2月に亡くなるまで、ずっと朱房だったか。
(d) 敬治郎は与之吉と同様に大正4年春場所、紅白房に昇格していないか。
(e) 竹治郎は大正8年春場所、紅白房に昇格していないか。
(f) 竹治郎、与之吉、啓治郎は大正11年春場所に朱房になっていないか。
(g) 茂治郎と喜久司は大正4年夏場所、青白房になっていないか。
(h) 政二郎は大正5年春場所、まだ黒房か。
(i) 勝巳（後の5代錦太夫）は大正6年春場所、まだ黒房か。
(j) 左右司と光之助は大正10年夏場所、まだ青白房か。
(k) 治郎と玉堂は大正10年夏場所、青白房になっていないか。

上記の行司は前後の行司からその房の色を推測せざるを得なかった。もちろん、他にも資料で確認できなかった行司はもっといる。今後、注意して資料を見ていけば、行司の昇進年月や房の色は確認できるかもしれない。そうすれば、本章で推測した年月や房の色も簡単に解決できるはずだ。

　最後に、本章にはミスがないとは言えない。資料で確認できない行司が何名かいたからである。参考にした資料でも年月に違いがある場合もある。それから、房の色の使用開始については番付に基づくか、本場所の許可に基づくかも予め決めておかなければならない。最も簡単な解決法は番付に基づくことである。その場合は、本場所の使用開始とズレが生じることになる。本章では、それに関しても中途半端で、時には番付を重視し、時には実際の使用を重視している。いずれにしても、番付を見ただけでは軍配の房を知ることはできない。各行司の正確な房の色を知るには、もっと精密な研究が必要である。

あとがき

　2010年に出版した拙著『大相撲行司の伝統と変化』にも9つの話題を取り上げてある。まだその本を見ていない人もいるかもしれないので、参考までに、ここにその話題をリストアップしておく。

1. 軍配の握り方を巡って
2. 譲り団扇
3. 行司と草履
4. 明治43年以前の紫房は紫白だった
5. 幕下格以下行司の階級色
6. 行司の帯刀
7. 帯刀は切腹覚悟のシンボルではない
8. 昭和初期の番付と行司
9. 明治30年以降の番付と房の色

　本章でも行司に関する話題を扱っているが、その話題はやはり異なる。できたら、拙著『大相撲行司の伝統と変化』も読むことを勧める。行司に関する知識が深まるだけでなく、何が問題なのかも明確になるからである。問題点が分かると、それを解決しようとする意欲が湧いてくるはずだ。また、そうなることを私は期待している。

　私はこれまで相撲に関する論考を約50篇ほど公表している。行司に関するものが多いが、土俵周辺の飾りものに関するものもいくつかある。参考までに、これまで公表した論考を次に示しておく。

　(1)　1998、『ここまで知って大相撲通』グラフ社。
　(2)　1998、『SUMOキークエスチョン258』(岩淵デボラ訳)、洋販出版。

- (3) 2003、「相撲の軍配」『専修大学人文科学年報』第33号、pp. 91-123。
- (4) 2003、「行司の作法」『専修人文論集』第73号、pp. 281-310。
- (5) 2003、「行司の触れごと」『専修大学人文科学月報』第207号、pp. 18-41。
- (6) 2004、「土俵祭の作法」『専修人文論集』第74号、pp. 115-41。
- (7) 2004、「行司の改姓」『専修大学人文科学年報』第211号、pp. 9-35。
- (8) 2004、「土俵祭の祝詞と神々」『専修人文論集』第75号、pp. 149-77。
- (9) 2005、「由緒ある行司名」『専修人文論集』第76号、pp. 67-96。
- (10) 2005、「土俵入の太刀持ちと行司」『専修経営学論集』第80号、pp. 169-203。
- (11) 2005、「行司の改名」『専修大学人文科学月報』第218号、pp. 39-63。
- (12) 2005、「軍配の握り方を巡って（上）」『相撲趣味』第146号、pp. 42-53。
- (13) 2005、「軍配の握り方を巡って（中）」『相撲趣味』第147号、pp. 13-21。
- (14) 2005、「軍配の握り方を巡って（下）」『相撲趣味』第148号、pp. 32-51。
- (15) 2005、「軍配房の長さ」『専修人文論集』第77号、pp. 269-96。
- (16) 2005、「軍配房の色」『専修経営学論集』第81号、pp. 149-79。
- (17) 2005、「四本柱の色」『専修経営学論集』第81号、pp. 103-47。
- (18) 2006、「南部相撲の四角土俵と丸土俵」『専修経営学論集』第82号、pp. 131-62。
- (19) 2006、「軍配の型」『専修経営学論集』第82号、pp. 163-201。
- (20) 2006、「土俵の構築」『専修人文論集』第79号、pp. 29-54。
- (21) 2006、「譲り団扇」『専修大学人文科学研究所月報』第233号、pp. 39-65。
- (22) 2006、「土俵の揚巻」『専修経営学論集』第83号、pp. 245-76。
- (23) 2006、「天正8年の相撲由来記」『相撲趣味』第149号、pp. 14-33。
- (24) 2006、『大相撲と歩んだ行司人生51年』(33代木村庄之助と共著)、英宝社。
- (25) 2007、「幕下格以下行司の階級色」『専修経営学論集』第84号、pp. 219-40。
- (26) 2007、「行司と草履」『専修経営学論集』第84号、pp. 185-218。
- (27) 2007、「謎の絵は南部相撲ではない」『専修人文論集』第80号、pp. 1-30。
- (28) 2007、「座布団投げ」『専修経営学論集』第85号、pp. 79-106。
- (29) 2007、「立行司の階級色」『専修人文論集』第81号、pp. 67-97。
- (30) 2007、「緋房と草履」『専修経営学論集』第85号、pp. 43-78。
- (31) 2008、「行司の黒星と規定」『専修人文論集』第82号、pp. 155-80。

(32) 2008、「土俵の屋根」『専修経営学論集』第86号、pp. 89-130。

(33) 2008、「明治43年5月以降の紫と紫白」『専修人文論集』第83号、pp. 259-96。

(34) 2008、「明治43年以前の紫房は紫白だった」『専修経営学論集』第87号、pp. 77-126。

(35) 2009、「昭和初期の番付と行司」『専修経営学論集』第88号、pp. 123-57。

(36) 2009、「行司の帯刀」『専修人文論集』第84号、pp. 283-313。

(37) 2009、「番付の行司」『専修大学人文科学年報』第39号、pp. 137-62。

(38) 2009、「明治43年以降の番付と房の色」『専修経営学論集』第89号、pp. 51-106。

(39) 2009、「帯刀は切腹覚悟のシンボルではない」『専修人文論集』第85号、pp. 117-51。

(40) 2010、「大正時代の番付と房の色」『専修経営学論集』第90号、pp. 207-58。

(41) 2010、「改名した行司に聞く」『専修大学人文科学年報』第40号、pp. 181-211。

(42) 2010、『大相撲行司の伝統と変化』専修大学出版局。

(43) 2010、「立行司も明治11年には帯刀しなかった」『専修人文論集』第87号、pp. 199-234。

(44) 2010、「草履の朱房行司と無草履の朱房行司」『専修経営学論集』第91号、pp. 23-51。

(45) 2010、「上覧相撲と横綱土俵入りと行司の着用具」『専修経営学論集』第91号、pp. 53-69。

(46) 2010、「明治の立行司の席順」『専修経営学論集』第92号、pp. 31-51。

(47) 2011、「天覧相撲と土俵入り」『専修人文論集』第88号、pp. 229-64。

(48) 2011、「明治の四本柱の四色」『専修大学人文科学年報』第41号、pp. 143-73。

(49) 2011、『大相撲行司の世界』吉川弘文館。

(50) 2011、「行司の木村姓と式守姓の名乗り」『専修人文論集』第89号、pp. 131-58。

(51) 2011、「現役行司の入門アンケート調査」『専修経営学論集』第91号、pp. 1-28。

(52) 2012、「土俵三周の太鼓と触れ太鼓」『専修人文論集』第90号、pp.

377-408。
- (53) 2012、「大正期の立行司を巡って」『専修経営学論集』第94号、pp. 31-51。
- (54) 2012、「明治と大正時代の立行司とその昇格年月」『専修大学人文科学年報』第42号、pp. 123-52。
- (55) 2012、「大正末期の三名の朱房行司」『専修人文論集』第91号。

　これらの論考はほとんど専修大学の紀要に発表しているので、最寄りの公共図書館に依頼すれば、簡単に入手できるはずだ。もちろん、僅かばかりの諸費用は負担しなければならない。また、『四角い土俵とチカラビト』（岩手県立博物館製作・発行の小冊子、H18.9）にも短い稿「行司と軍配」（pp. 50-1）を執筆してある。

　最後になるが、お願いが一つある。本書でときどき「分からない」という表現をしてあるが、それは確かな資料の裏付けがない場合もあるし、自分で解明を避けている場合もある。本書の「分からない」という表現を見たとき、それを解決してやろうという人が現れることを期待している。

　ついでに、お詫びと訂正をしておきたい。本書とは直接関係ないが、他の拙稿や拙著で木村庄之助だけが結びの一番で房を垂らすことができ、したがって房を垂らすことは木村庄之助の特権であると述べてきた。しかし、最近、これは間違いであることが判明した。35代木村庄之助と36代木村庄之助の両立行司と平成24年1月場所初日に行司部屋で語り合っていたとき、結びの一番を裁く行司なら地位に関係なく房を垂らすのだとお二人に教えてもらった。後日、29代木村庄之助にも房垂らしについて確認すると、その通りだということだった。両立行司が空位だった時期、三役時代に結びの一番を裁いたことがあったが、房を垂らした経験もしている。

　木村庄之助以外の行司、たとえば式守伊之助が結びの一番を裁いたとき、房を垂らす仕草に気がついていたなら、このようなミスを犯さなかったかもしれないが、両立行司と語り合うまでそのことをまったく知らなかった。この房垂らしに関してはどこかで勘違いし、それをそのままずっと思いこんでいたのである。そのため、間違った記述を拙稿や拙著で何回かやってしまった。訂正する機会が他に少ないので、本書でそのことを記し、深くお詫びしておきたい。

参考文献

　相撲関連の雑誌（『相撲』、『大相撲』、『野球界』、『角力新報』、『国技』、『角力雑誌』、『角力世界』、『武侠世界』等）や明治以降の主要な新聞等も参考にしたが、基本的に雑誌類や新聞等は参考文献から省略してある。

朝日新聞京都支局編、平成4年（1992）、「華洛細見図」『京都むかしむかし』京都新聞社。／栗野秀穂　編、昭和8年（1933）、『宝永花洛細見図』（複製本）京都叢書刊行会。
麻生磯次・富士昭雄、昭和51年（1976）、『本朝二十不孝』（対訳西鶴全集10）明治書院。
綾川五郎次編、大正3年（1914）、『一味清風』学生相撲道場設立事務所。
荒木精之、昭和34年（1959）、『相撲道と吉田司家』相撲司会。
池田雅雄編、昭和45年（1970）、『写真図説　相撲百年の歴史』講談社。
池田雅雄編、昭和45年（1970）、『相撲百年の歴史』講談社。
池田雅雄、昭和52年（1977）、『相撲の歴史』平凡社。
池田雅雄、平成2年（1990）、『大相撲ものしり帖』ベースボール・マガジン社。
泉淳、平成6年（1994）、『元親記』勉誠社。
板橋雄三郎、平成2年（1990）、『横綱栃木山守也――生誕100年』下野新聞社。
板橋雄三郎・青柳文雄、平成6年（1994）、『探訪　栃木の名力士』下野新聞社。
岩井左右馬、安永5年（1776）、『相撲伝秘書』（写本）。
上田正二郎編、大正6年、『学生紳士相撲の取方と見方』、文友堂書店。
「江戸相撲錦絵」『VANVAN相撲界』（昭和61年（1986）新春号）、ベースボール・マガジン社。
『大相撲人物大事典』、平成13年（2001）、『相撲』編集部、ベースボール・マガジン社。
『大相撲昔話』、昭和36年（1961）、日本文化出版社。
大田牛一・中川太古（訳）、平成4年（1992）、『信長公記（現代語訳）』（上巻）、新人物往来社。

大谷孝吉・三浦照子　編、平成8年（1996）、『相撲浮世絵——大谷孝吉コレクション』（改訂版）。

大ノ里萬助、昭和5年（1930）、『相撲の話』誠文堂。

大橋新太郎編、明治33年（1900）、『相撲と芝居』博文館。

岡敬孝編、明治18年（1885）、『古今相撲大要』報行社。

景山忠弘、平成8年（1996）、『写真と資料で見る大相撲名鑑』学習研究社。

風見明、平成14年（2002）、『相撲、国技となる』大修館書店。

加藤進、昭和17年（1942）、『相撲』愛国新聞社出版部。

加藤隆世、明治17年（1884）、『明治時代の大相撲』国民体力協会。

金指基、平成14年（2002）、『相撲大事典』現代書館。

上司子介編・上司延貴著、明治32年（1899）、『相撲新書』博文館／復刻版（昭和60年（1985））、ベースボール・マガジン社。

川崎房五郎、昭和59年（1984）11月、「寛政3年の上覧相撲」『選挙』、pp. 27-31。

川端要壽、平成5年（1993）、『物語日本相撲史』筑摩書房。

菅敬愛編、大正8年（1919）、「南部角力起原史（1）～（9）」『角力世界』。

北川博愛、昭和44年（1969）、『相撲と武士道』浅草国技館。

木村喜平次、正徳4年（1714）、『相撲家伝鈔』（写本）。

木村庄之助（6代）、明和5年（1768）、『角觝秘蔵雑録』（写本）。

木村庄之助（20代、松翁）、昭和17年（1942）、『国技勧進相撲』言霊書房。

木村庄之助（22代）・前原太郎、昭和32年（1957）、『行司と呼出し』ベースボール・マガジン社。

木村庄之助（21代）、昭和41年（1966）、『ハッケヨイ人生』帝都日日新聞社。

木村庄之助（27代）、平成6年（1994）、『ハッケヨイ残った』東京新聞出版局。

木村庄之助（29代）、平成14年（2002）、『一以貫之』高知新聞社。

『木村瀬平』（雪の家漁叟記）、明治31年（1898）、濆和堂製。

木村孫六（柳全守直）、延享元年（1744）、『角力旧記並口決』（写本）／木村瀬平が延享子年に写した写本を参照した。

木村孫六（柳全守直）、延享2年（1745）、『相撲強弱理合書』（写本）。

木村政勝、宝暦13年（1763）、『古今相撲大全』（写本）／木村清九郎　編、明治18年（1885）、『今古実録相撲大全』。

木村守直、享保7年（1722）、『相撲伝書』（燕石十種第二所収）。

「行司の作法」と「行司の触れごと」（ビデオ）、平成6年（1994）、相撲博物館（蔵）。

窪寺紘一、平成4年（1992）、『日本相撲大鑑』新人物往来社。

栗島狭衣、大正3年（1914）、『相撲通』実業之日本社。
小池謙一、平成元年（1989）以降、「年寄名跡の代々」『相撲』。
小泉葵南、大正6年（1917）、『おすもうさん物語』泰山堂。
『国技相撲のすべて』（別冊相撲夏季号）、昭和49年（1974）7月、ベースボール・マガジン社。
『国技相撲のすべて』（平成8年（1996）11月、別冊『相撲』秋季号）、ベースボール・マガジン社。
『国技相撲の歴史』（昭和52年（1977）10月、別冊『相撲』秋季号）、ベースボール・マガジン社。
小島貞二、昭和54年（1979）、『大相撲人物史』千人社。
小林謙一、昭和31年（1956）、「相撲の古画」『日本美術工芸』（昭和31年2月）、日本美術工芸社。
酒井忠正、昭和31年（1956）／39年（1964）、『日本相撲史』（上・中）、ベースボール・マガジン社。
酒井忠正、平成7年（1995）、『相撲随筆　』ベースボール・マガジン社。
堺市博物館（制作）、平成10年（1998）3月、『相撲の歴史――堺・相撲展記念図録』堺・相撲展実行委員会。
桜井正信、平成6年（1994）、『東京江戸案内（巻の4）――相撲と銅像篇』八坂書房。
佐竹昭広編著、平成2年（1990）、『絵入本朝二十不孝』岩波書店／奥書貞享3年（1686）の写本。
塩入大輔編、明治19年（1886）、『相撲秘鑑』集英舎。
式守伊之助（19代）、昭和36年（1961）、『軍配六十年』高橋金太郎（発行者）。
式守伊之助（26代）、平成5年（1993）、『情けの街のふれ太鼓』二見書房。
式守蝸牛、寛政5年（1793）、『相撲隠雲解』（写本）／『VANVAN相撲界』（秋期号）に収録、昭和58年（1983）。
『昭和大相撲史』、昭和54年（1979）、毎日新聞社。
ジョージ石黒、平成6年（1994）、『相撲錦絵蒐集譚』西田書店。
ジョージ石黒、平成8年（1996）、『相撲錦絵発見記』中日新聞本社。
『新版相撲通になるまで』（『相撲』増刊）、昭和28年（1953）11月、ベースボール・マガジン社。
鈴木要吾、昭和18年（1943）、『相撲史観』人文閣。
『相撲』（カラーブックス）、昭和53年（1978）、保育社。
『相撲　今と昔』（アサヒ写真ブック11）、昭和29年（1954）、朝日新聞社。

『相撲浮世絵』(別冊『相撲』夏季号)、昭和56年（1981）6月、ベースボール・マガジン社。
『相撲大観』(『相撲』増刊)、昭和30年（1955）7月、ベースボール・マガジン社。
『相撲今昔物語（巻の二）』、大正2年（1913）、『新燕石十種第四』（早川編）、図書刊行会。
『相撲なるほど歴史学』(『歴史街道』7月特別増刊号)、平成4年（1992）4月号、PHP研究所。
『相撲錦絵展』、平成8年（1996）、田原町博物館。
『相撲豆辞典』、昭和30年（1955）5月、朝日新聞社。
『すりもの古書目録』(20号)、平成17年（2005）、すりもの堂書店。
『図録「日本相撲史」総覧』(別冊歴史読本)、平成4年（1992）、新人物往来社。
高橋義孝・北出清五郎（監修）、昭和54年（1979）、『大相撲案内』グラフ社。
竹内誠、平成12年（2000）、『元禄人間模様』角川書店。
竹森章編、昭和48年（1973）〜平成5年（1993）、『相撲の史跡』（第1号〜第6号）、相撲史跡研究会（発行）。
立川焉馬撰、文政11年（1828）、『角觝詳説活金剛伝』（活本）。
田中四郎左衛門編、大正8年（1919）、『相撲講話』日本青年教育会。
寺尾政喜（編集兼発行人）、昭和14年（1939）6月、『角界時報』角界時報発行所。
暉峻康隆（訳注）、昭和51年（1976）、「無用の力自慢」『本朝二十不孝』（現代語訳西鶴全集　第8巻）、pp. 115-18、小学館。
出羽海秀光、昭和29年（1954）、『私の自叙伝』ベースボール・マガジン社。
『伝説と奇談』第13号、昭和36年（1961）、山田書院。
戸谷太一編、昭和52年（1977）、『大相撲』学習研究社。
中沢潔、昭和52年（1977）、『相撲もの知り博士』KKベストセラーズ。
中英夫、昭和51年（1976）、『武州の力士』埼玉新聞社。
鳴戸政治、昭和15年（1940）、『大正時代の大相撲』国民体力協会。
『南撰要類集（南町奉行部）』東京都公文書館所蔵。
『なんでもわかる相撲百科』（相撲別冊）、昭和37年（1962）11月、ベースボール・マガジン社。
新田一郎、平成6年（1994）、『相撲の歴史』山川出版社。
日本相撲協会広報部・相撲博物館企画・編集、平成17年（2005）、『大相撲80年史』。
日本相撲協会博物館運営委員会（監）、昭和50年（1975）〜昭和56年（1981）、『近世日本相撲史』（第1巻〜第5巻）、ベース・マガジン社。

野口勝一編、明治28年、『陣幕久五郎通高事蹟』、高知堂。
半藤一利、平成3年（1991）、『大相撲こてんごてん』日本図書センター。
肥後相撲協会（著作兼発行者）、大正2年（1913）、『本朝相撲之司吉田家』。
彦山光三、昭和13年（1938）、『土俵場規範』生活社。
彦山光三、昭和15年（1940）、『相撲道綜鑑』国民体力協会／復刻版、昭和52年。
彦山光三、昭和16年（1941）、『相撲美開眼』六興出版部。
彦山光三、昭和27年（1952）、『相撲読本』河出書房。
常陸山谷右衛門、昭和60年（1985）、『相撲大鑑』（復刻版）、ベースボール・マガジン社。
秀ノ山勝一、昭和25年（1950）、『相撲』旺文社。
武技部17-20、『古事類苑』所収、昭和35年（1960）、吉川弘文館。
『風俗画報』（第182号）、明治32年（1899）2月、東陽堂。
藤島秀光、昭和16年（1941）、『近代力士生活物語』／『力時代の思い出』国民体力協会。
舟橋聖一、昭和18年（1943）、『相撲記』創元社。
古河三樹、昭和17年（1942）、『江戸時代の大相撲』国民体力協会。
古河三樹、昭和43年（1968）、『江戸時代大相撲』（復刻版）、雄山閣。
松木平吉編、明治17年（1884）、『角觝秘事解』。
松木平吉編、明治18年（1885）、『角觝金剛伝』大黒屋平吉（版元）。
枡岡智・花坂吉兵衛、昭和10年（1935）、『相撲講本』相撲講本刊行会／昭和53年、復刻版、誠信出版社。
水野尚文・京須利敏編著、『大相撲力士名鑑』（平成13年版（2001）／平成21年版（2009））、共同通信社。
三木愛花、明治34年（1901）、『相撲史伝』曙光社／『日本角力史』、明治34年（1901）／『増補訂正日本角力史』、明治42年（1909）、吉川弘文館。
三木愛花、昭和3年（1928）、『江戸時代之角力』近世日本文化史研究会。
三木貞一（愛花）・山田伊之助（春塘）、明治35年（1902）、『相撲大観』博文館。
武藤禎夫・岡雅彦編、昭和51年（1976）、『噺本大系』（第4巻、第6巻、第7巻、第8巻）、東京堂出版。
山田伊之助編、明治34年（1901）、『相撲大全』服部書店。
山田知子、平成5年（1993）、「土俵祭と修験道」寒川恒夫（編）『相撲の宇宙論』平凡社、pp.57-108。
山田知子、平成8年（1996）、『相撲の民族史』東京書籍。

山田野理夫、昭和35年（1960）、『相撲』ダヴィッド社。

『悠久』第78号、平成11年（1999）、鶴岡八幡宮悠久事務局、おうふう。

横山健堂、昭和17年（1942）、『日本相撲史』富山房。

吉田追風（21代）、天保12年（1841）、『本朝相撲起原』（木村玉之助への巻物）、相撲博物館所蔵。

吉田追風編、昭和42年（1967）、『ちから草』吉田司家。（この中に、「すまい御覧の記」、「吹上御庭相撲上覧記」、「相撲上覧記」、「相撲私記」などの抜粋がある。）

和歌森太郎、平成15年（2003）、『相撲今むかし』河出書房新社、昭和38年（1963）版の復刊。

『私は知りたい』（春の特集　野球通・相撲通の読本）、昭和33年（1958）4月号、自由国民社。

Bickford, Lawrence. 1994. *Sumo and the Woodblock Print Masters* (*SWPM*). Tokyo：Kodansha International.

Newton, Clyde. 1990. *Dynamic Sumo* (Photography by G. J. Toff). Tokyo：Kodansha International.

Patmore, Angela. 1991. *The Giants of Sumo*. London：Macdonald Queen Ann Press.

索　引

【あ行】

揚巻の色　66
兄弟子　181
位牌行司　261
印籠　167
絵番付　3
絵番付　20
烏帽子　81
御請書　26
大阪相撲　212
御徒　45

【か行】

改名の経緯　210
改名の時期　226
改名の理由　210
顔触れ　59
顔触れ言上　2
格草履　177
格足袋　171
風折烏帽子　83
木村姓　181
行司監督　209
行司差し違え　100
行司処罰規定　112
行司装束改正　84

行司溜り　76
行司の黒星　100
行司の差添え　53
行司の姓　182
行司の扇子　22
行司の帯剣　41
行司の服装　41
行司の房の色　231
行司の有資格者　189
行司番付編成　112
行司部屋　199
行司名の格　225
行司名の順序　224
行司名の順序、式守姓の　224
行司免状　41, 63
行司の草履　49
黒星、行司の　100
軍配どおり　100
警蹕　92
国技館開館　83
御前掛り　66
これより三役　67

【さ行】

差添え、行司の　53
差し違え　100
雑踏触れ　2

侍烏帽子　80
三役格　170
式守姓　181
式守姓の行司名の順序　224
師匠　181
朱房行司　127, 170
准立行司　132, 170
松翁　187
装束、土俵祭りの　81
上覧相撲　39
神官　80
神官装束　80
真剣　69
新序出世披露　2, 80
素袍烏帽子　83
千秋楽　185
扇子、行司の　22
草履、行司の　49
草履格　140
草履の朱房行司　127, 170

【た行】

帯剣、行司の　41
帯刀　69
台覧相撲　94
竹光　69
太刀　57
太刀持ちの太刀　57
立行司　170
立行司格　170

足袋行司　49
塵浄水　127
司行司　49
つくし絵　21
付人　183
天覧相撲　65, 94
東西共同稽古場　84
年寄専務　255
土俵入り、幕内　91
土俵入り、横綱　51
土俵祭り　39
土俵祭りの装束　81
取組表　257
取り直し　100

【な行】

中改め　73
二枚鑑札　187
人別帳　217
熨斗目麻上下（裃）　27, 68, 141

【は行】

廃刀返書　5
廃刀令　1
ヒゲの伊之助　188
服装、行司の　41
福草履　131
副立行司　109, 164, 200
部屋別総当たり制　93, 96
本足袋　171, 234

【ま・や・ら・わ行】

幕内土俵入り　91
水引幕の色　66
無草履の朱房行司　128, 170
免許すべき条目　29
物言い　99

由緒申立書　44
有資格者、行司の　189
横綱土俵入り　51
四本柱の色　66

脇行司　39

根間 弘海（ねま　ひろみ）

昭和18年（1943年）生まれ。専修大学経営学部教授。専門は英語音声学（音韻論）。趣味は主として相撲とユダヤ教の研究。
英語テキストと相撲に関する著書は共著を含め、本書で90冊目である。相撲では『ここまで知って大相撲通』（グラフ社）、『SUMOキークエスチョン258』（岩淵訳、洋販出版）、『大相撲と歩んだ行司人生51年』（33代木村庄之助と共著、英宝社）、『大相撲行司の伝統と変化』（専修大学出版局）、『大相撲行司の世界』（吉川弘文館）。英語では『英語の発音とリズム』（開拓社）、『こうすれば通じる英語の発音』（スマイリー氏と共著、ジャパンタイムズ）、『英語のリズムと発音の理論』（英宝社）、『英語はリズムだ！』（創元社）、『リズムに乗せれば英語は話せる』（創元社）などがある。

大相撲行司の軍配房と土俵

2012年8月11日　第1版第1刷	
著　者	根間　弘海
発行者	渡辺　政春
発行所	専修大学出版局
	〒101-0051 東京都千代田区神田神保町3-8
	㈱専大センチュリー内
	電話　03-3263-4230㈹
印　刷 製　本	藤原印刷株式会社

©Hiromi Nema 2012 Printed in Japan
ISBN 978-4-88125-271-0

◎専修大学出版局の本

大相撲行司の伝統と変化

根間　弘海　著

A5判　368ページ　上製
定価：本体3,600円＋税
ISBN978-4-88125-256-7 C3023

主に明治期以降の大相撲行司について、文字資料や絵図資料を駆使し、その歴史的経緯を明らかにする。

― 目次 ―

- 第1章　軍配の握り方を巡って
- 第2章　譲り団扇
- 第3章　行司と草履
- 第4章　明治43年以前の紫房は紫白だった
- 第5章　幕下格以下行司の階級色
- 第6章　行司の帯刀
- 第7章　帯刀は切腹覚悟のシンボルではない
- 第8章　昭和初期の番付と行司
    - 資料（1）昭和2年春場所から5年春場所の番付と房の色
    - 資料（2）昭和5年夏場所以降の番付と房の色
    - 資料（3）昭和16年以降の番付と房の色
- 第9章　明治30年以降の番付と房の色